Von der Grenzpolizei zur *multifunktionalen Polizei des Bundes*?

Europäische Hochschulschriften

Publications Universitaires Européennes
European University Studies

Reihe II
Rechtswissenschaft

Série II Series II
Droit
Law

Bd./Vol. 4244

PETER LANG
Frankfurt am Main · Berlin · Bern · Bruxelles · New York · Oxford · Wien

Michael Winkeler

Von der Grenzpolizei zur *multifunktionalen Polizei des Bundes*?

Aufgaben und Verwendungen des Bundesgrenzschutzes am Maßstab des Grundgesetzes

PETER LANG
Europäischer Verlag der Wissenschaften

Bibliografische Information Der Deutschen Bibliothek
Die Deutsche Bibliothek verzeichnet diese Publikation in der Deutschen Nationalbibliografie; detaillierte bibliografische Daten sind im Internet über <http://dnb.ddb.de> abrufbar.

Zugl.: Erlangen, Nürnberg, Univ., Diss., 2004

D 29(n2)
ISSN 0531-7312
ISBN 3-631-53809-X

www.peterlang.de

Vorwort

Diese Arbeit hat der Juristischen Fakultät der Friedrich-Alexander-Universität Erlangen-Nürnberg in den Jahren 2004/2005 als Dissertation vorgelegen (D 29). Rechtsprechung und Literatur konnten bis Anfang 2005 berücksichtigt werden.

Herzlich danken möchte ich meinem Doktorvater, Herrn Professor Dr. Max-Emanuel Geis, für die engagierte und unkomplizierte Betreuung der Dissertation sowie des Promotionsverfahrens.

Gewidmet ist das Buch meinen Eltern.

Einleitung

Der Bundesgrenzschutz (zukünftig: BGS) blickte im Jahre 2001 auf sein fünfzigjähriges Bestehen zurück. Wie bei kaum einer anderen Verwaltungseinrichtung in der BRD wurde seine Geschichte geprägt durch einen tiefgreifenden Wandel in Aufgaben, Kompetenzen und Selbstverständnis. War ursprünglich der Schutz der Grenzen sein eigentlicher Aufgabenbereich, sind dem BGS im Laufe der Zeit eine Vielfalt von Aufgaben, Verwendungen und Befugnissen zugewachsen, die mit der Grenzsicherung in geringem oder keinem Zusammenhang stehen. Mit dem Wegfall der ehemaligen innerdeutschen Grenze im Zuge der Vollendung der staatlichen Einheit Deutschlands und dem Zusammenwachsen Europas ist seine namensgebende Hauptaufgabe weiter in den Hintergrund getreten. Mit dem in einigen Jahren zu erwartenden Wegfall der europäischen Außengrenzen Deutschlands im Zuge der EU-Osterweiterung und der Errichtung einer Europäischen Grenzpolizei wird die nationale Grenzsicherung sogar größtenteils verschwinden. Der seit der Existenz des BGS umstrittenen Frage, ob und wenn ja inwieweit dem BGS Aufgaben übertragen werden können, die keinen grenzpolizeilichen Bezug aufweisen, wird in Zukunft ein noch größeres Gewicht zukommen. Parallel dazu ist seit vielen Jahren von politischer Seite beabsichtigt, die grundgesetzliche Bezeichnung „Bundesgrenzschutz" zu streichen. Das Bundeskabinett beschloss Anfang 2005, die im Koalitionsvertrag vorgesehene Umbenennung des BGS in „Bundespolizei" durch einen entsprechenden Gesetzesentwurf in die Tat umzusetzen.

Die große Bedeutung des BGS im Sicherheitsgefüge der Bundesrepublik Deutschland steht in frappierendem Widerspruch zur Resonanz in der Rechtswissenschaft. Die höchstrichterliche Rechtsprechung hatte bisher nur in einem Fall Gelegenheit gehabt, den BGS verfassungsrechtlich zu würdigen, nämlich im Jahre 1998 in Zusammenhang mit der Frage der Zulässigkeit der Übertragung von bahnpolizeilichen und luftsicherheitsrechtlichen Aufgaben durch das Aufgabenübertragungsgesetz von 1994 (die im Titel der vorliegenden Arbeit enthaltene Formulierung „multifunktionale Polizei des Bundes" wurde dieser Entscheidung entnommen). Soweit das Schrifttum über die bloße Wiedergabe der Judikatur hinausgeht, wurde die Rechtsprechung vielfach zum Gegenstand bedenklicher Pauschalisierungen gemacht, sei es aufgrund einer undifferenzierten Ablehnungshaltung gegenüber jeglichen Sicherheitsbehörden auf Bundesebene, sei es durch „staatstragende“ Publikationen, die jede kritische Haltung vermissen lassen.

Mit dieser Arbeit wird versucht, der verfassungsrechtlichen Stellung des BGS näher zu kommen. Zentraler Untersuchungsgegenstand ist die Einordnung des BGS in die verfassungsrechtliche Kompetenzverteilung zwischen Bund und Ländern auf dem Gebiet des Polizeirechts und daraus folgend das zulässige Potential des BGS nach dem Grundgesetz. Damit zusammenhängend werden die Aufgaben und Verwendungen des BGS nach dem Bundesgrenzschutzgesetz (BGSG) an ihren verfassungsrechtlichen Ermächtigungsgrundlagen gemessen.

Aus der Zielsetzung der vorliegenden Arbeit folgt, dass nicht jeder Tätigkeitsbereich des BGS erschöpfend behandelt, sondern im wesentlichen im Hinblick auf die Polizeihoheit der Länder und des Bundes im Verfassungsrahmen des Grundgesetzes überprüft wird. Problembereiche, die für das vorliegende Thema keine unmittelbare Bedeutung besitzen, sollen jedoch nicht ausgespart werden, wenn sie aus anderen Gründen für den BGS von großer Relevanz sind. Für die Gewinnung eines angemessenen Bildes ist auch die Staatspraxis einzubeziehen, was vorwiegend anhand der Verfassungs- und Gesetzeslage gefundene Bewertungen möglicherweise in einem anderen Licht erscheinen lassen.

Inhaltsverzeichnis

Zeittafel

16.03.1951 Gesetz über den Bundesgrenzschutz und die Einrichtung von Bundesgrenzschutzbehörden (BGBl. I, S. 201)

30.05.1956 Zweites Gesetz über den Bundesgrenzschutz (BGBl. I, S. 436)

18.08.1972 Gesetz über den Bundesgrenzschutz (Bundesgrenzschutzgesetz – BGSG, BGBl. I, S. 1834)

19.06.1990 Schengener Durchführungsübereinkommen (BGBl. II 1993, S.1010)

23.01.1992 Gesetz zur Übertragung der Aufgaben der Bahnpolizei und der Luftsicherheit auf den Bundesgrenzschutz (Aufgabenübertragungsgesetz, BGBl. I, S. 178)

19.10.1994 Gesetz zur Neuregelung der Vorschriften über den Bundesgrenzschutz (Bundesgrenzschutzneuregelungsgesetz - BGSNeuRegG, BGBl. I, S. 2978)

25.08.1998 Erstes Gesetz zur Änderung des Bundesgrenzschutzgesetzes (BGBl. I, S. 2486)

09.01.2002 Gesetz zur Bekämpfung des internationalen Terrorismus (Terrorbekämpfungsgesetz, BGBl. I, S. 361)

1. Kapitel – Der Bundesgrenzschutz und die Polizeihoheit der Länder

Der BGS bewegt sich seit seiner Gründung 1951 im Spannungsfeld zwischen den Hoheitsbereichen von Bund und Ländern. Während im Hinblick auf die Verfassungsgrundlagen der Polizeien der Bundesländer üblicherweise auf deren „allgemeine Polizeihoheit" verwiesen wird, stellt sich im Hinblick auf die Bundesebene die grundlegende Frage, welcher Spielraum dem Bund verbleibt, um seine polizeilichen Aufgaben zu erfüllen. Der BGS als wichtigste Polizeivollzugsbehörde des Bundes steht dabei im Zentrum der verfassungsrechtlichen Analyse. Maßgebender Verfassungsgrundsatz zur Regelung des Verhältnisses von Bund und Ländern ist das Bundesstaatsprinzip (Art. 20 GG), von dem zur Bestimmung des Potentials des BGS im Verfassungsrahmen des Grundgesetzes auszugehen ist.

A. Der Bundesgrenzschutz und die Bundesrepublik Deutschland als Bundesstaat

Nach Art. 20 GG ist die Bundesrepublik Deutschland ein demokratischer und sozialer Bundesstaat. Das Grundgesetz sieht in der bundesstaatlichen Ordnung eines der tragenden Strukturprinzipien unserer verfassungsmäßigen Ordnung und erklärt es in Art. 79 Abs. 3 GG für unabänderlich.[1] Nach dem heutigen Bundesstaatsverständnis ist der Bundesstaatsbegriff zweigliedrig zu verstehen, d. h. die BRD ist in zwei Ebenen aufzuteilen, nämlich diejenige des Bundes, der zugleich den Zentralstaat bildet (und insofern die Bundesländer mit einschließt), und die Ebene der eigenstaatlichen Bundesländer, die untereinander, nicht jedoch gegenüber dem Bund gleichrangig sind.[2] Sowohl Gesamtstaat als auch die Gliedstaaten besitzen also Staatsqualität. Die Verfassungsbereiche stehen grundsätzlich nebeneinander; die Gestaltung der verfassungsmäßigen Ordnung sowie der staatlichen Organisationsstruktur fällt unter die Hoheitsgewalt eines jeden Bundeslandes.[3] Dadurch wird unter anderem einer übermäßigen Zentralisierung zu Lasten der Länder entgegengewirkt.

---

[1] Siehe Vogel, in: HdbVerfR, § 22 Rn. 1.

[2] BVerfGE 1, 34; Kimminich, in: HdbStR I, § 26 Rn. 40 ff. m. w. N.; Vogel, in: HdbVerfR, § 22 Rn. 25 ff.; vgl. auch Isensee, in: HdbStR IV, § 98 Rn. 81 ff. (zur Doppelfunktion des Bundes als Gesamtstaat und als Teilstaat).

[3] BVerfGE 1, 14, 34; 60, 175, 207 f.

Das Bundesstaatsprinzip erschöpft sich aber nicht in der Gewährleistung der Eigenstaatlichkeit von Bund und Ländern. Die horizontale Gewaltenteilung zwischen Legislative, Exekutive und Judikative wird ergänzt durch die gewaltenteilende Funktion des Bundesstaatsprinzips, nämlich die Verteilung der Gesetzgebungs- und Verwaltungskompetenzen zwischen Bund und Ländern. Durch diese vertikale Teilung der Staatsgewalt auf zwei übereinanderliegenden Ebenen bringt die bundesstaatliche Struktur eine zusätzliche Sicherung der Freiheit des Einzelnen.[4] In diesem freiheitssichernden Element des Bundesstaatsprinzips kommt der enge Zusammenhang mit anderen Leitprinzipien des Grundgesetzes wie das Demokratieprinzip und Rechtsstaatsprinzip zum Ausdruck.[5]
Das Bundesverfassungsgericht bekräftigt in ständiger Rechtsprechung die Selbstständigkeit der Verfassungsbereiche von Bund und Ländern.[6] Eingriffe der Bundesgewalt in die Verfassungsordnung der Länder sind nur zulässig, soweit es das Grundgesetz ausdrücklich bestimmt oder zulässt.[7] Auch hat das Bundesverfassungsgericht ausdrücklich gegen eine über das grundgesetzlich zulässige Maß hinausgehende Unitarisierung des Bundesstaates Stellung bezogen: „Die im Grundgesetz vorgesehene Aufteilung der Staatsgewalt zwischen Bund und Ländern erfordert gewisse Schutzvorrichtungen dagegen, dass in dem föderalistischen Gefüge „Systemverschiebungen“ am Grundgesetz vorbei im Wege der einfachen Gesetzgebung herbeigeführt werden. Diesem Zweck dienen - zugunsten der Länder – die Zustimmungsvorbehalte im Grundgesetz für den Bundesrat.“[8]

B. Die allgemeine Kompetenzverteilung auf dem Gebiet des Polizeirechts

Die dem Bundesstaat eigene Teilung der Staatsgewalt zwischen zwei verschiedenen staatlichen Ebenen erfordert eine genaue und lückenlose Verteilung der Kompetenzen.[9] Gemäß Art. 30 GG ist die Ausübung der staatlichen Befugnisse

---

[4] BVerfGE 48, 127, 178; 55, 274, 318 f.; 67, 256, 288 f.; Vogel, in: HdbVerfR, § 22 Rn. 17; Isensee, in. HdbStR IV, § 98 Rn. 246 ff.

[5] Siehe dazu Kimminich, in: HdbStR I, § 26 Rn. 43 ff. und Isensee a. a. O.

[6] U. a. BVerfGE 60, 175, 209; 64, 301, 317.

[7] BVerfGE 11, 85 f.; 27, 56.

[8] BVerfGE 37, 363, 379 f.; siehe auch BVerfGE 4, 115; 55, 274, 301.

[9] Unter „Kompetenz“ wird die Zuweisung einer Aufgabenwahrnehmung an Träger öffentlicher Gewalt verstanden (vgl. Hesse, Gründzüge des Verfassungsrechts der Bundesrepublik Deutschland, Rn. 27; Badura, Staatsrecht, S. 227).

und die Erfüllung der staatlichen Aufgaben Sache der Länder, soweit das Grundgesetz keine andere Regelung trifft oder zulässt. Die Verteilungsregel des Art. 30 GG wird für die Gesetzgebung der Länder in Art. 70 GG, für die Ausführung der Bundesgesetze in Art. 83 GG und für die Rechtsprechung in Art. 92 GG spezifiziert.

Nach allgemeiner Ansicht bilden die Gesetzgebungskompetenzen des Bundes grundsätzlich die äußerste Grenze seiner Verwaltungskompetenzen, d. h. Verwaltungskompetenzen des Bundes können über nicht über seine Gesetzgebungskompetenzen hinausgehen.[10] Die Zuständigkeiten von Bund und Ländern als maßgeblicher Ausdruck der bundesstaatlichen Ordnung sind erschöpfend geregelt und grundsätzlich nicht abdingbares Recht.[11] Die Kompetenzabgrenzungen sind zwingend und stehen nicht zur Disposition der Beteiligten.[12] Deshalb sind nach ständiger Rechtsprechung und fast einhelliger Ansicht im Schrifttum Vereinbarungen zwischen Bund und Ländern unwirksam, wenn sie Kompetenzverschiebungen beinhalten, die mit der grundgesetzlichen Kompetenzverteilung nicht in Übereinstimmung zu bringen sind.

I. Gesetzgebungskompetenzen

Da der Bund nach dem Grundgesetz keine allgemeine Gesetzgebungszuständigkeit für das Polizeirecht besitzt, sind die Länder im Rahmen ihrer allgemeinen Polizeihoheit ausschließlich zuständig (Art. 70 GG). Allerdings stehen dem Bund aufgrund ungeschriebener („stillschweigender", „mitgeschriebener") Kompetenzen eine Vielzahl von Gesetzgebungszuständigkeiten für den Bereich der ordnungsbehördlichen Gefahrenabwehr zu. Das Bundesverfassungsgericht unterteilt die Gesetzgebungskompetenzen in zwei Aspekte, das Polizeirecht im engeren und weiteren Sinne. „Die Gesamtheit der Normen, die der Aufrechterhaltung der öffentlichen Sicherheit und Ordnung dienen, bildet nämlich keinen selbstständigen Sachbereich im Sinne der grundgesetzlichen Verteilung der Gesetzgebungszuständigkeiten zwischen Bund und Ländern. Die Ordnungsgewalt kann als Annex des Sachgebiets erscheinen, auf dem sie tätig wird; die Zuständigkeit zur Gesetzgebung in einem Sachbereich umfaßt dann auch die Rege-

---

[10] Siehe statt aller Lerche in: Maunz/Dürig, Art. 83 Rn. 30 f. m. w. N.

[11] BVerfGE 4, 115, 139 f.; 32, 145, 156; 39, 96, 109; 41, 291, 311; 55, 274, 301; 63, 1, 38 f.; Stern, Staatsrecht I, § 19 III 3 a m. w. N.

[12] BVerfGE 4, 115, 139; 32, 145, 156; 63, 1, 38 f.; vgl. auch BVerwGE 102, 119, 124; Pietzcker, in: HdbStR IV, § 99 Rn. 18 f.; Broß, in: v. Münch/Kunig, Art. 83 Abs. 4; Lisken/Denninger, HdbPolR, Abschnitt. C Rn. 143; Gusy, Polizeirecht, Rn. 40 ff.

lung der Ordnungsgewalt (Polizeigewalt) in diesem Sachbereich. Darauf gründet sich die herkömmliche Unterscheidung zwischen Verwaltungspolizei und Sicherheitspolizei. Soweit der Bund ein Recht zur Gesetzgebung auf einem bestimmten Lebensgebiet hat, muß er demnach auch das Recht haben, die dieses Lebensgebiet betreffenden spezialpolizeilichen Vorschriften zu erlassen (vgl. BVerfGE 3, 407 [433]). Normen, die der Aufrechterhaltung der öffentlichen Sicherheit und Ordnung in einem Sachbereich dienen, sind daher jeweils dem Sachbereich zuzurechnen, zu dem sie in einem notwendigen Zusammenhang stehen. Nur solche Regelungen, bei denen die Aufrechterhaltung der öffentlichen Sicherheit und Ordnung nicht der alleinige Gesetzeszweck bildet, können einem selbstständigen Sachbereich zugerechnet werden, der als Polizeirecht im engeren Sinne bezeichnet wird und in die Zuständigkeit der Landesgesetzgebung fällt."[13] Prägend für die Ordnungsverwaltung sind fachspezifischen Verwaltungsaufgaben, für die durchweg besondere gesetzliche Grundlagen bestehen, wie Gewerbe-, Bau-, Lebensmittel- und Gesundheitsüberwachung. Charakteristisch für diese Verwaltungsaufgaben ist, dass darin Zielsetzungen und Inhalte eingegangen sind, die über die klassische Gefahrenabwehr hinausgehen, indem sie der Vorsorge, Planung und Gestaltung dienen.[14]

Nach einhelliger Ansicht darf jedoch die zwingenden Kompetenzverteilung nach dem Grundgesetz durch Inanspruchnahme ungeschriebener Gesetzgebungskompetenzen nicht angetastet werden. Das Bundesverfassungsgericht hat festgestellt, dass eine substantielle Verschiebung der grundgesetzlichen Kompetenzordnung insbesondere im Wege der einfachen Gesetzgebung unzulässig ist und durch bundesstaatliche Schutzvorrichtungen wie die Zustimmungsvorbehalte zugunsten des Bundesrats verhindert werden soll.[15]

II. Verwaltungskompetenzen

Die Kompetenz zur Ausführung der Bundesgesetze richtet sich nach den Art. 83 ff. GG. Art. 83 GG setzt das schon in Art. 30 und Art. 73 GG enthaltene Prinzip fort, da die Länder zum Gesetzesvollzug zuständig sind, „soweit das Grundgesetz nichts anderes bestimmt oder zulässt". Der Bund besitzt also nur

---

[13] So BVerfGE 8, 143, 149 f.; siehe auch 65, 283, 289; 77, 288, 299; 88, 203, 331; ihm folgend BVerwGE 28, 310, 311. Eine Übersicht über anerkannte Annexkompetenzen des Bundes bietet z. B. Götz, Allgemeines Polizei- und Ordnungsrecht, § 4 Rn. 43 ff.

[14] Götz, a. a. O., § 2 Rn. 24; vgl. auch BVerfGE 3, 407, 431 f. (zum Baupolizeirecht).

[15] BVerfGE 37, 363, 379 f.

die ihm ausdrücklich zugewiesenen Verwaltungskompetenzen, während der unbenannte Rest bei den Ländern liegt.[16]
Der wichtigste Fall für Verwaltungskompetenzen des Bundes für Polizeifragen sind die Gegenstände bundeseigener Verwaltung nach Art. 87 Abs. 1 GG, wonach der Bund Bundesgrenzschutzbehörden, Zentralstellen für das polizeiliche Auskunfts- und Nachrichtenwesen, für die Kriminalpolizei und zur Sammlung von Unterlagen für Zwecke des Verfassungsschutzes und des Schutzes gegen Bestrebungen im Bundesgebiet, die die auswärtigen Belange der BRD gefährden, einrichten kann.
Das Schwergewicht der Verwaltungskompetenzen auf dem Gebiet des Polizeirechts liegt damit auf Seiten der Länder. Darin liegt ein wesentliches Element ihrer föderalen Eigenständigkeit. Zudem kommt dem freiheitssichernden Element des Bundesstaatsprinzips auf dem Gebiet des Polizeirechts besonderes Gewicht zu. Der Bürger braucht nur kompetenzgemäße Eingriffe in seine Grundrechte hinzunehmen; darin kommt die grundrechtssichernde Funktion der Bundesstaatlichkeit zum Ausdruck.[17]
Nach der Systematik des VII. Abschnitts des Grundgesetzes sind Bundes- und Landesverwaltungen grundsätzlich streng voneinander getrennt. Die Verwaltungskompetenzen zwischen Bund und Ländern folgen dem Grundsatz, dass Bundesrecht entweder von Landesbehörden oder von Bundesbehörden ausgeführt wird. Dieser Grundsatz hat zu Kontroversen darüber geführt, ob ein generelles Verbot der „Mischverwaltung“ existiert, d. h. ob eine Verwaltungsform, bei der Bundes- und Landesbehörden nebeneinander tätig werden, nur in den ausdrücklich geregelten Fällen zuzulassen ist.[18] Das Bundesverfassungsgericht geht insoweit nicht von einem generellen Verbot der Mischverwaltung aus, weil es keinen allgemeinen verfassungsrechtlichen Grundsatz gebe, wonach Verwaltungsaufgaben ausschließlich vom Bund oder von den Ländern wahrzunehmen seien.[19] Allerdings wurde diese Position zugleich wieder durch die Feststellung maßgeblich modifiziert, dass die Verwaltungszuständigkeiten von Bund und Ländern in den Art. 83 ff. GG erschöpfend geregelt und grundsätzlich nicht abdingbar seien. Da die Beteiligten über ihre verfassungsmäßigen

---

[16] Hermes, in: Dreier, Art. 83 Rn. 19.
[17] Pietzcker, in: HdbStR IV, § 99 Rn. 18 f.
[18] Kritisch Isensee, in: HdbStR IV, § 98 Rn. 179 ff.; Krebs, in: HdbStR III, § 69 Rn. § 69 Rn. 61; Blümel, in: HdbStR IV, § 101 Rn. 120 ff.; Broß, in: v. Münch/Kunig, Art. 83 Rn. 15 ff. (alle m. w. N.).
[19] Siehe BVerfGE 63, 1, 39 f.; 97, 198, 227 f.

Kompetenzen nicht verfügen und die Zuständigkeitsverteilung des Grundgesetzes nicht verändern können, müssen sie die ihnen zugewiesenen Aufgaben durch eigene Verwaltungseinrichtungen wahrnehmen („Grundsatz eigenverantwortlicher Aufgabenwahrnehmung").[20] Eine verwaltungsorganisatorische Erscheinungsform sei nicht deshalb verfassungswidrig, weil sie als Mischverwaltung einzuordnen sei, sondern nur dann, wenn ihr zwingende Kompetenz- und Organisationsnormen oder sonstige Vorschriften des Verfassungsrechts entgegenstünden.[21]

C. Die Stellung des BGS im föderalen Gefüge

I. Verfassungsrechtliche Grundlagen des BGS

Verfassungsrechtliche Grundlage des BGS ist Art. 87 Abs. 1 S. 2 GG. Danach besitzt der Bund die Verwaltungskompetenz zur Errichtung von „Bundesgrenzschutzbehörden". Die Gesetzgebungszuständigkeit für die Materie „Grenzschutz" liegt gemäß Art. 73 Nr. 5 GG ebenfalls beim Bund. Da das BGSG schwerpunktmäßig keine materiellen Regelungen zur Grenzschutzmaterie enthält, sondern vor allem verfahrens- und organisationsrechtliche Normen (vgl. insbesondere §§ 57 ff. BGSG), lassen sich zumindest jene auf die Gesetzgebungskompetenz des Art. 73 Nr. 5 GG allerdings nur stützen, wenn man die Regelung des Verfahrens- und Organisationsrechts als Element der Gesetzgebungskompetenzen nach Art. 73 ff. GG ansieht. Dieser Aspekt des Verhältnisses der Verwaltungskompetenzen des VII. Abschnittes des Grundgesetzes zur allgemeinen Verteilung der Gesetzgebungskompetenzen im VII. Abschnitt wird bis heute streitig diskutiert. Während nach einer Ansicht[22] die Kompetenz zur materiellen Sachregelung kraft Annexes auch die Kompetenz zur Regelung der Organisation und des Verfahrens beim Vollzug umfasst, sieht die Gegenansicht in den in Art. 83 ff. GG enthaltenen Ermächtigungen zu bundesgesetzlichen Regelungen konstitutive Spezialvorschriften, die dem Bund von Art. 73 ff. GG isolierte Kompetenzen zum Erlass von Verfahrens- und Organisationsregeln

---

[20] BVerfGE 63, 1, 36 ff., 41; vgl. auch 11, 205, 124 f.; 32, 145, 156; 39, 96, 120, 41, 291, 311; 97, 198, 227 f.

[21] BVerfGE 63, 1, 38.

[22] H. M., siehe Broß, in: v. Münch/Kunig, Art. 84 Rn. 4 und Hermes, in: Dreier, Art. 83 Rn. 21, beide mit umfangreichen Nachweisen.

zuweisen.[23] Die höchstrichterliche Rechtsprechung hat dazu noch nicht abschließend Stellung genommen.[24] In seiner Entscheidung vom 28.01.1998[25] ließ das Bundesverfassungsgericht diese Frage ebenfalls offen, indem es sich auf die Feststellungen beschränkte, dass Art. 87 Abs. 1 S. 2 GG den Bund ermächtige, durch Gesetz Bundesgrenzschutzbehörden einzurichten und dass sich für die Gesetzgebungskompetenz in Art. 73 Nr. 5 GG eine Entsprechung finde.[26] Insoweit wird hier ebenso verfahren, da nach beiden Ansichten die Kompetenz des Bundes zum Erlass des BGSG bejaht werden kann.
Die eigentliche Hauptaufgabe „Grenzschutz" ist Grund für die allgemein übliche Qualifizierung des BGS als „Sonderpolizeibehörde".[27] Eine allgemeine polizeiliche Zuständigkeit zur Gefahrenabwehr kann der BGS wegen der Polizeihoheit der Länder nicht besitzen.[28] Das BGSG versucht, diese Sonderpolizeieigenschaft auch im Hinblick auf andere, im Grundgesetz nicht geregelten Aufgabenbereiche zu wahren, indem sachliche und räumliche Zuständigkeitsbeschränkungen aufgenommen wurden (vgl. § 1 Abs. 7 BGSG). Wie diese Beschränkungen gestaltet sind und ob die Aufgabenbereiche mit den verfassungsrechtlichen Leitlinien auf dem Gebiet des Polizeirechts zu vereinbaren sind, wird noch ausführlich zu untersuchen sein.

II. Polizeieigenschaft des BGS

Nach § 1 Abs. 1 S. 2 BGSG ist der BGS eine „Polizei des Bundes". Die Polizeieigenschaft des BGS war in seiner Anfangszeit Gegenstand von erheblichen Kontroversen im rechtswissenschaftlichen und rechtspolitischen Bereich, wird jedoch heute nicht mehr in Zweifel gezogen.

---

[23] Lerche, in: Maunz/Dürig, Art. 83 Rn. 30 ff.; Bull, in: Alternativkommentar, Art. 84 Rn. 8; Jarass/Pieroth, Art. 83 Rn. 2 m. w. N.

[24] Siehe BVerfGE 26, 338, 369, 383 f.; 77, 288, 298.

[25] BVerfGE 97, 198

[26] BVerfG a. a. O., S. 214.

[27] Insoweit unstreitig, vgl. z. B. Lerche, in Maunz/Dürig, Art. 87 Rn. 124; Dierske, Der Bundesgrenzschutz, S. 37 f. (1967); Einwag/Schoen, BGSG-Kommentar, § 1 Rn. 12. Der Begriff „Sonderpolizei" wird allerdings auch in anderen Zusammenhängen gebraucht, z. B. als Abgrenzung der Ordnungsbehörden („Verwaltungspolizei") zu den Polizeivollzugsbehörden (siehe Drews/Wacke/Vogel/Martens, Gefahrenabwehr, S. 118 f.).

[28] Unstr., Lerche, in: Maunz/Dürig, Art. 87 Rn. 124.

1. Gefahrenabwehr

Entsprechend dem überkommenen materiellen Polizeibegriff ist Hauptaufgabe des BGS die Abwehr von Gefahren für polizeilich relevante Rechtsgüter (§ 1 Abs. 5 BGSG). In Übereinstimmung mit den Polizeigesetzen der Länder sind dies zunächst die öffentliche Sicherheit und Ordnung. Unter „öffentliche Sicherheit" versteht man gemeinhin den Schutz der Rechtsgüter des einzelnen, sowie Bestand des Staates, seiner Einrichtungen sowie der gesamten Rechtsordnung.[29] Die „öffentliche Ordnung" umfasst alle ungeschriebenen Regeln, deren Beachtung für das geordnete Gemeinschaftsleben als unerlässliche Voraussetzung betrachtet wird.[30]

Anders als bei der Gefahrenabwehr durch die Landespolizeien ist der BGS aber nicht zur Abwehr von allgemeinen Gefahren berufen, sondern ist auf den Aufgabenkatalog des 2. Abschnitts des BGSG beschränkt. Auf diese sachlichen Begrenzungen des Aufgabenspektrums wird noch ausführlich einzugehen sein. Der Schutz privater Rechte ist als Teil der öffentlichen Sicherheit ebenfalls Aufgabe des BGS (§ 1 Abs. 4 BGSG), allerdings nur in besonderen Notfällen, in denen die ordentliche Gerichtsbarkeit die Privatrechtsordnung nicht gewährleisten kann. Ebenso wie in gleichlautenden Regelungen in den Polizeigesetzen der Länder kommt darin der allgemeiner Grundsatz zum Ausdruck, wonach der Schutz privater Rechte durch die Polizei gegenüber dem gerichtlichen Rechtsschutz grundsätzlich als subsidiär anzusehen ist.[31]

Auch der Gefahrenbegriff ist im wesentlichen identisch mit dem des Länderrechts. Unter einer polizeilichen Gefahr ist nach allgemeiner Auffassung eine Lage zu verstehen, in der bei ungehindertem Geschehensablauf mit hinreichender Wahrscheinlichkeit zu einem Schaden für polizeiliche Schutzgüter führen würde.[32] Darüber hinausgehend umfasst der Gefahrenbegriff des BGSG gemäß § 1 Abs. 5 BGSG generell auch die „Verhütung von Straftaten" nach Maßgabe des BGSG. Parallel zu entsprechenden Entwicklungen im Polizeirecht der Länder[33] wird dadurch die Gefahrenabwehr auf das Vorfeld einer potentiellen, noch

---

[29] Drews/Wacke/Vogel/Martens, Gefahrenabwehr, S. 232 ff.

[30] Drews/Wacke/Vogel/Martens, Gefahrenabwehr, S. 248 ff.

[31] BT-Drucks. 12/7562, S. 36 f. (zum BGSNeuRegG); Drews/Wacke/Vogel/Martens, Gefahrenabwehr, S. 238 f.

[32] BT-Drucks. 12/7562, S. 46 f.; Drews/Wacke/Vogel/Martens, Gefahrenabwehr, S. 220 m. w. N.

[33] Siehe dazu Knemeyer, Polizei- und Ordnungsrecht, Rn. 52 m. w. N. Zur uneinheitlichen Terminologie siehe etwa Riegel, BGSNeuReg, § 1 Rn. 7 f.

nicht unmittelbar bevorstehenden Gefahr ausgedehnt. Diese Erweiterung des Gefahrenbegriffs begegnet Bedenken, weil darin die Auflösung der konkreten Gefahr als tatbestandlicher Auslöser polizeilichen Einschreitens liegt. Ausreichend sind statt dessen Anhaltspunkte, die die Annahme rechtfertigen, daraus könnte sich eine Gefahr entwickeln. Die danach zu treffende Prognoseentscheidung ist mit erheblichen Unwägbarkeiten verbunden.
Von entscheidender Bedeutung sind aber die denkbaren Folgen für die Befugnisebene. Durch die Abkopplung von Grundrechtseingriffen vom Vorliegen einer Gefahr im herkömmlichen polizeirechtlichen Sinne droht eine Aufweichung der tatbestandlichen Voraussetzungen für Grundrechtseingriffe. Die Ausweitung polizeilichen Handelns durch Änderung des überkommenen Gefahrenbegriffs darf nicht grenzenlos erfolgen; die polizeiliche Tätigkeit zur Gefahrenvorsorge kann - zumindest soweit sie mit Grundrechtseingriffen verbunden ist - nicht unendlich in das Vorfeld einer noch nicht bestehenden Gefahr verlagert werden. Zur Vermeidung von rechtswidrigen Grundrechtsbeeinträchtigungen durch eine ausufernde Gefahrenvorsorge ist § 1 Abs. 5 BGSG, der eine nähere Eingrenzung nicht enthält, restriktiv auszulegen.[34] Im Zusammenhang mit dem jeweiligen Aufgabenbereich wird darauf noch einzugehen sein.

2. Polizeiliche Exekutivkompetenzen

Die Zugehörigkeit des BGS zur „Polizei" im formellen Sinne und das Recht zur Inanspruchnahme von polizeilichen Exekutivkompetenzen zur Gefahrenabwehr war in den ersten Jahren seines Bestehens nicht unbestritten,[35] wird jedoch heute nicht mehr in Frage gestellt. Hauptgrund für diesen inzwischen als überwunden geltenden Problembereich war die in weiten Teilen nicht transparente Entstehungsgeschichte und die daraus folgende Rechtsunsicherheit in „Bundespolizeifragen" sowie die damit zusammenhängende rechtspolitische Orientierungslosigkeit in den Anfangsjahren der BRD. Sowohl die Gesetzgebungszuständigkeit des Bundes auf dem Gebiet des Grenzschutzes als

---

[34] Pauschal die amtliche Begründung in BT-Drucks. 12/7562, S. 37, wonach der BGS bereits zuständig sein soll, wenn „auf Grund bestimmter Umstände nach polizeilicher Erfahrung mit der Begehung von Straftaten gerechnet werden muss".

[35] Zuletzt noch Schnupp, DÖD 1972, 8 ff., der - auch nach der damaligen Rechtslage - zu Unrecht von einem verfassungsrechtlich vorgegebenen Trennungsstrich zwischen Polizei und BGS ausgeht. Hinsichtlich sonstigen kritischen Stimmen aus früherer Zeit - vornehmlich von Seiten der Politik - wird verwiesen auf Willich, Diss., S. 8 ff., 15 ff.

auch die Verwaltungskompetenz des Bundes wurde in das Grundgesetz aufgenommen, ohne dass eine förmliche Aussprache (insbesondere im Parlamentarischen Rat) durchgeführt wurde.[36] Wegen der politischen wie rechtlichen Brisanz sollte die Materie möglichst weit ausgeklammert und einer späteren gesetzlichen Regelung vorbehalten werden. Trotz der insoweit wenig ergiebigen Entstehungsgeschichte war die Qualifizierung der „Bundesgrenzschutzbehörden" (Art. 87 Abs. 1 S. 2 GG) als bloße „Verwaltungspolizei" (Ordnungsbehörde, Sicherheitsbehörde) auch in der Vergangenheit ohne Grundlage.

Erstes Indiz für die Polizeieigenschaft ist bereits der „Polizeibrief" der Alliierten Militärgouverneure an den Präsidenten des Parlamentarischen Rates, der den Rahmen für die Beratungen im Parlamentarischen Rat absteckte. Darin wird ausdrücklich von „Polizei" und „polizeilichen Kompetenzen" gesprochen.[37] Die Tatsache, dass der Terminus „Polizei" in Art. 87 Abs. 1 S. 2 GG nicht auftaucht, kann nicht gegen den Polizeicharakter des BGS herangezogen werden. Die Gründe dafür lagen im rechtspolitischen Bereich, weil man die Absage gegenüber einer allgemeinen Bundespolizei zugunsten der Polizeihoheit der Länder auch in der Wortwahl deutlich machen wollte.[38]

Die Polizeieigenschaft kam auch in § 2 des ersten BGSG aus dem Jahre 1951 zum Ausdruck, der die Aufgabe der Gefahrenabwehr im Grenzgebiet („... die Sicherheit der Grenze gefährdende Störungen der öffentlichen Ordnung ...") normierte.[39] Dagegen spricht nicht, dass das erste BGSG keine polizeilichen Befugnisnomen enthielt. Nach der damals überwiegenden Ansicht folgten - in Anlehnung das preußische Polizeirecht - die zur Aufgabenerfüllung notwendigen Befugnisse der Aufgabennorm, was heute in Übereinstimmung mit dem Rechtsstaatsprinzip durch die Lehre vom Gesetzesvorbehalt überwunden ist.[40]

---

[36] Siehe „Entstehungsgeschichte der Artikel des Grundgesetzes", Füsslein (Bearb.), JöR n. F., Band 1 (1951), S. 475 f. (bzgl. Art. 73 Nr. 5 GG) und S. 651 f. (bzgl. Art. 87 Abs. 1 S. 2 GG); vgl. auch Lange, JR 1962, 166, 167; Gusy, DVBl. 1993, 1117, 1119.

[37] „Federal Law enforcement and police agencies"; vgl. dazu Bull, in: Alternativkommentar zum GG, Art. 87 Rn. 65; Lange, JR 1962, 166, 167 f.

[38] Siehe dazu ausführlich Willich, Diss., S. 15 ff.; Ohrband, Diss., S. 73 ff.; Dierske, Der Bundesgrenzschutz, S. 50 f.; Ritter, Diss., S. 165 f.; zu formalistisch Schnupp, DÖD 1972, 8, 10, der vor allem aufgrund des Begriffs „Grenzschutzbehörden" die Polizeieigenschaft verneint.

[39] Lange a. a. O., m. w. N.

[40] Zur überholten Ansicht siehe z. B. Keidel, Polizei und Polizeigewalt im Notstandsfall, S. 36 m. w. N.

Rechtsstaatliche Verhältnisse wurden erst mit dem BGSG 1972 geschaffen, das dem BGS zur Erfüllung seiner grenzpolizeilichen Aufgabe ein detaillierter, strukturell an die Polizeigesetze der Länder angelehnter Befugniskatalog (§§ 14 ff. BGSG) zur Verfügung stellte.
Von geringer Aussagekraft für die Polizeieigenschaft des BGS ist dagegen seine systematische Stellung innerhalb des Art. 87 Abs. 1 GG. Auch wenn sich die Norm mit Bundespolizeifragen (im weitesten Sinne) befasst, sind die dort genannten Verwaltungseinrichtungen – man nenne die Zentralstellen für das polizeiliche Auskunfts- und Nachrichtenwesen oder auch das Bundeskriminalamt – nicht oder nur in engen Grenzen berechtigt, polizeiliche Exekutivkompetenzen zur Gefahrenabwehr wahrzunehmen.[41]
Einfachgesetzlich ist die Berechtigung der BGS-Vollzugsbediensteten zur Anwendung von unmittelbarem Zwang in § 6 UZwG Nr. 1 i. V. m. §§ 1, 7 ff. BPolBeamtG geregelt.

3. Parallelen zu den Streitkräften

Trotz seiner Polizeieigenschaft war der BGS in den ersten Jahrzehnten keine Polizeibehörde im herkömmlichen Sinne. Da es Deutschland nicht gestattet war, Streitkräfte aufzustellen, diente der BGS ursprünglich als Surrogat für die militärische Sicherung der deutsch-deutschen Grenzen, an der sich der beginnende Ost-West-Konflikt räumlich niederschlug.[42] Diese anfänglich einzige Aufgabe führte in vielerlei Hinsicht zu einem militärähnlichen Charakter.[43] So gehörte der Großteil des Personals geschlossenen, kasernierten Verbänden an (vgl. § 59 Abs. 1, Abs. 2 BGSG),[44] die Ausbildungs- und Führungsgrundsätze

---

[41] Zweifelhaft daher Sachs, in: Sachs, Art. 87 Rn. 36, der die Polizeieigenschaft des BGS (unter Einschluss der Strafverfolgung) aus dem Gesamtcharakter der in Art. 87 Abs. 1 S. 2 GG genannten Einzelmaterien herleitet.

[42] Siehe (auch zu den rechtspolitischen Hintergründen) Dürig in: Maunz/Dürig, Art. 87 a Rn. 51; Willich, Diss., S. 52 ff.; Werkentin, Die Restauration der deutschen Polizei, S. 86 ff.; zur damaligen Praxis siehe Dierske, Der Bundesgrenzschutz, S. 84 ff.

[43] Ohrband, Diss., S. 93 ff.; Willich, Diss., S. 41 ff. m. w. N.; Dierske, Der Bundesgrenzschutz, S. 80; Lisken/Denninger, HdbPolR, Abschn. A Rn. 81; auf die Nähe zu den Streitkräften weist auch Schnupp a. a. O., S. 11, 17 (et passim) hin, jedoch mit unzutreffenden rechtlichen Folgerungen.

[44] Dierske, Der Bundesgrenzschutz, S. 61 ff.; Bull, in: Alternativkommentar, Art. 87 Rn. 74.

zeigten deutliche Ähnlichkeiten mit den Streitkräften,[45] ebenso die über die polizeitypische Bewaffnung hinausgehende Ausrüstung[46] bis hin zur militärischen Dienstgradbezeichnung und Bekleidung;[47] auch trennte der frühere Kombattantenstatus den BGS von den Landespolizeien (zuletzt § 64 Abs. 1 BGSG 1972).[48] Die Parallelen zu den Streitkräften boten es später an, den BGS - entsprechend anfangs unausgesprochener Überlegungen der Politik - zum Aufbau der Bundeswehr heranzuziehen (§§ 1 ff. BGSG 1951).[49] Die Bezeichnung des BGS als „paramilitärischer Verband" (oder ähnlichem)[50] im Sinne einer außerhalb der Streitkräfte stehenden, militärähnlichen Polizeibehörde war nach dieser Maßgabe in dessen Anfangszeit durchaus berechtigt, soweit damit nicht seine Polizeieigenschaft insgesamt in Frage gestellt wurde bzw. militärische Befugnisse oder Vorgehensweisen sanktioniert werden sollten. Heute hat der BGS sein paramilitärisches Erbe überwunden.

4. Repressive Aufgaben

Im Gegensatz zum materiellen Polizeibegriff werden vom formellen Polizeibegriff auch repressive Polizeiaufgaben erfasst. Diese „Doppelfunktion"[51] der Polizei gilt nach §§ 12, 13 BGSG auch für den BGS. Wie andere Polizeibehörden im formellen Sinn ist auch der BGS nicht auf die Gefahrenabwehr beschränkt, sondern hat unter bestimmten Voraussetzungen auch die Aufgabe, Straftaten und Ordnungswidrigkeiten in eigener Zuständigkeit zu verfolgen.

---

[45] Dierske, Der Bundesgrenzschutz, S. 80 ff., 270 ff.; vgl. zum gewandelten grenzpolizeilichen Leitbild Hellenthal, Kriminalistik 1997, 123, 128 Anm. 6.

[46] Dierske, S. 324 ff.; vgl. heute § 2 Abs. 4 UZwG i. V. m. Abschnitt VI. der allgemeinen Verwaltungsvorschriften des Bundesinnenministeriums (UZwVwV – BMI), getrennt nach Verbänden und Grenzschutzeinzeldienst.

[47] Götz, in: Deutsche Verwaltungsgeschichte, Bd. 5, S. 434, 442; Dierske, S. 198 ff.;.

[48] Vgl. Dierske, Der Bundesgrenzschutz, S. 109 f. Aufgegeben wurde der Kombattantenstatus erst mit dem BGSNeuRegG von 1994 (vgl. die Begründung des Gesetzentwurfs in BT-Drucks. 12/7562, S. 33).

[49] Götz, in: Deutsche Verwaltungsgeschichte, Bd. 5, S. 437; Dierske, Der Bundesgrenzschutz, S. 46 ff.; Werkentin, Die Restauration der deutschen Polizei, S. 99 ff.

[50] Für damalige Stellungnahmen (vor allem aus dem politischen Bereich) siehe die Verweise in Willich, Diss., S. 41 f. und 70.

[51] Knemeyer, Polizei- und Ordnungsrecht, § 2 Rn. 14; Götz, Allgemeines Polizei- und Ordnungsrecht, Rn. 18.

a. Regelzuständigkeit

Die originäre Zuständigkeit des BGS zur Strafverfolgung in eigener Zuständigkeit (sog. Regelzuständigkeit) ist ausgerichtet an seinen präventiv-polizeilichen Aufgabenbereichen. In § 12 Abs. 1 wird die repressive Zuständigkeit in sachlicher Hinsicht definiert, während Abs. 2 die örtliche Zuständigkeit auf die räumlichen Zuständigkeitsbereiche (vgl. § 1 Abs. 7 BGSG) begrenzt.

In sachlicher Hinsicht beziehen sich die Nr. 1 – 4 des § 12 Abs. 1 BGSG auf Straftaten, die im Zusammenhang mit dem Grenzschutz stehen (§ 2 BGSG), während Nr. 5 auf die bahnpolizeiliche Aufgabe (§ 3 BGSG) und Nr. 6 auf die Aufgaben auf See (§ 6 BGSG) rekurieren. Für die sonstigen präventiven Aufgabenbereiche besitzt der BGS keine Strafverfolgungszuständigkeiten, weil Gesetzesverstöße, die in diesem Zusammenhang üblicherweise auftreten, keinen hinreichenden Bezug zu seinen sonderpolizeilichen Aufgaben aufweisen.[52]

Zusätzlich wird gemäß § 12 Abs. 1 S. 2 BGSG nach der Zweiteilung der Straftaten in Verbrechen und Vergehen (Dichotomie, § 12 Abs. 1, Abs. 2 StGB) differenziert, indem der BGS grundsätzlich nur zur Verfolgung von Vergehen und nur ausnahmsweise von Verbrechen berufen ist.[53]

Gemäß § 12 Abs. 1 S. 2, S. 3 BGSG bestimmt das Bundesinnenministerium das Nähere über die unter S. 1 fallenden Straftaten durch Rechtsverordnung in Einvernehmen mit dem Bundesjustizministerium (in den Fällen des Abs. 1 Nr. 4 auch mit dem Bundesfinanzministerium) und mit Zustimmung des Bundesrates. Diese Rechtsverordnung wurde bisher nicht erlassen. Statt dessen ist nur ein Erlass des Bundesinnenministeriums vom 18.04.1992[54] vorhanden, der bis zum Inkrafttreten einer entsprechenden Rechtsverordnung gelten soll. Bedeutung für die Klärung im Einzelfall, ob der BGS zu repressivem Handeln berechtigt ist, kann dieser Erlass wegen seiner andersartigen Rechtsnatur aber

---

[52] Dies meint wohl auch die amtliche Begründung in BT-Drucks. 12/7562, S. 45, wo festgestellt wird, dass das Schwergewicht erfahrungsgemäß außerhalb des Zuständigkeitsbereichs des BGS liege, da regelmäßig eine Strafverfolgungskompetenz des Bundeskriminalamtes oder der Kriminalpolizeien der Länder gegeben sei. Wortwörtlich genommen macht diese Begründung wenig Sinn, da eine Strafverfolgungszuständigkeit anderer Behörden auch für die in § 12 BGSG geregelten Bereiche gegeben wäre und folglich kein überzeugendes Differenzierungskriterium darstellen kann.

[53] Der Bundesrat hat im Gesetzgebungsverfahren zum BGSNeuRegG argumentiert, ohne eine grundsätzliche Beschränkung wäre der BGS zur Verfolgung von Straftaten berufen, deren Bearbeitung bzw. Bewältigung in besonderen Maße kriminalistisches Fachwissen und operative, taktische und technische Maßnahmen erfordern, siehe BT-Drucks. 12/8047, S. 6 f.

[54] Siehe Heesen/Hönle/Peilert, BGSG-Kommentar, § 12 Rn. 3.

nicht zukommen. Da es sich u. a. mangels Verkündung (Art. 82 Abs. 1 i. V. m. § 1 des Gesetzes über die Verkündung von Rechtsverordnungen) nur um eine Verwaltungsvorschrift ohne Außenwirkung handeln kann, stehen bereits formelle Gesichtspunkte einer Berücksichtigung des dort bestimmten Aufgabenkatalogs entgegen.[55]

Die örtliche Zuständigkeit zur Strafverfolgung ist nach § 12 Abs. 2 S. 1 BGSG auf die räumlichen Zuständigkeitsbereiche seiner präventiven Aufgabenbereiche beschränkt (§ 1 Abs. 7 BGSG). Allerdings hebt § 12 Abs. 4 BGSG diese Beschränkung faktisch wieder auf, indem Ermittlungshandlungen außerhalb der Bereiche im Benehmen der Polizei des Landes für zulässig erklärt werden. Der BGS ist folglich im gesamten Bundesgebiet zur Strafverfolgung zuständig; die jeweilige Landespolizei muss nur in Kenntnis gesetzt werden.

Pieroth[56] plädiert dafür, Ermittlungen im Sinne des § 12 Abs. 4 BGSG nur dann zuzulassen, wenn ausnahmsweise der Weg von Amts- und Vollzugshilfe keinen Strafermittlungserfolg verspricht. Dem ist im Ergebnis zuzustimmen. Auf der Ebene des BGSG ist die räumliche Beschränkung ein wesentliches Mittel zur Abgrenzung von Bund und Ländern auf dem Gebiet des Polizeirechts (§ 1 Abs. 7 BGSG). Dieser gesetzgeberischen Vorgehensweise entspricht auch § 12 Abs. 2 S. 1 BGSG, weil auch hier die Kompetenzschranken in den Tatbestand aufgenommen wurden. § 12 Abs. 4 BGSG jedoch, der für repressive Maßnahmen einen faktisch unbeschränkten Zuständigkeitsbereich schafft, bricht aus der gesetzlichen Systematik aus. Es spricht folglich viel dafür, die Ermittlungstätigkeit des BGS außerhalb seiner präventiv-polizeilicher Zuständigkeitsbereiche nur bei begründeten Einzelfällen zuzulassen. Zudem sind die besonderen Fertigkeiten und Fachkenntnisse des BGS, die ihn von den Landespolizeien unterscheiden, im Bereich der Strafverfolgung außerhalb seiner räumlichen Zuständigkeitsbereiche auch zumeist nicht für eine effektive Strafverfolgung entscheidend. Dafür dürften die Polizeien der Länder im Rahmen der Amts- und Vollzugshilfe regelmäßig vergleichbar geeignet sein.

Gemäß § 12 Abs. 1 S. 1 BGSG nimmt der BGS im Rahmen seiner originären Strafverfolgungszuständigkeit auch die Aufgabe des sog. „ersten Zugriffs" nach § 163 StPO wahr, d. h. er ist berechtigt und verpflichtet, selbstständig und ohne Auftrag oder Ersuchen der in erster Linie für die Strafverfolgung zuständigen Staatsanwaltschaft (§§ 152, 160, 161 StPO) die zur Aufklärung erforder-

---

[55] Zutreffend Fehn a. a. O., S. 13; Heesen/Hönle/Peilert a. a. O.

[56] Pieroth, VerwArch 1997, 568, 586; die h. M. hält eine räumlich unbegrenzte Ermittlungstätigkeit dagegen für unproblematisch, siehe Fehn, Die Polizei 2001, 8, 12.

lichen Maßnahmen zu treffen. Polizeivollzugsbeamte des BGS, die mindestens vier Jahre im Polizeivollzugsdienst sind, werden unmittelbar durch Gesetz Hilfsbeamte der Staatsanwaltschaft (§ 12 Abs. 5 S. 1 BGSG i. V. m. 152 Gerichtsverfassungsgesetz), unter bestimmten Voraussetzungen weiterreichende Untersuchungshandlungen nach der StPO vornehmen dürfen, die sonst Gericht oder Staatsanwaltschaft vorbehalten sind.

b. Notzuständigkeit

In Bezug auf Straftaten, die nicht Abs. 1 unterfallen, verweist § 12 Abs. 3 BGSG ebenfalls auf § 163 Abs. 1 StPO, der „unberührt bleibt“. Diese sog. Notzuständigkeit ist keine durch das BGSG selbst zugewiesene Aufgabe im Sinne des § 1 Abs. 2 1. Alt. BGSG, sondern wird durch § 163 Abs. 1 StPO unmittelbar begründet und ist damit eine Aufgabe, die „durch ein anderes Bundesgesetz“ im Sinne des § 1 Abs. 2 2. Alt. BGSG zugewiesen worden ist.[57]
Von Bedeutung ist die Unterscheidung des „ersten Zugriffs“ zwischen Regel- und Notzuständigkeit für das Ausmaß der Ermittlungstätigkeit. Ebenso wie die Landespolizeien nimmt auch der BGS die Strafverfolgung im Fall des § 12 Abs. 1 BGSG regelmäßig bis zum Abschluss der Ermittlungen wahr und leitet die Ergebnisse erst dann an die Staatsanwaltschaft weiter. Der Schwerpunkt der Ermittlungsarbeit liegt auch hier bei der Polizei und nicht bei der Staatsanwaltschaft als eigentliche „Herrin des Verfahrens“. Auch in Bezug auf die „Polizei des Bundes“ (§ 1 Abs. 1 S. 2 BGSG) hat sich also die Aufgabenverteilung zwischen Polizei und Staatsanwaltschaft nach den strafprozessualen Regelungen (§§ 161, 163 Abs. 1 StPO) in der Praxis ins Gegenteil verkehrt.[58] Die vielzitierte Regelung des § 12 Abs. 2 S. 3 BGSG, wonach die Staatsanwaltschaft im Benehmen mit dem BGS die Ermittlungstätigkeit einer anderen sonst zuständigen Stelle übertragen kann, hat daher nur in besonderen Fällen Bedeutung, weil die Staatsanwaltschaft im Normalfall von den Ermittlungstätigkeiten des BGS regelmäßig erst dann Kenntnis erlangt, wenn diese bereits abgeschlossen sind.
Anderes gilt aber für die repressive Eilzuständigkeit im Hinblick auf Straftaten, die außerhalb der Strafverfolgungszuständigkeit des BGS liegen. Hier sind die

---

[57] Pieroth, VerwArch 1997, 568, 582; vgl. auch Fischer/Hitz/Laskowski/Walter, BGSG-Kommentar, § 1 Rn. 19.

[58] Die vielzitierte Regelung des § 12 Abs. 2 S. 3 BGSG, wonach die Staatsanwaltschaft im Benehmen mit dem BGS die Ermittlungstätigkeit einer anderen Stelle übertragen kann, ist daher von eher geringer Bedeutung, weil die Staatsanwaltschaft bis zum Abschluss der Ermittlungen von jenen regelmäßig gar keine Kenntnis hat.

Maßnahmen des „ersten Zugriffs" nur im eigentlichen, „ursprünglichen" Sinne des § 163 Abs. 1 StPO zu verstehen; darunter fallen also nur Anordnungen, die keinen Aufschub gestatten, um die Verdunklung der Straftat zu verhüten (z. B. vorläufige Festnahme und Beweissicherungsmaßnahmen). Ansonsten ist die Sache unverzüglich an die zuständige Strafverfolgungsbehörde abzugeben.[59] Andernfalls würden die Schranken des § 12 Abs. 1 BGSG, der die Strafverfolgungszuständigkeit des BGS an seinem sonderpolizeilichen Aufgabenspektrums ausrichtet, umgangen. Diese Grundsätze haben rechtsfehlerfrei in § 12 Abs. 3 S. 1, S. 2 BGSG ihren Niederschlag gefunden.

c. Verfolgung von Ordnungswidrigkeiten

§ 13 Abs. 1 S. 1 BGSG bestimmt, dass der BGS im Rahmen der ihm obliegenden Aufgaben auch „Polizei" im Sinne des Gesetzes über Ordnungswidrigkeiten (OWiG) ist und ihm danach Aufgaben zum polizeilichen Tätigwerden aus eigenem Recht (§ 53 OWiG) bzw. auf Ersuchen der jeweils zuständigen Verwaltungsbehörde (§§ 35 f., 46 OWiG i. V. m. § 161 StPO) obliegen. Die Befugnisse folgen aus § 53 sowie § 46 OWiG i. V. m. den entsprechenden Vorschriften der StPO. § 13 Abs. 1 S. 2 BGSG grenzt durch Verweisung auf die entsprechenden Strafverfolgungsregelungen die Zuständigkeit des BGS zur Verfolgung von Ordnungswidrigkeiten von der Zuständigkeit der Polizeien der Länder ab.

Ebenso wie im Bereich der Strafverfolgung sind die zu verfolgenden Ordnungswidrigkeiten an seinen Aufgabenbereichen nach dem BGSG orientiert (§ 13 Abs. 1 S. 1 BGSG). Vereinfachend kann gesagt werden, dass der BGS Ordnungswidrigkeiten nur verfolgen darf, wenn er für deren Verhinderung im Rahmen seines Aufgabenbereichs zuständig gewesen wäre.[60]

III. Verhältnis zu den Landespolizeien

Im Bundesgrenzschutzgesetz wird zum Verhältnis von BGS zu den Landespolizeien formuliert: „Die Zuständigkeit der Polizei des Landes bleibt auch in den in Abs. 3 BGSG [Eigensicherung] sowie den in den §§ 2 bis 5 bezeichneten räumlichen Zuständigkeitsbereichen des Bundesgrenzschutzes unberührt."

---

[59] Im Ergebnis unstr., vgl. etwa Fischer/Hitz/Laskowski/Walter, BGSG-Kommentar, § 1 Rn. 19; Einwag/Schoen, BGSG-Kommentar, § 1 Rn. 35; Pieroth, VerwArch 1997, 568, 583.

[60] OLG Schleswig, NStZ 1981, 398.

Auf den ersten Blick erscheint es, als würde der BGS nach dieser Regelung in seinen Aufgabenbereichen auf gleicher Ebene neben die Landespolizeien treten, die auch in jenen Bereichen unverändert weiter zuständig seien. Dies wäre aber ein Fall der „Mischverwaltung", die wegen der prinzipiellen Trennung der Verwaltungsräume grundsätzlich unzulässig ist. Nach der grundgesetzlichen Systematik, die die Verwaltungskompetenzen von Bund und Ländern abschließend und lückenlos zuweisen, wäre eine „Doppelzuständigkeit", auf deren Grundlage Bund und Länder zur gleichen Zeit eine inhaltsgleiche Materie vollziehen könnten, mit der verfassungsrechtlichen Abgrenzfunktion der Verteilung der Verwaltungskompetenzen nicht vereinbar.[61] Der BGS und die Polizeien der Länder können demnach grundsätzlich nicht identische Zuständigkeitsbereiche wahrnehmen.

§ 1 Abs. 7 BGSG ist demnach anders zu verstehen. Die Regelung bezieht sich auf die räumlichen Zuständigkeitsbereiche des BGS; es wird nicht bestimmt, dass die Zuständigkeiten der Landespolizei im sachlichen Zuständigkeitsbereich des BGS unberührt bleiben. § 1 Abs. 7 BGSG ist demnach so auszulegen, dass die Zuständigkeit der Polizei des Landes zur allgemeinen Gefahrenabwehr nur insoweit unberührt bleibt, soweit sie nicht durch die „sonderpolizeilichen" Aufgaben des BGS verdrängt werden. Das „Unberührtsein" des § 1 Abs. 7 BGSG kann sich folglich nur auf die allgemeinpolizeiliche Zuständigkeit der Landespolizeien beziehen. Die im BGSG geregelten sonderpolizeilichen Aufgaben sind dagegen den Landespolizeien entzogen.[62]

Konkret bedeutet dies, dass beispielsweise in den räumlichen Zuständigkeitsbereichen „Grenzgebiet" (§ 2 Abs. 2 Nr. 3 BGSG) oder „Bahnanlagen" (§ 3 Abs. 1 BGSG) die Landespolizei weiterhin für die Abwehr allgemein-polizeilicher Gefahren zuständig ist, während der BGS „grenzspezifische" bzw. „eisenbahnspezifische" Gefahren abzuwehren hat.[63] Kein Fall der inhaltsgleichen Zuständigkeit sind dagegen Situationen, bei denen Bund und Länder gleichzeitig Gefahrenabwehrmaßnahmen wahrzunehmen haben. Dies ist dann gegeben, wenn ein und derselbe Lebenssachverhalt sowohl den sonderpolizeilichen Auf-

---

[61] Siehe BVerfGE 36, 193, 202 f.

[62] Pieroth, VerwArch 1997, 568, 571; Fischer/Hitz/Laskowski/Walter, BGSG-Kommentar, § 1 Rn. 50; § 2 Rn. 45; Fehn, Die Polizei 2001, 8, 9 f.; siehe auch die amtliche Begründung der Bundesregierung in BT-Drucks. 12/7562, S. 37; ebenso, wenn auch missverständlich formuliert, Drews/Wacke/Vogel/Martens, Gefahrenabwehr, S. 120.

[63] Die sich daraus zwangsläufig ergebenden Abgrenzungsfragen werden im Zusammenhang mit den jeweiligen Aufgabenbereichen noch ausführlich behandelt.

gabenbereich des BGS als auch den allgemein-polizeilichen der Landespolizei betrifft.[64]
Die Auslegung des vom Wortlaut her an Eindeutigkeit mangelnden § 1 Abs. 7 BGSG wird auch durch das BGSG selbst an anderer Stelle bestätigt. Für den grenzpolizeilichen Einzeldienst bestimmt § 2 Abs. 1 BGSG, dass die Landespolizeien die Sicherung der Grenzen mit Einverständnis des Bundes übernehmen dürfen. Auch hier kommt die grundgesetzliche Systematik wieder zum Ausdruck, die eine inhaltsgleiche Zuständigkeit von Bund und Ländern verbietet. Ähnliches gilt beispielsweise gemäß § 64 BGSG für andere Zuständigkeitsbereiche, weil die Landespolizei dort ebenfalls nur unter besonderen Voraussetzungen, meist nur mit Zustimmung des BGS, Amtshandlungen vornehmen darf. Wäre der Zuständigkeitsbereich der Landespolizei mit dem des BGS identisch, könnte sie kraft eigener Zuständigkeit auf Grundlage ihres Polizeigesetzes handeln und müsste nicht durch das BGSG hierzu ermächtigt werden.[65] Mit diesen Regelungen wollte auch der einfache Gesetzgeber eine verfassungswidrige Doppelzuständigkeit ausschließen.
Die hier beschriebene Verteilung der Zuständigkeitsbereiche gilt sowohl für den präventiv-polizeilichen, wie für den repressiv-polizeilichen Bereich. Gemäß § 12 Abs. 2 S. 2 BGSG bleibt „im übrigen“ die Zuständigkeit anderer Polizeibehörden auch in den Fällen des Abs. 1 unberührt. Auch hier ist die Zuständigkeit der Landespolizeien zur Strafverfolgung soweit – und nur soweit - verdrängt, wie der BGS nach § 12 Abs. 1 BGSG in eigener Zuständigkeit zur Strafverfolgung berufen ist.

VI. Organisation, Haushalt und Personal

Das Grundgesetz spricht in Art. 87 Abs. 1 S. 2 BGSG von „Bundesgrenzschutzbehörden“, die Gegenstand der bundeseigenen Verwaltung sind.[66] Dies bedeutet, dass die BGS-Behörden direkt der Rechtsperson „Bund“ zugeordnet sind und keine umfassende, selbstständige Rechtspersönlichkeit besitzen.[67] Der BGS gehört zum Geschäftsbereich des Bundesministeriums des Innern (§ 1 Abs. 1 S. 2 BGSG), das ihm gegenüber vollumfänglich weisungsberechtigt ist

---

[64] Z. B. Fischer/Hitz/Laskowski/Walter, BGSG-Kommentar, § 1 Rn. 20.
[65] Fehn, Die Polizei 2001, 8, 11.
[66] Vgl. Hermes, in: Dreier, Art. 87 Rn. 45; Burgi, in: Sachs, Art. 87 Rn. 39.
[67] Sachs, in: Sachs, Art. 86 Rn. 13, Art. 87 Rn. 13 m. w. N.

(vgl. § 57 BGSG). Die Weisungsgebundenheit des BGS ist charakteristischer Ausdruck der rechtlichen Unselbstständigkeit der bundeseigenen Verwaltung.[68] Bereits aus der Verwendung des Plurals „Bundesgrenzschutzbehörden" im Wortlaut des Art. 87 Abs. 1 S. 2 GG kann geschlossen werden, dass das Grundgesetz einen eigenen Verwaltungsunterbau vorsieht.[69] Insbesondere die Organisationsform der „Zentralstelle" i. S. d. 87 Abs. 1 S. 2 GG gilt für den BGS nicht. Teilweise wird sogar aus der Verwendung des Plurals geschlossen, dass die Konzentration aller Aufgaben bei einer zentralen Stelle ausgeschlossen sein soll.[70] Zumindest ebenso überzeugend lässt sich die Zulässigkeit eines gegliederten Verwaltungsaufbaus aus dem materiell-rechtlichen Gehalt des Art. 87 Abs. 1 S. 2 GG begründen.[71] Der Schutz der Außengrenzen der BRD kann nur mit dezentralen, hierarchisch gegliederten Organisationseinheiten angemessen erfüllt werden. Eine einzige Bundesbehörde oder Zentralstelle ohne Verwaltungsunterbau würde der Eigenart der Grenzschutzaufgabe nicht gerecht.
Nach dem 4. Abschnitt des BGSG gestaltet sich die Grundstruktur der Verwaltungsorganisation wie folgt: Nach § 57 Abs. 1 BGSG sind „Bundesgrenzschutzbehörden" die (derzeit 5) Grenzschutzpräsidien als Mittelbehörden (§ 57 Abs. 2 S. 1 BGSG), die ihnen untergeordneten (derzeit 19) Grenzschutz- und Bahnpolizeiämter als Unterbehörden (§ 57 Abs. 2 S. 1 BGSG), sowie die Grenzschutzdirektion (§ 57 Abs. 3 BGSG) und die Grenzschutzschule (§ 57 Abs. 4 BGSG).[72] Abgesehen von den Grenzschutz- und Bahnpolizeiämtern unterstehen alle Behörden dem Bundesinnenministerium unmittelbar (§ 57 Abs. 2 S. 3 BGSG, Abs. 3 S. 3, Abs. 4 S. 2 BGSG). Die Verbände und Einheiten des Bundesgrenzschutzes sind den Grenzschutzpräsidien zugeordnet (§ 57 Abs. 2 S. 2 BGSG).[73] Zahl und Sitz der Behörden bestimmt das Bundesinnenministerium, wobei hinsichtlich des Sitzes das beteiligte Land anzuhören ist (§ 57 Abs.

---

[68] Vgl. Traumann, Die Organisationsgewalt im Bereich der bundeseigenen Verwaltung, S. 225.

[69] Lerche, in: Maunz/Dürig, Art. 87 Rn. 127; Blümel, in: HdbStR IV, § 101 Rn. 102; Jestaedt, in: MAK, Art. 87 Rn. 35.

[70] Siehe Traumann, Die Organisationsgewalt im Bereich der bundeseigenen Verwaltung, S. 121 f., der von einem obligatorischen Verwaltungsunterbau ausgeht (m. w. N.). A. A. Lerche, in: Maunz/Dürig, Art. 87 Rn. 41 („föderales Erlaubtsein, kein rigides Gebotensein").

[71] Ebenso Hermes, in: Dreier, Art. 87 Rn. 45.

[72] Für hier nicht relevante Einzelheiten siehe S. Staffen, Die Polizei 1994, 320 ff.; BGS-Jahresbericht 2002, S. 50

[73] A. a. O.

5 BGSG). Die sachliche und örtliche Zuständigkeit der einzelnen Behörden wird nach § 58 Abs. 1 BGSG durch Rechtsverordnung[74] geregelt.
Parallel zur Erweiterung seiner Aufgaben wurden auch die Kapazitäten des BGS in finanzieller und personeller Hinsicht massiv ausgeweitet. Im Jahre 1951 wurde die Personal-Sollstärke ursprünglich auf 10.000 Mann festgesetzt und bereits nach zwei Jahren auf 20.000 verdoppelt.[75] Heute hat der BGS etwa 40.000 Bedienstete, davon rund 30.000 Polizeivollzugsbeamtinnen/-beamte.[76] Die Gesamtausgaben sind auch in den letzten Jahren ungebremst angestiegen. Während sie im Jahre 1990 noch 666,3 Mio. Euro betrugen, erreichten sie 2003 fast 2 Milliarden Euro; davon sind etwa 70 % Personalkosten.[77]

2. Kapitel – Aufgaben und Verwendungen des Bundesgrenzschutzes nach dem Grundgesetz

A. Grenzschutz (Art. 87 Abs. 1 S. 2 i. V. m. Art. 73 Nr. 5 GG, § 2 BGSG)

I. Verfassungsrechtliche Kompetenztitel

1. Gesetzgebungskompetenz (Art. 73 Nr. 5 GG)

Hinsichtlich des BGS steht der materiell-rechtliche Gehalt des Art. 87 Abs. 1 S. 2 GG in engem grammatikalischem, entstehungsgeschichtlichem und systematischem Zusammenhang mit Art. 73 Nr. 5 GG, der die ausschließliche Gesetzgebungskompetenz des Bundes auf dem Gebiet des Grenzschutzes bestimmt und den Begriff „Grenzschutz" gleichbedeutend verwendet. Nur aus dem wechselseitigen Zusammenspiel der beiden Normen lässt sich Art und Umfang der Grenzschutzaufgabe bestimmen.
„Grenzen" i. S. d. Art. 73 Nr. 5 GG sind - im Unterschied zu den staatsrechtlichen Grenzen innerhalb des Staatsgebiets – die staatlichen Außengrenzen.[78] Nach der „Drei-Elementen-Lehre" sind sie neben dem Staatsvolk und der

---

[74] Siehe die Verordnung über die Zuständigkeit der Bundesgrenzschutzbehörden v. 17.12.1997 (BGBl. I S. 3133).

[75] Genaueres siehe Götz, in: Deutsche Verwaltungsgeschichte, S. 434; Dierske, Der Bundesgrenzschutz, S. 163.

[76] BGS-Jahresbericht 2002, S. 9, 52.

[77] BGS-Jahresbericht a. a. O.

[78] Zur erledigten Problematik der innerdeutschen Grenze siehe BVerfGE 36, 1, 26 f.

Staatsgewalt ein wesentliches staatskonstituierendes Merkmal.[79] Sie trennen das eigene Staatsgebiet von anderen Staaten zu Land, zu Wasser, durch Begrenzung der Hoheitsgewässer in Richtung auf die Hohe See und in der Luft.[80] Bevor auf die einfachgesetzliche Ausgestaltung des Grenzschutzes im BGSG eingegangen wird, ist die rechtliche Funktion der Außengrenzen näher zu beschreiben. Das „klassische" Rechtsgut der Grenzsicherung ist die territoriale Integrität des Staates gegenüber fremder Staatsgewalt.[81] Dieser Aspekt der Grenzsicherung stand wegen den Entwicklungen in der sowjetischen Besatzungszone in den ersten Jahrzehnten des BGS im Mittelpunkt seines Aufgabenbereichs. Neben dem Übergreifen fremder Staatsgewalt auf die BRD kann die territoriale Integrität auch durch die Beeinträchtigung des Bestandes der Grenze gefährdet sein. Eine derartige Beeinträchtigung kann vor allem vom Versetzen oder Entfernen von Grenzmarkierungen ausgehen.[82] Als weitere Funktion der Grenze wird die „Wahrung des status- und territorialrechtlichen Bandes zwischen dem Staat und seinen Angehörigen" angesehen.[83] Aufgrund seiner Hoheitsgewalt obliegt dem Staat das Recht, Art und Umfang des grenzüberschreitenden Verkehrs zu bestimmen.[84] Die Verhinderung von rechtswidrigen Grenzübertritten, vornehmlich die illegale Einreise nach den Bestimmungen des Ausländer- Asylverfahrens- Paßgesetzes ist eine der wichtigsten Aufgaben des BGS.

Funktionsgegenstand der Grenze ist auch der „Zollschutz". Dieser betrifft die zollamtliche Überwachung der deutschen Grenze zur Einhaltung des Zollrechts, insbesondere die Erhebung der Ein- und Ausfuhrabgaben.[85] Diese Aufgabe wird nicht vom BGS, sondern von den Zollbehörden wahrgenommen, die dem Bundesfinanzministerium nachgeordnet sind.[86] Obwohl Art. 73 Nr. 5 GG

---

[79] Ausführlich Isensee, in: HdbStRG IV, § 98 Rn. 20 ff.; Graf Vitzthum, in: HdbStR I, § 16 Rn. 1.

[80] Graf Vitzthum a. a. O., Rn. 22 ff.

[81] Graf Vitzthum, a. a. O., Rn. 4.

[82] Fischer/Hitz/Laskowski/Walter, BGSG-Kommentar, § 2 Rn. 43; vgl. auch Pieroth, VerwArch 1997, 568, 579.

[83] So Pieroth, VerwArch 1997, 568, 579 f.; siehe auch Grawert, in: HdbStR I, § 14 Rn. 54 (et passim).

[84] Graf Vitzthum, in: HdbStR I, § 16 Rn. 4.

[85] Heintzen, in: v. Mangoldt/Klein/Starck, Art. 73 Rn. 51; ausführlich zur rechtsgeschichtlichen Entwicklung des Verhältnisses zwischen Grenzschutz und Zollschutz Willich, Diss., S. 110 ff.

[86] Art. 108 GG, § 1 Finanzverwaltungsgesetz.

den Zoll- und Grenzschutz als einen Unterfall des Waren- und Zahlungsverkehrs anzusehen scheint, herrscht heute Einigkeit, dass der Bund nicht auf die Kontrolle dieses Verkehrs beschränkt ist. In der Verwendung des Begriffes „einschließlich" wird überwiegend ein Redaktionsversehen gesehen.[87] Der Aufgabenbereich „Grenzschutz" ist damit ein selbstständiges, mit den sonstigen Varianten des Nr. 5 gleichrangiges Sachgebiet und insbesondere vom „Zollschutz" zu trennen.

2. Verwaltungskompetenz (Art. 87 Abs. 1 S. 2 GG)

a. Bundeseigene Verwaltung

Art. 87 Abs. 1 S. 2 GG, wonach der Bund durch Bundesgesetz Bundesgrenzschutzbehörden einrichten kann, ist ein Fall der bundeseigenen Verwaltung, bei der der Bund abweichend von der Regelzuständigkeit der Länder (Art. 83 GG) die Einrichtung der zuständigen Behörden bestimmt und die allgemeinen Verwaltungsvorschriften erlässt (Art. 86 GG).[88]

b. Verbleibende Verwaltungskompetenzen der Länder

Im Gegensatz zum Bereich der obligatorischen bundeseigenen Verwaltung nach Art. 87 Abs. 1 S. 1 GG ist die Einrichtung der in Art. 87 Abs. 1 S. 2 GG genannten Verwaltungseinheiten fakultativ, d. h. der Bund ist nur ermächtigt, aber nicht verpflichtet, von dieser Verwaltungskompetenz Gebrauch zu machen. Wenn der Bundesgesetzgeber den BGS-Behörden nicht die ihnen an sich möglichen Kompetenzzuweisungen zuspricht, ist dies nicht zu beanstanden.[89]
In diesem Fall stellt sich jedoch die Frage, ob dann, wenn der Bund die Verwaltungskompetenz nicht selbst nutzt, statt dessen die Länder ihre Grenzen (soweit sie zugleich Außengrenzen der BRD sind) selbst schützen können. Das BGSG erlaubt in § 2 Abs. 1 eine Übernahme von Aufgaben des grenzpolizeilichen Einzeldienstes durch die Länder, stellt jedoch die Voraussetzung auf, dass zwischen dem BGS und dem jeweiligen Land ein Einvernehmen hergestellt wird. Nimmt die jeweilige Landespolizei Grenzschutzaufgaben wahr, richtet sich die Durchführung der Aufgaben nach dem Landespolizeirecht (§ 2 Abs. 4 BGSG). Darunter fällt nicht nur originäres Landesrecht, sondern auch das für das Land unmittelbar geltende Bundesrecht (Art. 83 GG), wie z. B. das Ausländergesetz,

---

[87] Maunz, in: Maunz/Dürig, Art. 73 Rn. 102; Degenhardt, in: Sachs, Art. 73 Nr. 24; Heintzen, in: v. Mangoldt/Klein/Starck, Art. 73 Rn. 50; Papier, DVBl. 1992, 1, 3.
[88] Vgl. BVerfGE 97, 198, 214; ebenso OVG Koblenz, NJW 1990, 1130.
[89] Unstr., siehe etwa Lerche in: Maunz/Dürig, Art. 87 Rn. 126.

Asylverfahrengesetz oder Paßgesetz. Von der Möglichkeit des § 2 Abs. 1 BGSG haben Hamburg und Bremen für den Seehafenbereich,[90] in Bezug auf Grenzschutz zu Land der Freistaat Bayern Gebrauch gemacht, der von jeher auf eine eigene Grenzschutzpolizei bestanden hat.[91]
Es ist zunächst klarzustellen, dass diese Problematik nichts mit der Setzung von materiellem Grenzschutzrecht zu tun hat. Da es sich dabei gemäß Art. 73 Nr. 5 GG um eine ausschließliche Gesetzgebungskompetenz des Bundes handelt, sind die Bundesländer hierzu in keinem Fall zuständig, auch nicht im Sinne einer irgendwie gearteten Subsidiarität.[92] Die Sperrwirkung für die Landesgesetzgebung im Bereich der ausschließlichen Gesetzgebung hängt auch nicht davon ab, ob der Bund von seinem Gesetzgebungsrecht Gebrauch gemacht hat.[93] Die Frage einer Landesgesetzgebungskompetenz für den Schutz der Landesgrenzen, die zugleich Bundesgrenzen sind, stellt sich auch nicht, weil Bun-

[90] Verwaltungsabkommen mit Hamburg (BAnz. Nr. 18 vom 26.01.1974); Verwaltungsabkommen mit Bremen über die Wahrnehmung der polizeilichen Kontrolle des grenzüberschreitenden Verkehrs (BAnz. Nr. 160 vom 26.08.1973).

[91] Verwaltungsabkommen mit der Bayerischen Staatsregierung über die Wahrnehmung von Aufgaben des grenzpolizeilichen Einzeldienstes in Bayern vom 03.07.1975 (BAnz. Nr. 124 vom 11.07.1975). Siehe auch Art. 4 Abs. 3 des bayerischen Polizeiorganisationsgesetzes, der die grenzpolizeilichen Aufgaben fast identisch wie § 2 Abs. 2 BGSG definiert. Vgl. dazu (allerdings teilweise veraltet) Köhler, Die Bayerische Grenzpolizei – Aufgaben und Rechtsstellung, BayVBl. 1985, 673 und Ebert, Zum Verhältnis von Bayerischer Grenzpolizei und Bundesgrenzschutz, BayVBl. 1986, 522.

[92] Ausdrücklich a. A. nur Köttgen, JöR, n. F., Band 3 (1954), 67, 99 und 122, der ohne Begründung Art. 73 Nr. 5 GG als Ermächtigungsgrundlage für materielles Grenzschutzrecht ablehnt. Fragwürdig auch Beinhofer, BayVBl. 1995, 193, 195 f., der die Möglichkeit des § 2 Abs. 1 i. V. m. Abs. 4 BGSG als Fall des Art. 71 GG ansieht, obwohl § 2 BGSG nur die Übertragung von Verwaltungskompetenzen erlaubt, nicht die Setzung von materiellem Grenzschutzrecht im Sinne des Art. 73 Nr. 5 GG. Der Hinweis, die Länder würden im Falle des § 2 BGSG nach Landespolizeirecht handeln, geht fehl, da die Länder zwar zur eigenständigen Regelung der verfahrensrechtlichen und organisatorischen Fragen berechtigt sind, dabei jedoch ohne Frage weiterhin an grenzschutzbezogenes Bundesrecht gebunden sind. Hintergrund für die vielfach zu beobachtende Verwirrung an diesem Punkt ist letztendlich wohl die Vermischung von materiellen Sachregelungen mit Fragen der Behördenorganisation und des Verwaltungsverfahrens.

[93] Heintzen, in: v. Mangoldt/Klein/Starck, Art. 71 Rn. 1, 27 ff.

desgrenzen stets auch Landesgrenzen sind und diese Konstellation von Art. 73 Nr. 5 GG denknotwendig umfasst wird.[94]
Die Zulässigkeit von speziellen „Ländergrenzschutzpolizeien“ hängt davon ab, ob die fakultative Bundesverwaltung einen generellen Ausschluss der Länderexekutive (Art. 83, 84 GG) bedeutet, und zwar unabhängig davon, ob der Bund seine Verwaltungskompetenz wahrnimmt oder nicht.[95] Die ganz überwiegende Ansicht hält eine subsidiäre Länderzuständigkeit für gegeben, weil die fakultative Verwaltungskompetenz diese Option gerade einräume.[96] Es handle sich um eine „alternativ-konkurrierende Verwaltungszuständigkeit“ des Bundes und der Länder mit der Folge, dass die Länder so lange und soweit zuständig sind, als der Bund von seiner Verwaltungskompetenz nicht Gebrauch gemacht hat. Die Gegenansicht[97] hält eine Landesverwaltungskompetenz für den Grenzschutz in jedem Fall für ausgeschlossen. Auch im Rahmen der fakultativen Bundesverwaltung seien die Kompetenzzuweisungen des Grundgesetzes ausschließlich, d. h. nur an eine Körperschaft gerichtet, was einen Gesetzesvollzug durch die Länder nicht erlaube.[98]
Die letztere Ansicht beruht jedoch auf einem unzutreffenden Verständnis der grundgesetzlichen Verteilung der Verwaltungszuständigkeiten. Art. 87 Abs. 1 S. 2 GG ist als Ausnahmebestimmung von der prinzipiellen Landespolizeihoheit zu verstehen. Aus dem Gesamtzusammenhang der Art. 83 GG ff. folgt, dass die Verwaltungskompetenzen des Bundes Ausnahmeregelungen darstellen, um die grundsätzliche Zuständigkeit der Länder zur Ausführung von Gesetzen zu sichern. Damit liegt auch in der Erlaubnis zur Einrichtung eigener Bundesbehörden nach Art. 87 GG eine Ausnahme von Art. 83 GG. Wenn nun

---

[94] Richtig Degenhardt, in: Sachs, Art. 73 Rn. 24; unklar dagegen Maunz in: Maunz/Dürig, Art. 73 Nr. 104, wonach der Landesgesetzgeber nicht gehindert sei, zum Schutz der Landesgrenzen, die gleichzeitig Bundesgrenzen sind, gesetzgeberisch tätig zu werden.

[95] Unzutreffend Köhler, BayVBl. 1985, 673 f., der meint, aus der Übertragungsmöglichkeit der Grenzschutzaufgabe an die Länder nach dem BGSG ergebe sich deren verfassungsrechtliche Zulässigkeit.

[96] Hermes, in: Dreier, Art. 87 Rn. 32 f.; Heintzen, in: v. Mangoldt/Klein/Starck, Art. 73 Rn. 52; Jestaedt, in: MAK, Art. 87 Rn. 74; Lerche, in: Maunz/Dürig, Art. 87 Rn. 126; Dittmann, Die Bundesverwaltung, S. 225; Fischer/Hitz/Laskowski/Walter, BGSG-Kommentar, § 2 Rn. 5; Einwag/Schoen, BGSG-Kommentar, § 2 Rn. 21 b; Ohrband, Diss., S. 122 f.; unklar Walter, BGS, S. 33 f.

[97] Ausführlich Willich, Diss., S. 126 ff.; ohne nähere Begründung Bull, in: Alternativkommentar, Art. 87 Rn. 73.

[98] Willich, Diss., S. 128.

die betreffende Verwaltungskompetenz nicht obligatorisch vom Bund wahrzunehmen ist, sondern nur die Möglichkeit dazu besteht, würde es der grundgesetzlichen Systematik widersprechen, wenn man in jenen Bereichen die Länder als generell unzuständig ansieht. Zwar kann der Bund das Ausmaß der Inanspruchnahme bestimmen. Dies gibt ihm jedoch nicht das Recht, die Länder von der Aufgabenübernahme abzuhalten, wenn er selbst von seiner Kompetenz nicht Gebrauch macht. Eine derartige „negative Sperrwirkung" ist vom Grundgesetz nicht vorgesehen. Ebenso wie im Bereich der konkurrierenden Gesetzgebung[99] geht es in der Sache nach nicht um eine Frage der sich absolut ausschließenden Konkurrenz, sondern um eine Frage der Vorrangs. Folglich sind die Länder auch nicht auf eine ausdrückliche Verwaltungskompetenz angewiesen, die die Länder berechtigt, im Falle der Untätigkeit des Bundes selbs tätig zu werden.

Eine derartige subsidiäre Landesverwaltungskompetenz ist auch kein Fall der sog. „Mischverwaltung" zwischen Bund und Ländern, die ohne ausdrückliche Zulassung grundsätzlich verfassungswidrig ist.[100] Unter den genannten Voraussetzungen erlaubt Art. 87 Abs. 1 S. 2 GG gerade eine Landeszuständigkeit. Die Gründe für die Unzulässigkeit der Mischverwaltung greifen hier nicht. Weder droht im Fall einer ausschließlichen Wahrnehmung der Grenzschutzaufgabe durch ein Land eine Doppelzuständigkeit von BGS und Landespolizei, noch eine unklare körperschaftliche Kompetenzabgrenzung.

II. Sachlicher und räumlicher Zuständigkeitsbereich (Art. 87 Abs. 1 S. 2 i. V. m. Art. 73 Nr. 5 GG, § 2 BGSG)

Entsprechend der gesetzgeberischen Konzeption ist die Untersuchung der Grenzschutzaufgabe in einen präventiven und einen repressiven Aufgabenbereich zu gliedern, die jeweils hinsichtlich ihrer räumlichen und sachlichen Zuständigkeitsbereiche zu differenzieren sind.

1. Präventiver Aufgabenbereich

a. Räumlicher Zuständigkeitsbereich

---

[99] Siehe dazu Isensee, in: HdbStR IV, § 98 Rn. 187 mit dem Verweis auf Art. 34, 36 des Herrenchiemseer Entwurfs, wo noch die Bezeichnung „Vorranggesetzgebung" verwendet wurde.

[100] So aber Willich, Diss., S. 145 ff. Zur „Mischverwaltung" siehe BVerfGE 11, 205, 124 f.; 32, 145, 156; 39, 96, 120; 41, 291, 311; 63, 1, 38 ff.; Krebs, in: HdbStR III, § 69 Rn. 61.

§ 2 BGSG, der die Aufgabe des Grenzschutzes konkretisiert, benennt nur in Abs. 2 Nr. 3 BGSG eine räumliche Zuständigkeitsbereichsbegrenzung[101], nämlich die Beschränkung der Abwehr von Gefahren für die Grenzsicherheit auf einen Grenzstreifen von 30 bzw. 50 Kilometern. Obwohl bereits das erste BGSG aus dem Jahre 1951[102] die Aufgabenzuweisung enthielt, die Sicherheit der Grenzen im Grenzgebiet bis zu einer Tiefe von 30 Kilometern zu sichern (§ 2 S. 2 1. Hs. BGSG 1951), ist eine befriedigende rechtliche Einordnung dieser Regelung bis heute nicht gelungen.
Zunächst ist festzustellen, dass eine räumliche Beschränkung für die sonstigen Grenzschutzaufgaben des § 2 BGSG nicht vorliegt, weil sowohl die Überwachung der Grenze (§ 2 Abs. 2 Nr. 1 BGSG) als auch die Kontrolle des grenzüberschreitenden Verkehrs (§ 3 Abs. 2 Nr. 2 BGSG) grundsätzlich nur in unmittelbarer Grenznähe durchzuführen sind und es wegen der sachlichen Begrenzung der Aufgabenstellungen keinen Anlass für eine zusätzliche räumliche Begrenzung gibt.
Der historische Gesetzgeber verfolgte mit der 30 km – Zone das Ziel, die geographische Unbestimmtheit des Begriffes „Grenzgebiet", der ursprünglich allein vorgesehen war, im Interesse Rechtsklarheit und Praktikabilität und unter Hinweis auf die allgemeine Polizeihoheit der Länder zu vermeiden.[103] Aus dieser Begründung ist die schon damals bestehende tiefgreifende Unsicherheit des Bundes über das Verhältnis des BGS zur Länderhoheit zu ersehen. Es scheint so, dass der Gesetzgeber davon ausging, die allgemeine Polizeihoheit der Länder erfordere es, die Aufgabe des Grenzschutzes i. S. d. § 87 Abs. 1 S. 2 GG verfassungsrechtlich auf das Grenzgebiet zwingend zu beschränken. Wäre nämlich der Bundesgesetzgeber davon ausgegangen, dass die Landespolizeien für den Grenzschutz nicht zuständig seien, hätte es einer Konkretisierung des Begriffes „Grenzgebiet" zur Abgrenzung der Kompetenzbereiche nicht bedurft.

---

[101] Die Begriffswahl ist angelehnt an § 1 Abs. 7 BGSG („räumliche Zuständigkeitsbereiche"); vgl. auch § 12 Abs. 2 S. 1 BGSG. Die im allgemeinen Verwaltungsrecht übliche Bezeichnung „örtliche Zuständigkeit" ist angesichts § 58 BGSG nicht geeignet (allgemein zur „örtlichen Zuständigkeit" Drews/Wacke/Vogel/Martens, Gefahrenabwehr, S. 106 ff.; ähnlich wie hier z. B. Fischer/Hitz/Laskowski/Walter, BGSG-Kommentar, § 2 Rn. 40; die dort befürwortete Definition einer „räumlichen Einschränkung der Tätigkeitsmöglichkeit des BGSG im Sinne einer sachlichen Kompetenzbegrenzung" ist aber auch nicht zweifelsfrei, weil dadurch der Eindruck erweckt wird, es gäbe Anlass für eine derartige Kompetenzbegrenzung gegenüber den Landespolizeien; siehe dazu im Folgenden).

[102] BGBl. I, S. 201.

[103] Siehe dazu Willich, Diss., S. 179 m. w. N. und Dierske, Der Bundesgrenzschutz, S. 54 f.

Dieses Verständnis der räumlichen Zuständigkeitsbeschränkung ist jedoch aus Sicht des Verfassungsrechts nicht geboten. Das Schrifttum[104] geht zunächst zu Recht davon aus, dass das Verfassungsrecht eine räumliche Begrenzung der Grenzschutzaufgabe auch im Falle des § 2 Abs. 2 Nr. 3 BGSG nicht zwingend verlangt. Ausgehend vom materiell-rechtlichen Inhalt der Art. 87 Abs. 1 S. 2, 73 Nr. 5 GG sind Maßnahmen, die dem Schutz der Grenze dienen, grundsätzlich im gesamten Bundesgebiet denkbar. Es spricht nichts dagegen, Gefahrenabwehrmaßnahmen am faktischen Ausgangspunkt der Gefahr auch dann von der Aufgabenzuweisung als erfasst anzusehen, wenn sie außerhalb des Grenzbereichs stattfinden, solange sie nur in sachlichem Zusammenhang mit der Grenzsicherheit stehen. Am deutlichsten wird dies bei der Kontrolle des grenzüberschreitenden Verkehrs auf Flughäfen und Seehäfen. So ergibt sich aus den besonderen Gegebenheiten dieser Transportmittel eine zeitlich vor- bzw. nachgeordnete Kontrolle, die unter § 2 Abs. 2 Nr. 2 BGSG fällt, obwohl diese nicht an der Grenze selbst vorgenommen wird.[105] In die Polizeihoheit der Länder wird dadurch nicht unzulässig eingegriffen, weil es sich um eine sachlich definierte, sonderpolizeiliche Aufgabe handelt, die dem Bund ausdrücklich durch die Verfassung zugewiesen ist.

Daraus muss jedoch geschlossen werden, dass die weithin übliche Qualifikation der 30 km – Zone als Mittel zur Abgrenzung der Zuständigkeitsbereiche von BGS und Landespolizei in dieser pauschalen Weise nicht überzeugend ist.[106] Besonders deutlich wird dies anhand der Frage, wie sich die Kompetenzverteilung in den Gebieten darstellt, die außerhalb der 30 km – Zone liegen. Hält man mit der Mindermeinung eine subsidiäre Landesverwaltungskompetenz für unzulässig, wären außerhalb des Grenzgürtels weder der BGS noch die Landespolizeien zuständig.[107] Dem ist zu widersprechen: Wie oben bereits dargelegt, können auch die Landespolizeien Grenzschutzaufgaben grundsätzlich wahrnehmen, wenn der Bund von seiner Verwaltungskompetenz nach Art. 87 Abs. 1

---

[104] Papier, DVBl. 1992, 1, 3; Ronellenfitsch, VerwArch 1999, 139, 161; Willich, Diss., S. 178; Ernst, Diss., S. 120 f.

[105] Im Ergebnis unstr., siehe z. B. BVerfGE 97, 198, 214 m. w. N.; Hermes, in: Dreier, Art. 87 Rn. 38.

[106] Vgl. z. B. Einwag/Schoen, BGSG-Kommentar, § 2 Rn. 15; Ernst, Diss., S. 154 f.

[107] So in der Tat Willich, Diss., S. 180, der eine problematischen Lücke im Grenzschutz zu erkennen glaubt; ebenso Fischer/Hitz/Laskowski/Walter, BGSG-Kommentar, § 2 Rn. 40; dagegen wiederum Einwag/Schoen, BGSG-Kommentar, § 2 Rn. 15.

S. 2 GG nicht Gebrauch macht.[108] Da der Bund auch außerhalb der 30 km - Zone potentiell zuständig ist, ist es aus verfassungsrechtlicher Sicht sogar denkbar, dass dort die Länder im Einvernehmen mit dem Bund (§ 2 Abs. 1, Abs. 4 BGSG) tätig werden. Einmal abgesehen davon, dass eine derartige „Aufgabenteilung" aus praktischen Gründen wenig Sinn machen würde, steht nicht das Grundgesetz, sondern nur das einfachgesetzliche Recht dem entgegen: Mit § 2 Abs. 2 BGSG wollte der Bund die Grenzschutzaufgabe vollumfänglich und abschließend regeln.[109] Weil demnach eine Grenzschutzaufgabe außerhalb des Grenzgürtels nicht existiert, können auch die Länder insoweit nicht tätig werden, und zwar auch dann nicht, wenn der Bund dem zustimmen würde.

Die Begrenzung des räumlichen Zuständigkeitsbereichs auf 30 Kilometer hat infolgedessen keine eigenständige verfassungsrechtliche Bedeutung, sondern ist ein bloßer Rechtsreflex der materiellen Grenzschutzaufgabe, der nicht geeignet ist, den Zuständigkeitsbereich des BGS von dem der Länder abzugrenzen. Eigentlicher Problemschwerpunkt des § 2 Abs. 2 Nr. 3 BGSG ist die Bestimmung des *sachlichen* Zuständigkeitsbereichs, für die die 30 km – Zone nur wenig hergibt.

In der Rechtspraxis gab es keine ernsthaften politischen Vorstöße des Bundes, die 30 km – Zone wieder abzuschaffen, was wohl darin begründet ist, dass aus polizeilicher Sicht eine räumliche Ausweitung nicht als erforderlich angesehen wird. Allerdings hängt dies auch damit zusammen, dass dem BGS längst andere, teilweise grenzschutzunabhängige Aufgaben zugewiesen wurden, die im gesamten Bundesgebiet wahrgenommen werden und keinerlei räumlichen Bezug zur Grenze haben, wie z. B. die Bahnpolizei (§ 3 BGSG; vgl. auch die grenzschutzbezogene Befugnis des § 22 Abs. 1 a BGSG). Betrachtet man das heutige Aufgabenspektrum des BGS in seiner Gesamtheit, so hat sich die früher charakterbestimmende räumliche Begrenzung seines Zuständigkeitsbereichs insofern ohnehin überlebt.

b. Sachlicher Zuständigkeitsbereich

In sachlicher Hinsicht wird die Grenzschutzaufgabe i. S. d. Art. 73 Nr. 5, 87 Abs. 1 S. 2 GG durch das Grundgesetz nicht näher beschrieben. § 2 Abs. 2 BGSG definiert die Grenzschutzaufgabe anhand von Fallgruppen. Nach richti-

---

[108] Siehe oben 2. Kapitel A. I. 2. b.

[109] Vgl. Lisken, NVwZ 1998, 22, 25 f.

ger Ansicht sind sie als abschließend zu verstehen.[110] Die Konkretisierung durch Abs. 2 wäre überflüssig, wenn unter Rückgriff auf Abs. 1 darüber hinausgegangen werden dürfte.[111] Zwar wäre insoweit auch eine beispielsweise Aufzählung im Sinne einer bloßen Rechtsverdeutlichung denkbar; würde aber darin der Zweck von Abs. 2 liegen, hätte der Gesetzgeber dies entsprechend der üblichen Gesetzestechnik mit der Formulierung „insbesondere“, „einschließlich“ oder ähnlichem deutlich machen müssen.

aa. Grenzüberwachung (§ 2 Abs. 2 Nr. 1 BGSG)

Die Überwachung der Grenzen ist losgelöst vom klassischen Gefahrenbegriff, da eine konkrete Gefahr nicht verlangt wird.[112] Es handelt sich um eine Aufklärung besonderer Art zur Früherkennung polizeirechtserheblicher Zustände und Gefahren und ist daher eine Maßnahme der Gefahrenvorsorge.[113] Die polizeiliche Grenzüberwachung der Grenzen erfolgt durch Grenzstreifen oder mobile Grenzüberwachungstrupps.[114] Von immer größer werdender Bedeutung ist die Nutzung von technischen Einrichtungen wie z. B. Radar, Nachtsicht- und Wärmebildgeräte sowie Foto- und Videoanlagen. Observationsmaßnahmen dieser Art sind regelmäßig mit Grundrechtseingriffen verbunden, die auf eine Befugnisnorm gestützt werden müssen (vgl. § 27 BGSG). Auf der Ebene der Grenzüberwachung, die eine reine Aufgabennorm ist, sind über die bloße Observation der Grenze hinausgehende Grundrechtseingriffe nicht von der Aufgabennorm erfasst. Auch wenn das Ziel der Grenzüberwachung vor allem die Verhinderung von illegalen Grenzübertritten und des illegalen Warenverkehrs (Schmuggel- und Diebesgut) ist, fallen diesbezügliche Maßnahmen nicht unter § 2 Abs. 2 Nr. 1 BGSG.[115]

bb. Kontrolle des grenzüberschreitenden Verkehrs (§ 2 Abs. 2 Nr. 2 BGSG)

Im Gegensatz zur Grenzüberwachung, die eine allgemeine Maßnahme zur Feststellung der Grenzlage ist, dient die Kontrolle des Personen- und Sachverkehrs

---

[110] Riegel, BGSNeuRegG, § 2 Rn. 5; Pieroth, VerwArch 1997, 568, 575; unklar Fischer/Hitz/Laskowski/Walter, BGSG-Kommentar, § 2 Rn. 1.

[111] Pieroth a. a. O.

[112] Fischer/Hitz/Laskowski/Walter, BGSG-Kommentar, § 2 Rn. 10, 12.

[113] So etwa Einwag/Schoen, BGSG-Kommentar, § 1 Rn. 15; Fischer/Hitz/Laskowski/Walter, BGSG-Kommentar, § 2 Rn. 10, 12; zur Grenzkontrolle aus praktischer Sicht Hellenthal, Kriminalistik 1997, 123 ff.

[114] Fischer/Hitz/Laskowski/Walter, BGSG-Kommentar, § 2 Rn. 11.

[115] Wohl ebenso Pieroth, VerwArch 1997, 568, 575 f. und 596.

der Feststellung der Umstände im Einzelfall.[116] Da allein der Grenzübertritt noch keine Gefahr bzw. kein Gefahrenverdacht im Sinne des allgemeinen Gefahrenabwehrrechts darstellt, handelt es sich auch bei der Kontrolle des grenzüberschreitenden Verkehrs um eine verdachts- und ereignisunabhängige Maßnahme. Dies ist (insbesondere aus Sicht des Verhältnismäßigkeitsgrundsatzes) trotz fehlender sonstiger Einschreitschwellen wegen der besonderen Situation an der Grenze grundsätzlich unproblematisch. Ohne weiterführende Bedeutung ist die Frage, ob man die grenzpolizeilichen Standardbefugnisse (vgl. z. B. §§ 23, 44 BGSG) als verdachts- bzw. ereignisabhängig bezeichnen will, weil man im Grenzübertritt den „Anlass" für Kontrollmaßnahmen sieht oder mangels „Gefahr" im herkömmlichen Sinne von verdachts- bzw. ereignisunabhängigen Maßnahmen spricht.[117]
Örtlich ist die Kontrolle des grenzüberschreitenden Verkehrs nicht auf die zugelassenen Grenzübergangsstellen (vgl. § 61 BGSG) beschränkt, sondern auch an den „grünen" bzw. „blauen" Grenzen zulässig, d. h. auch der grenzüberschreitende Luft- und Schiffsverkehr ist Gegenstand der Grenzkontrollen.[118]
In § 2 Abs. 2 Nr. 2 a) – c) BGSG werden die wichtigsten Maßnahmen zur Kontrolle des grenzüberschreitenden Verkehrs nicht abschließend aufgeführt („einschließlich").

(1) Überprüfung der Grenzübertrittspapiere und der Berechtigung zum Grenzübertritt (§ 2 Abs. 2 Nr. 2 a) BGSG)

Hauptanwendungsfall der Grenzkontrolle ist die Überprüfung der Grenzübertrittspapiere (Personalausweis oder Reisepass, vgl. § 1 Paßgesetz) und sonstige Urkunden, die für das Überschreiten der Grenze vorgeschrieben sind, wie ausländerrechtliche Genehmigungen oder sachbezogene Papiere wie beispielsweise waffenrechtliche Erlaubnisse (vgl. § 27 Waffengesetz).

---

[116] Fischer/Hitz/Laskowski/Walter, BGSG-Kommentar, § 2 Rn. 14.

[117] Vgl. Kastner, VerwArch 2001, 216, 221 f.; Fischer/Hitz/Laskowski/Walter, BGSG-Kommentar, § 2 Rn. 24; Bizer, Sächsisches Polizeigesetz, S. 38.

[118] BVerfGE 97, 198, 214; Lerche in: Maunz/Dürig, Art. 87 Rn. 124; Hermes, in: Dreier, Art. 87 Rn. 38; Heintzen, in: v. Mangoldt/Klein/Starck, Art. 73 Rn. 51; Burgi, in: v. Mangoldt/Klein/Starck, Art. 87 Rn. 47; Fischer/Hitz/Laskowski/Walter, BGSG-Kommentar, § 2 Rn. 18; Heesen/Hönle/Peilert, BGSG-Kommentar, § 2 Rn. 4; ausführlich zu den verschiedenen Aspekten der Personenkontrolle an der Grenze auch Stüer, Diss., S. 42 ff., 132 ff.

(2) Grenzfahndung (§ 2 Abs. 2 Nr. 2 b) BGSG)

Unter Grenzfahndung ist die allgemeine oder gezielte Suche nach Personen zu verstehen, die - im Unterschied zu Fahndungsmaßnahmen der Länder - in einem noch näher zu definierenden Zusammenhang mit der Grenze steht. Wichtigste Anwendungsfälle sind die Suche nach Personen, die nach der Strafprozessordnung zur Fahndung ausgeschrieben sind, sowie nach Gegenständen, die in einem Strafverfahren als Beweismittel von Bedeutung sein könnten (vgl. §§ 94, 98, 112, 126a, 131, 457 StPO).[119]

Wie die systematische Stellung der Grenzfahndung in § 2 Abs. 2 Nr. 2 BGSG zeigt, müssen Fahndungsmaßnahmen des BGS zeitlich, räumlich und funktional mit der Kontrolle des grenzüberschreitenden Verkehrs in Zusammenhang stehen.[120]

Anders als die Strafverfolgung nach § 12 BGSG, wonach der BGS auf die Verfolgung von bestimmten Straftaten beschränkt ist, die mit seinen sonderpolizeilichen Aufgaben korrelieren, kommt es im Rahmen der Grenzfahndung nicht darauf an, ob die Person oder Sache, nach der gesucht wird, in einem bestimmten Zusammenhang mit der Grenze steht.[121] Insbesondere gilt die Aufgabenzuweisung auch dann, wenn Straftaten des Strafgesetzbuches im Raume stehen, die nicht an die Grenze selbst anknüpfen. Grund für diesen weiten Aufgabenbereich ist die sog. „Filterfunktion" der Grenze, die allgemein Schaden vom Gemeinwesen abwenden soll, ohne dass es hierfür eines darüber hinausgehenden Bezugs zur Grenze bedürfe.[122] Freilich unterfallen aufgegriffene Personen nicht der Strafverfolgungszuständigkeit des BGS (siehe § 12 Abs. 1 BGSG).

Die Fahndung nach Straftätern beim Grenzübertritt soll neben der Strafverfolgung auch zur Gefahrenabwehr durchgeführt werden können.[123] Dies begegnet Bedenken, weil es sich beim Begriff „Fahndung" herkömmlicherweise um einen Begriff des Strafprozessrechts handelt (vgl. u. a. §§ 131 ff. StPO) und auch die Polizeigesetze der Länder nur bestimmte Befugnisse zur Fahndung enthalten, ohne den Begriff in anderer Art und Weise zu definieren. Im Interesse des Gleichlaufs des BGSG mit dem sonstigen Sicherheitsrecht ist daher davon aus-

---

[119] Vgl. Fischer/Hitz/Laskowski/Walter, BGSG-Kommentar, § 2 Rn. 28.

[120] Wohl unstr., siehe Fischer/Hitz/Laskowski/Walter, BGSG-Kommentar, § 2 Rn. 27.

[121] Z. B. Fischer/Hitz/Laskowski/Walter, BGSG-Kommentar, § 2 Rn. 29.

[122] Ausführlicher unten in Zusammenhang mit der Gefahrenabwehr nach § 2 Abs. 2 Nr. 2 c) und § 2 Abs. 2 Nr. 3 BGSG.

[123] Riegel, Bundespolizeirecht, § 2 2. b. bb); Fischer/Hitz/Laskowski/Walter, BGSG-Kommentar, § 2 Rn. 27 m. w. N.

zugehen, dass auch die „Grenz"-Fahndung nur zu repressiven Zwecken erfolgen kann. Eine anderweitige Definition ist auch in der Sache kaum notwendig, weil Aufgaben der Gefahrenabwehr sich hinreichend aus § 2 Abs. 2 Nr. 2 c und Nr. 3 BGSG ergeben.[124]

(3) Abwehr von Gefahren (§ 2 Abs. 2 Nr. 2 c) BGSG)

Vor allem im Zusammenhang mit der Gefahrenabwehr nach § 2 Abs. 2 Nr. 2 c) BGSG wird vielfach von der „Filterfunktion" der Grenze im Hinblick auf die Gefahrenabwehr gesprochen.[125] Durch die Grenzkontrollen soll allgemein Schaden vom Gemeinwesen und Gefahren für die öffentliche Sicherheit und Ordnung abgewendet werden, die dem Bundesgebiet und dessen Bewohnern infolge des grenzüberschreitenden Verkehrs drohen.[126] Dies bedeutet, dass der BGS nach dieser Maßgabe berechtigt und verpflichtet ist, im Grunde *allgemein-polizeiliche* Gefahren abzuwehren, die nur deshalb in den Zuständigkeitsbereich des BGS fallen, weil von ihnen anlässlich der Grenzkontrollen Kenntnis genommen werden.[127] Insoweit kann gesagt werden, dass der BGS an der Grenze eine „allgemeine Polizei" ist. Legitimationsgrund für dieses weite Verständnis der Gefahrenabwehr ist, dass der BGS als Grenzorgan die zeitlich und räumlich erste bzw. letzte Vollzugsinstitution ist, die die deutsche Rechtsordnung wahren kann. Die Landespolizei kann diese Filterfunktion nicht in vergleichbarer Weise wirksam werden lassen, weil ihr Tätigkeitsbereich naturgemäß nicht auf die Grenze selbst konzentriert ist.

Da die Gefahrenabwehr i. S. d. § 2 Abs. 2 Nr. 2 c) BGSG ein Unterfall der Kontrolle des Grenzverkehrs ist, sind Maßnahmen zur Gefahrenabwehr zeitlich und räumlich auf die polizeiliche Kontrolle des Verkehrs beschränkt. Wenn also die Kontrolle, etwa in Form der Überprüfung der Grenzübertrittspapiere, abgeschlossen ist, können Grundrechtseingriffe zur Gefahrenabwehr nicht mehr auf diese Regelung gestützt werden.[128] Die „Filterfunktion" ist dabei in beide Richtungen wahrzunehmen, d. h. es spielt keine Rolle, ob die Gefahr ihren Ursprung innerhalb oder außerhalb des Bundesgebietes hat. Entgegen der früheren

---

[124] Ähnlich Pieroth, VerwArch 1997, 568, 577.

[125] So die Begründung der Regierungsvorlage des BGSNeuRegG, BT-Drucks. 12/7562, S. 38; siehe aus polizeilicher Sicht Hellenthal, Die Polizei 1995, 1, 4; Fischer/Hitz/Laskowski/Walter, BGSG-Kommentar, § 2 Rn. 32.

[126] BT-Drucks. a. a. O.

[127] Vgl. Fischer/Hitz/Laskowski/Walter, BGSG-Kommentar, § 2 Rn. 4, 32.

[128] Fischer/Hitz/Laskowski/Walter, BGSG-Kommentar, § 2 Rn. 33; Einwag/Schoen, BGSG-Kommentar, § 2 Rn. 12; Ernst, Diss., S. 151.

Rechtslage, wonach die präventive Tätigkeit im Rahmen der Grenzkontrollen nur auf Gefahren von außen gerichtet war (§ 2 Nr. 2 c) BGSG 1972), soll heute sowohl der „Gefahrenimport" als auch der „Gefahrenexport" verhindert werden.[129]

Als abzuwehrende „Gefahren" kommen nur solche in Betracht, die vom grenzüberschreitenden Personen- und Warenverkehr selbst ausgehen. Die neuerdings diskutierte Thematik der grenzpolizeilichen Behandlung von grenzüberschreitenden Umwelteinflüssen wie Luft- und Gewässerverunreinigungen kann nicht unter § 2 Abs. 2 Nr. 2 c) BGSG gefasst werden, weil deren „Grenzübertritt" nicht von Personen zielgerichtet beeinflussbar sind.[130] Dieses systematische Argument wird auch gestützt durch die Auslegungsmerkmale des „Traditionellen" und „Herkömmlichen",[131] weil der grenzüberschreitende Verkehr von jeher so verstanden wurde und die Umweltschutzproblematik erst in den letzten Jahren zum Gegenstand des Interesses wurde. Entgegen einiger Stimmen[132] wird die grenzpolizeiliche Abwehr derartiger Gefahren auch nicht von § 2 Abs. 2 Nr. 3 BGSG erfasst. Auch diese Aufgabennorm bezieht sich auf die „Filterfunktion" der Grenze, die jedoch in diesen Fällen nicht aktuell werden kann. Gefährden beispielsweise Immissionen, die von einer Anlage im Ausland ausgehen, Bewohner der BRD innerhalb des Grenzgürtels, ist der Zuständigkeitsbereich des BGS nicht eröffnet, weil eine „Filterfunktion", die es durch den BGS zu schützen gälte, nicht existiert, da die Grenze Immissionen naturgemäß nicht aufhalten kann. Außerdem wäre in den genannten Fällen der BGS für die Gefahrenabwehr berufen, obwohl die besonderen sonderpolizeilichen Kenntnisse und Fertigkeiten der BGS-Kräfte zur Wahrung der Grenzsicherheit in den genannten Gefahrensituationen nicht gefragt wären. Gleichzeitig könnten die Landespolizeien bei Annahme einer originären Zuständigkeit des BGS höchs-

---

[129] BT-Drucks. 12/7652, S. 38; Fischer/Hitz/Laskowski/Walter, BGSG-Kommentar, § 2 Rn. 4, 32; vgl. auch Ohrband, Diss., S. 146; Einwag/Schoen, BGSG-Kommentar, § 1 Rn. 16; ablehnend der Bundesrat BR-Drucks. 418/94, S. 4 (Beschluss).

[130] Wie hier Fischer/Hitz/Laskowski/Walter, BGSG-Kommentar, § 1 Rn. 18; § 2 Rn. 2 Rn. 37; a. A. Heesen/Hönle/Peilert, BGSG-Kommentar, § 2 Rn. 53. Anderes gilt freilich dann, wenn der Vorgang, der eine grenzüberschreitende Umweltgefahr mit sich bringt, unter eine Rechtsnorm fällt, die an den menschlich zielgerichteten Grenzübertritt anknüpft, wie etwa der Transport von umweltgefährdenden Stoffen, siehe dazu z. B. Hellenthal, NVwZ 1989, 1001 f.

[131] Siehe dazu BVerfGE 97, 198, 219 m. w. N.

[132] Fischer/Hitz/Laskowski/Walter, BGSG-Kommentar, § 2 Rn. 37; Heesen/Hönle/Peilert, BGSG-Kommentar, § 2 Rn. 53.

tens nach Amtshilfegrundsätzen eingreifen, was nicht im Sinne einer effektiven Gefahrenabwehr wäre. Grenzüberschreitende Umweltgefahren im hier definierten Sinne fallen daher ausschließlich in den Zuständigkeitsbereich der Landespolizeien.

cc. Abwehr von Gefahren für die Grenzsicherheit im Grenzgebiet (§ 2 Abs. 2 Nr. 3 BGSG)

Nach § 2 Abs. 2 Nr. 3 GG hat der BGS „im Grenzgebiet bis zu einer Tiefe von 30 Kilometern und von der seewärtigen Begrenzung an bis zu einer Tiefe von 50 Kilometern" Gefahren abzuwehren, die die „Sicherheit der Grenze" beeinträchtigen. Anders als die sonstigen Definitionen des Grenzschutzes in § 2 BGSG wirft die Weite dieser Regelung die Frage auf, wie die Aufgabenzuweisung konkretisiert werden kann, um eine überzeugende Abgrenzung zum Aufgabenbereich der Landespolizeien zu garantieren und um eine verfassungswidrige Doppelzuständigkeit auszuschließen. Merkwürdigerweise wird in der Literatur zum BGSG und in jener zu den Polizeigesetzen der Länder diese Frage kaum näher behandelt.

Im Schrifttum ist zunächst unstreitig, dass die Gefahrenabwehr des BGS (sowie repressive Maßnahmen bei Vergehen gegen die „Sicherheit der Grenze" gemäß § 12 Abs. 1 Nr. 1 BGSG) einen hinreichenden Zusammenhang zur Grenze haben muss, d. h. dass die Abwehr einer Gefahr ohne Grenzbezug nicht zum Aufgabenspektrum des BGS gehört. Dieser manchmal „funktionell" bezeichnete Bezug wird allgemein hin als Abgrenzungskriterium zu einem bloß räumlichen Zusammenhang zur Grenze verstanden, der für sich genommen noch nicht zur Eröffnung des Zuständigkeitsbereichs des BGS führt. Nach wohl einhelliger Ansicht liegt dieses funktionelle Erfordernis nicht vor, falls die Gefahr sich ausschließlich in der 30 km - Zone manifestiert und darüber hinaus keinen Bezug zur Grenze aufweist.[133] Wenn also innerhalb des Grenzgürtels eine Gefahr für polizeilich geschützte Rechtsgüter droht, die ansonsten in keinem Zusammenhang mit der Sicherheit der Grenze steht, ist nicht der BGS, sondern allein die Landespolizei zur („allgemeinpolizeilichen") Gefahrenabwehr berufen. Eine darüber hinausgehende nähere Konkretisierung dieses „funktionellen Zusammenhangs" wird jedoch kaum vorgenommen. Das Kommentarschrifttum

---

[133] Fischer/Hitz/Laskowski/Walter, BGSG-Kommentar, § 2 Rn. 38 ff.; Ernst, Diss., S. 146; vgl. Pieroth, VerwArch 1997, 568, 578; wenig weiterführend Riegel, Bundespolizeirecht, § 2 BGSG Anm. 2. c); Einwag/Schoen, BGSG-Kommentar, § 2 Rn. 13 ff.; Heesen/Hönle/Peilert, BGSG-Kommentar, § 2 Rn. 98.

zum Grundgesetz spricht in Anlehnung auf die einfachgesetzliche Definition in § 2 Abs. 1 BGSG abstrakt vom „umfassenden grenzpolizeilichen Schutz des Bundesgebietes".[134] Auch das Kommentarschrifttum zum BGSG sieht offenbar keinen Bedarf für eine nähere sachliche Definition der abzuwehrenden Gefahren. Betrachtet man die dort genannten Beispiele, die unter § 2 Abs. 2 Nr. 3 BGSG fallen sollen, lässt sich abstrahierend sagen, dass die ganz überwiegende Ansicht den Zuständigkeitsbereich pauschal dann als gegeben ansieht, wenn die Außengrenze der BRD im weitesten Sinne faktisch überschritten wird.[135]
Dass diese Haltung durch eine differenzierte Betrachtung ersetzt werden muss, zeigt sich bereits anhand folgender Überlegung: Die meisten Polizeigesetze der Länder enthalten seit den letzten Jahren spezielle Befugnisnormen zur Bekämpfung der grenzüberschreitenden Kriminalität.[136] Geht man von einer „Allzuständigkeit" des BGS im oben genannten Sinne aus, stellt sich die Frage, auf welche kompetenzielle Zuständigkeit sich die Länder stützen, wenn sie Regelungen zur Bekämpfung der grenzüberschreitenden Kriminalität erlassen. Da Bund und Länder nach der grundgesetzlichen Systematik nicht inhaltsgleiche Zuständigkeiten wahrnehmen dürfen, wäre für eine Landeszuständigkeit nicht mehr viel Raum.[137]

---

[134] Vgl. Maunz, in: Maunz/Dürig, Art. 73 Nr. 103 („Schutz der Bundesgrenzen gegen Grenzverletzungen" einschließlich „grenzschutzsachbezogene polizeiliche Maßnahmen"); Sachs, in: Sachs, Art. 87 Rn. 36; Hermes, in: Dreier, Art. 87 Rn. 38; Stettner, in: Dreier, Art. 73 Rn. 25; Heintzen, in: v. Mangoldt/Klein/Starck, Art. 73 Rn. 51.

[135] Fast alle ohne nähere Begründung: Fischer/Hitz/Laskowski/Walter, BGSG-Kommentar, § 2 Rn. 4, 38 ff.; Einwag/Schoen, BGSG-Kommentar, § 1 Rn. 15; § 2 Rn. 13; Heesen/Hönle/Peilert, BGSG-Kommentar, § 2 Rn. 94 ff.; Ohrband, Diss., S. 146. Ernst (Diss., S. 476 f.) plädiert wegen den Abgrenzungsschwierigkeiten sogar dafür, den Grenzschutz generell den Ländern zu überlassen. Angesichts der zunehmenden Verlagerung des Grenzschutzes auf die supranationale Ebene in Form verstärkter zwischenstaatlicher Zusammenarbeit, an der sich nur der Bund angemessen beteiligen kann, hat diese Option aber keine Zukunft.

[136] Vgl. z. B. die Befugnis zur Identitätsfeststellung in öffentlichen Einrichtungen des internationalen Verkehrs sowie auf Durchgangsstraßen zur Bekämpfung der grenzüberschreitenden Kriminalität gemäß § 26 Abs. 1 Nr. 6 des Polizeigesetzes Baden-Württemberg. Eine instruktive Analyse der unterschiedlichen Landesregelungen bietet Kastner, VerwArch 2001, 216, 223 ff.

[137] So in der Tat Bizer, Sächsisches Polizeigesetz, S. 34 ff. Die ganz überwiegende Ansicht hält die Zuständigkeit der Länder zur Bekämpfung der grenzüberschreitenden Kriminalität für gegeben, ohne auf diese Frage näher einzugehen. Die wenigen vorhandenen Stellungnahmen sind zumeist nicht weiterführend, so z. B. Würtenberger/Heckmann/Riggert, Polizeirecht in Baden-Württemberg, Rn. 327, wonach die nach § 2 BGSG dem BGS

Zur Beantwortung dieser Frage ist auszugehen von der erforderlichen Abgrenzung der Kompetenzräume von Bund und Ländern. Der verfassungsrechtlich zulässige Aufgabenbereich des BGS trägt nur soweit, wie der BGS sonderpolizeiliche Aufgaben wahrzunehmen hat. Nach Wortlaut und Systematik kann sich § 2 Abs. 2 Nr. 3 BGSG ebenso wie die sonstigen Varianten des § 2 BGSG nur auf solche Schutzobjekte beziehen, um derentwillen die Grenze besteht und bei deren (drohender) Verletzung die Sicherheit der Grenze betroffen ist. Wie bereits oben dargestellt, knüpft der Grenzschutz nach § 2 Abs. 2 BGSG an den bloßen Grenzübertritt an und verlangt keinen sonstigen darüber hinausgehenden Zusammenhang mit Grenze. Wird anlässlich einer Kontrollmaßnahme nach § 2 Abs. 2 Nr. 2 eine Gefahr festgestellt, die von der kontrollierten Person oder Sache ausgeht, ist der BGS zu Gefahrenabwehrmaßnahmen nach § 2 Abs. 2 Nr. 2 c) BGSG auch dann zuständig, wenn Rechtsgüter bedroht sind, die in keinem sonstigen spezifischen Verhältnis zur Sicherheit der Grenze stehen. Dieser relativ weite, unspezifische Zusammenhang zwischen Gefahr und Grenzsicherheit muss auf die Gefahrenabwehr i. S. d. § 2 Abs. 2 Nr. 3 BGSG übertragen werden. Auch im Grenzgürtel hat der BGS nach § 2 Abs. 2 Nr. 3 BGSG die „Filterfunktion" der Grenzen wahrzunehmen. Mit der räumlichen Ausweitung der Grenzkontrollen nach § 2 Abs. 2 Nr. 3 BGSG auf 30 Kilometer ist also keine Änderung seiner Grenzschutzaufgabe in sachlicher Hinsicht verbunden, weder im Sinne einer Ausweitung, noch im Sinne einer Restriktion. Ratio legis der Norm ist statt dessen die tatbestandliche Ausdehnung des Vorgangs des Grenzübertritts, um den BGS in die Lage zu versetzen, die Grenzsicherheit auch im grenznahen Hinterland und nicht nur an der Grenze selbst durchführen zu können. Diese Erwägung spricht dafür, auch im Rahmen des § 2 Abs. 2 Nr. 3 BGSG auf einen stattgefundenen oder drohenden Grenzübertritt abzustellen.

Allerdings bedeutet dies nicht, dass allein bei einem erfolgten Grenzübertritt die Landespolizeien zur Bekämpfung der grenzüberschreitenden Kriminalität nicht zuständig wären. Unter „grenzüberschreitender Kriminalität", für deren Bekämpfung die allgemeine Polizei zuständig ist, sind solche Delikte zu verstehen, die nach Würdigung der Tatumstände unter Ausnutzung der Grenznähe

---

zugewiesenen Aufgaben „spezifisch" auf die „Sicherheit der Grenzen" und die „polizeiliche Kontrolle des grenzüberschreitenden Verkehrs" ausgerichtet seien, nicht aber auf die Bekämpfung der Kriminalität, die die Staatsgrenzen überschreitet. Worin nun jedoch der „spezifische" Unterschied zwischen den beiden Varianten liegen soll, bleibt im Dunkeln. Ähnliches gilt für Waechter, DÖV 1999, 138, 141.

und der dort vorhandenen Bedingungen erfolgen.[138] Praxisrelevantes Beispiel sind etwa international operierende Banden, die zur Durchführung von Raubzügen und Einbruchsserien in das Bundesgebiet einreisen und zur Sicherung des Diebesguts und zur Entziehung vor den Strafverfolgungsorganen über die Grenze fliehen wollen. Da ausschließlich der BGS die Filterfunktion der Grenze wahrnimmt, erfasst das Landespolizeirecht dabei erst Tatbestände vor und nach der Überschreitung der Grenze.[139] Der 30 – Kilometer – Zone kommt insofern eine *Indizwirkung* zu: Wird eine verdächtige Person innerhalb des Grenzgürtels angetroffen, spricht dies für einen Grenzübertritt und folglich für eine „sonderpolizeiliche" Gefahr für die Grenzsicherheit; wird sie außerhalb des Grenzgürtels angetroffen, ist davon auszugehen, dass eine „allgemeinpolizeiliche" Gefahr gegeben ist, für deren Bekämpfung mangels hinreichendem spezifischen Zusammenhang zum Grenzschutz im Sinne der Art. 73 Nr. 5 i. V. m. 87 Abs. 1 S. 2 GG ausschließlich die Landespolizeien berufen sind.

2. Repressiver Aufgabenbereich

Auf dem Gebiet des Grenzschutzes besitzt der BGS gemäß § 12 Abs. 1 Nr. 1 – 4 BGSG umfangreiche Strafverfolgungskompetenzen. Nach § 12 Abs. 1 S. 1 Nr. 1 BGSG ist der BGS allgemein zur Verfolgung von Straftaten zuständig, die gegen die Sicherheit der Grenze oder die Durchführung seiner Grenzschutzaufgaben gerichtet sind. In § 12 Abs. 1 S. 1 Nr. 2 – 4 BGSG sind sonstige Gesetzesverstöße konkretisiert. Alle dort genannten Tatbestände knüpfen dabei an den Grenzübertritt an. Im Gegensatz zum präventiven Aufgabenbe-

---

[138] Siehe die Verweise in Kastner, VerwArch 2001, 216, 244 und Lisken, NVwZ 1998, 22.

[139] Ähnlich LVerfG Mecklenburg-Vorpommern, Urteil vom 21.10.1999, S. 16 (nicht in DVBl. 2000, 262 abgedruckt, siehe statt dessen Lisken, DRiZ 2000, 272 f.). Im Ergebnis wie hier, jedoch mit zweifelhafter Argumentation Schnekenburger, BayVBl. 2001, 129, 130 f. („Denn die grenzüberschreitende Kriminalität ist nicht zwingend grenzverletzend, selbst wenn sie häufig eine Grenzverletzung voraussetzt [...]"). Anders Pieroth (VerwArch 1997, 568, 580 f.), der den notwendigen rechtlichen Zusammenhang zwischen Gefahr und Grenzsicherheit nur dann als gegeben ansieht, wenn der jeweilige gefahrenbehaftete Vorgang unter eine Norm fällt, die den Grenzbezug im Wortlaut enthält. Für dieses zusätzliche Erfordernis besteht angesichts der weit zu verstehenden Filterfunktion der Grenze jedoch kein Anlass. Von einem zur Bekämpfung der grenzüberschreitenden Kriminalität grundsätzlich unzuständigen BGS geht Waechter, DÖV 1999, 138 aus; ähnlich auch I. Schmid, Die verdachts- und ereignisunabhängigen Personenkontrollen in den Polizeigesetzen der neuen Bundesländer, LKV 1998, 477, 480.

reich ist also die Strafverfolgungszuständigkeit nicht schon dann eröffnet, wenn ein Verdächtiger die Grenze überschreitet, sondern erst bei bestimmten Handlungen, die durch den Grenzübertritt zu strafbaren Handlungen werden.[140] Dementsprechend gehört die Verfolgung der grenzüberschreitenden Kriminalität nur insoweit zur Strafverfolgungsaufgabe nach § 12 BGSG.

III. Das Schengener Durchführungsübereinkommen und seine Folgen

1. Rahmenbedingungen

Der grenzpolizeiliche Auftrag hat im Zuge der europäischen Einigung deutliche Modifikationen erfahren. Am 14.06.1985 wurde zwischen Frankreich, den Beneluxstaaten und der BRD das Schengener Übereinkommen (Schengen I) geschlossen.[141] Danach sollten im Interesse des freien Personenverkehrs (Art. 7 a EGV) die Grenzkontrollen schrittweise abgeschafft werden und dies durch Ausgleichsmaßnahmen kompensiert werden. Das Schengener Übereinkommen enthielt keine unmittelbar zwingenden Festlegungen, sondern überließ die Regelung konkreter Maßnahmen dem Schengener Durchführungsübereinkommen (Schengen II, SDÜ),[142] einem multilateralen völkerrechtlichen Vertrag, der in Deutschland am 01.09.1993 in Kraft getreten ist.[143] Seitdem dürfen gemäß Art. 2 Abs. 1 SDÜ die Außengrenzen der BRD - soweit sie zugleich europäische Binnengrenzen sind – an jeder Stelle ohne Personenkontrolle überschritten werden.

Als sicherheitsrechtliche Kompensation für den Wegfall der Grenzkontrollen wurde eine Vielzahl von modifizierten und neu eingerichteten Instrumenten vereinbart, wie die intensivierte Kontrolle der Außengrenze der Schengener Vertragsstaaten (Art. 6 SDÜ), die verstärkte Zusammenarbeit zwischen den

---

[140] Insoweit kann Pieroth, VerwArch 1997, 568, 584 (et passim) zugestimmt werden, wenn er eine tatbestandliche Normierung des Grenzbezugs verlangt.

[141] Übereinkommen betreffend den schrittweisen Abbau von Kontrollen an den gemeinsamen Grenzen v. 14.06.1985 (GMBl. 1986, S. 79).

[142] Übereinkommen zur Durchführung des Übereinkommens von Schengen v. 19.06.1990 (BGBl. II, 1993, S. 1010); geändert durch Gesetz vom 01.07.1997 (BGBl. I, S. 1606). Für einen instruktiven Überblick über Schengen I und II siehe R. Bieber, Die Abkommen von Schengen über den Abbau der Grenzkontrollen, NJW 1994, 294 ff.; speziell zu den europarechtlichen Vorgaben Nanz, ZAR 1994, 99 ff.; Schreckenberger, VerwArch 1997, 389 ff.; Magiera, in: FS Stern, 1997, 1317 ff.

[143] Bekanntmachung vom 20.04.1994 (BGBl. II, S. 631).

Polizeibehörden der Vertragsstaaten (Art. 39 ff. SDÜ, beispielsweise durch die grenzüberschreitende Nacheile gemäß Art. 41 SDÜ),[144] die Fortentwicklung im Bereich der Rechtshilfe in Strafsachen (Art. 48 ff. SDÜ), vereinfachte Auslieferungsverfahren (Art. 59 ff. SDÜ) oder das Schengener Informationssystem (SIS), einer gemeinsamen Fahndungsdatei (92 ff. SDÜ).[145]
Für einen begrenzten Zeitraum kann gemäß Art. 2 Abs. 2 SDÜ das Schengener Durchführungsübereinkommen ausgesetzt werden, wenn die öffentliche Ordnung oder die nationale Sicherheit es erfordern. Die Vertragsparteien sind vorher zu konsultieren, es sei denn, ein sofortiges Handeln ist erforderlich (Art. 2 Abs. 2 S. 1, S. 2 SDÜ). Von dieser Möglichkeit wurde bereits Gebrauch gemacht.[146]

2. Folgen für die Grenzschutzaufgaben

a. Abbau der Grenzkontrollen

Der Abbau der Binnengrenzkontrollen nach Art. 2 Abs. 1 SDÜ hat sowohl auf der Aufgaben- als auch auf der Befugnisebene einschneidende Bedeutung für die bisherige Hauptaufgabe des BGS. Nach Art. 6 Abs. 2 a S. 1 SDÜ umfasst der Begriff der Personenkontrolle nicht nur die Überprüfung der Grenzübertrittspapiere und anderer Voraussetzungen für die Einreise, den Aufenthalt, die Arbeitsaufnahme und die Ausreise, sondern auch die fahndungstechnische Überprüfung sowie die Abwehr von Gefahren für die nationale Sicherheit und die öffentliche Ordnung der Vertragsparteien.
Demnach ist zunächst die bisherige Hauptaufgabe des BGS, nämlich die Kontrolle des grenzüberschreitenden Verkehrs unmittelbar an den EU-Binnengrenzen der BRD gemäß § 2 Abs. 2 Nr. 2 BGSG entfallen. Dies gilt für sämtliche dort genannten Fallgruppen, also für die Überprüfung der Grenzübertrittspapiere (Nr. 2 a)), die Grenzfahndung (Nr. 2 b)), sowie die Gefahrenabwehr im Zusammenhang mit dem Grenzübertritt (Nr. 2 c)). Um einen

---

[144] Zur „Europäisierung" des BGS im Rahmen der verstärkten bilateralen grenzpolizeilichen Zusammenarbeit Schily, in: Borsdorff, Bundespolizei im 21. Jahrhundert, Rechts- und polizeiwissenschaftliche Aufgabenfelder, S. 11 ff.

[145] Ausführlich zum SIS aus Sicht der Praxis siehe z. B. W. Hemesath, Das Schengener Informationssystem – SIS – Ausschreibungskategorien und Ausschreibungsmodalitäten, Kriminalistik 1995, 169 ff.

[146] Z. B. beim Besuch des iranischen Staatspräsidenten in der BRD im Jahre 2000 (siehe BGS-Jahresbericht 2000/2001, S. 36).

ungehinderten Grenzübertritt zu gewährleisten, ist das Kontrollpersonal abzuziehen und die kontrollbedingten baulichen Hindernisse zu beseitigen.[147] Vergleichbares gilt für die Gefahrenabwehr in der 30 Kilometer-Zone (§ 2 Abs. 2 Nr. 3 BGSG). Da diese Aufgabe ausschließlich an die Grenzsicherheit anknüpft und lediglich eine begrenzte räumliche Ausdehnung der Grenzkontrollen zum Inhalt hat, dürfen die genannten Maßnahmen auch nicht mehr im grenznahen Raum durchgeführt werden.

Ebenso liegt die Sache im Bereich des grenzüberschreitenden Verkehrs auf Flughäfen und Seehäfen. Nach Art. 1 1. Begriff SDÜ sind die europäischen Binnengrenzen nicht nur die gemeinsamen Landesgrenzen der Vertragsparteien, sondern auch ihre Flughäfen für die Binnenflüge und ihre Seehäfen für die regelmäßigen Binnenfährverbindungen. Da somit der grenzüberschreitende Verkehr zwischen den Vertragsstaaten auch auf Flug- und Seehäfen ebenfalls nicht mehr behindert werden darf, ist eine bauliche Trennung der Verkehrsströme mit Drittstaaten erforderlich, um eine unterschiedliche Grenzabfertigung zu garantieren.[148]

Auszunehmen ist allerdings die Grenzüberwachung (§ 2 Abs. 2 Nr. 1 BGSG). Die Wahrnehmung dieser Aufgabe verbietet Art. 2 Abs. 1 SDÜ nicht, weil allein die Überwachung der Grenze keine Personenkontrolle darstellt (vgl. Art. 6 Abs. 2 a S. 1 SDÜ). Der BGS darf weiterhin Maßnahmen zur Aufklärung und Informationsgewinnung im Zusammenhang mit illegalen Einreisen, Schleusungen oder sonstiger grenzüberschreitender Kriminalität durchführen. Allerdings dürfen die Überwachungsmaßnahmen nicht eine Intensität erreichen, die die Personenfreizügigkeit in einer mit Personenkontrollen vergleichbaren Weise beeinträchtigen könnten. So dürfen technische Einrichtungen nicht in einer derartigen Weise genutzt werden, die eine früher übliche routinemäßige Sichtkontrolle des jedes einzelnen Grenzgängers erlauben würden.[149]

Für die Befugnisebene gilt, dass Maßnahmen, die zur Erfüllung von entfallenen Aufgaben dienen, nicht mehr wahrgenommen werden dürfen. Dies betrifft vor allem die Identitätsfeststellung und Prüfung der Grenzübertrittspapiere nach § 23 Abs. 1 Nr. 2, Nr. 3, Abs. 3 BGSG sowie die daran anknüpfenden Folgemaßnahmen. Davon unberührt bleibt aber die im Hinblick auf die Schengener Übereinkommen eingeführte ereignis- und verdachtsunabhängige Personen-

---

[147] Pieroth, VerwArch 1997, 568, 591.

[148] Pieroth a. a. O.

[149] Zutreffend Pieroth a. a. O., S. 595.

kontrolle gemäß § 22 Abs. 1 a BGSG, auf die im Folgenden näher eingegangen wird.

b. Ereignis und verdachtsunabhängige Personenkontrollen (§ 22 Abs. 1 a BGSG)

Durch eine vieldiskutierte Änderung des BGSG auf Befugnisebene nimmt der BGS jedoch weiterhin Grenzschutzaufgaben an den Binnengrenzen wahr, nämlich aufgrund der Befugniserweiterung gemäß § 22 Abs. 1 a BGSG, eingefügt durch Gesetz vom 25.08.1998.[150] Danach kann der BGS zur Verhinderung oder Unterbindung der unerlaubten Einreise in das Bundesgebiet in Zügen und auf Bahnanlagen der Eisenbahnen des Bundes, sowie auf Flughäfen mit grenzüberschreitendem Verkehr jede Person kurzzeitig anhalten, befragen, sich Ausweispapiere oder Grenzübertrittspapiere aushändigen lassen sowie mitgeführte Sachen in Augenschein nehmen. Die Befugniserweiterung hat - ebenso wie ähnliche Regelungen in den Landespolizeigesetzen - aus einer Reihe von Gründen erhebliche Kritik erfahren.

aa. Tatbestandsmerkmale

Erste Voraussetzung zur Wahrnehmung der Kontrollbefugnisse des § 22 Abs. 1 a BGSG ist das Kontrollmotiv, nämlich die Verhinderung oder Unterbindung der unerlaubten Einreise in das Bundesgebiet. Während auf Verkehrsflughäfen mit grenzüberschreitendem Verkehr das Kontrollmotiv generell unterstellt wird und deshalb keine sonstigen Verdachtsmomente vorliegen müssen, setzen Kontrollmaßnahmen auf Bahnanlagen voraus, dass auf Grund von Lageerkenntnissen oder grenzpolizeilichen Erfahrungen anzunehmen ist, dass die betreffenden Kontrollbereiche zur unerlaubten Einreise genutzt werden. Deshalb kommen nicht nur Grenzbahnhöfe, also Ziel- oder Durchgangsbahnhöfe grenzüberschreitender Verbindungen in Betracht, sondern unter bestimmten Umständen auch Inlandszüge, die nach unerlaubtem Überschreiten der Grenze oder nach erfolgreicher Einschleusung zur Weiterreise ins Inland genutzt werden.[151] Lageerkenntnisse müssen objektiv nachvollziehbar sein und auf Täterstrukturen,

---

[150] BGBl. I, S. 2486. Die Geltung des Absatzes wurde zunächst bis Ende des Jahres 2003 befristet, um sicherzustellen, dass die bis dahin gemachten Erfahrungen vor der Entscheidung über eine eventuelle Beibehaltung berücksichtigt werden; inzwischen ist seine Geltung durch Gesetzesänderung vom 22.12.2003 (BGBl. I, S. 2770) bis zum 30.06.2007 verlängert worden.

[151] Müller-Terpitz, DÖV 1999, 329, 332, vgl. auch BT-Drucks. 13/10790, S. 4.

Tatschwerpunkte, Begehungsweisen bezogen sein. Grenzpolizeiliche Erfahrungen müssen sich auf wiederkehrende Vorgänge der Vergangenheit stützen können. Das Erfordernis der Lageabhängigkeit führt also mittelbar zu einer zusätzlichen räumlichen Zuständigkeitsbegrenzung, die über den Wortlaut der Norm hinausgeht. Die von BGS-Beamten anhand der Lageerkenntnisse und polizeilicher Erfahrung zu treffende Prognose ist vollständig gerichtlich überprüfbar.[152]
Sind die Voraussetzungen gegeben, kann der BGS Personen befragen, mitgeführte Ausweispapiere oder Grenzübertrittspapiere verlangen und die mitgeführten Sachen in Augenschein nehmen.
Die („kurzzeitige") Befragung richtet sich gemäß § 22 Abs. 2 BGSG auf Namen, Geburtstag und -ort, sowie Wohnanschrift und Staatsangehörigkeit der befragten Person, die insoweit mitwirkungspflichtig ist (vgl. § 111 OWiG). Dadurch erlangten personenbezogenen Daten können nach § 34 BGSG mit dem Fahndungsbestand abgeglichen werden. Die Pflicht zur Aushändigung der Ausweispapiere oder Grenzübertrittspapiere bezieht sich nur auf die mitgeführten Urkunden; da sie (anders als beim Grenzübertritt) nicht mitgeführt werden müssen, können sich allein daraus keine zusätzlichen Eingriffsbefugnisse ergeben.[153]
Der Begriff der Inaugenscheinnahme stammt aus dem Prozessrecht (§ 86 StPO) und ist im Polizeirecht bisher unüblich.[154] Darunter ist jede unmittelbare sinnliche Wahrnehmung zu verstehen,[155] was im Unterschied zur Durchsuchung (vgl. §§ 102 ff. StPO) nicht zu einer umfassenden Kontrolle von Kleidung und mitgeführten Gegenständen berechtigt. Die Inaugenscheinnahme kann daher als abgeschwächte Form der Durchsuchung bezeichnet werden. Eine Durchsuchung ist erst im Rahmen einer Identitätsfeststellung (§ 23 Abs. 3 S. 5 BGSG) sowie unter den Voraussetzungen des § 44 BGSG - insbesondere innerhalb der 30-km Zone (§ 44 Abs. 2 BGSG) - möglich. Allein aus § 22 Abs. 1 a BGSG folgen im Regelfall also keine Folgemaßnahmen wie Durchsuchung, Mitnahme zur Wache oder erkennungsdienstliche Maßnahmen.

---

[152] Soria, NVwZ 1999, 270, 272.

[153] Unstr., Müller-Terpitz, DÖV 1999, 329, 333; Soria, NVwZ 1999, 270, 272; Schwabe, NJW 1998, 3699.

[154] Müller-Terpitz a. a. O.

[155] Müller-Terpitz a. a. O.; Kastner, VerwArch 2001, 216, 234.

bb. Verhältnis zum Schengener Durchführungsübereinkommen

Vor allem der Bundesrat hat im Gesetzgebungsverfahren gegen die Befugniserweiterung Bedenken im Hinblick auf das Schengener Durchführungsübereinkommens geäußert. Die Einführung verdachtsunabhängiger Kontrollbefugnisse stünden als „Ersatzgrenzkontrollen" im Widerspruch zum SDÜ.[156]

Diese Argumentation geht im Ansatz zu Recht davon aus, dass grenzbezogene Ersatzmaßnahmen, die identisch sind mit jenen, die im SDÜ geregelt sind, gegen das SDÜ verstoßen würden. Diese Identität ist jedoch nicht gegeben. Art. 1 8. Begriff SDÜ definiert den Begriff der Grenzkontrolle als eine „an den Grenzen vorgenommene Kontrolle, die unabhängig von jedem anderen Anlass ausschließlich aufgrund des beabsichtigten Grenzübertritts durchgeführt wird." Entsprechendes gilt für den grenzüberschreitenden Verkehr bei Flug- und Seehäfen (Art. 1 1. Begriff SDÜ). Das SDÜ verbietet also nur diese unmittelbar an der Grenze stattfindende Kontrolle, nicht Personenkontrollen im Binnenraum, auch wenn sie zur Verhinderung oder Unterbindung von unerlaubten Einreisen erfolgen. Anders als das SDÜ knüpft die Kontrollbefugnis des § 22 Abs. 1 a BGSG nicht unmittelbar an den Grenzübertritt an.[157] Daraus lässt sich nicht schließen, dass andere, vom Abkommen nicht erfasste Maßnahmen durch die einzelnen Vertragsstaaten nicht eingesetzt werden könnten. Der Bund hat sich mit Abschluss des Schengener Abkommens seiner sonstigen nationalen Möglichkeiten der Gefahrenabwehr nicht entledigt. Dies meint auch das SDÜ selbst, wenn es in Art. 2 Abs. 3 SDÜ feststellt, dass die Ausübung der nationalen Polizeibefugnisse im gesamten Hoheitsgebiet der Vertragpartei von der Abschaffung der Personenkontrollen unberührt bleibt.[158] Unzulässig wäre es allerdings, die weggefallenen routinemäßigen, systematischen Grenzkontrollen nur in das Hinterland zu verlegen und ansonsten in identischer Weise wiederaufleben zu lassen. Eine bloße „Verschiebung" des Grenzschutzes in das Hinterland bei

---

[156] Siehe das Prot. der 87. Sitzung des Innenausschusses des Bundestages v. 15.06.1998; ebenso der Innen- und Rechtsausschuss des Bundesrates, BR-Drucks. 543/1/1998, S. 2 f.; Bizer, Sächsisches Polizeigesetz, S. 43 f.

[157] Ganz h. M., siehe Stephan, DVBl. 1998, 81, 84.

[158] Vgl. den Bericht der EU-Komission an den Rat und das Parlament (BT-Drucks. 12/5141, S. 14 f.), wonach die Vertragstaaten nach Art. 2 Abs. 3 SDÜ weiterhin „interne" Kontrollen überall in ihrem Territorium durchführen können.

Beibehaltung des Grenzschutzes nach „altem Stil" wäre mit dem SDÜ nicht zu vereinbaren.[159]

cc. Verhältnis zur Polizeihoheit der Länder

Während des Gesetzgebungsverfahrens wurde vom Bundesrat gegen die Befugniserweiterung vorgebracht, die damit verbundene räumliche Ausdehnung des Zuständigkeitsbereichs in das Landesinnere verletze die Länderkompetenzen. Der BGS werde unter vordergründiger Anknüpfung an die Grenzschutzaufgabe vor allem durch die flächendeckende Kontrollpräsenz als Bahnpolizei zu einer allgemeinen Polizei.[160]

Aus den Ausführungen zur sachlichen und räumlichen Zuständigkeit der Grenzschutzaufgabe des BGS ergibt sich bereits, dass diese Ansicht unter den genannten Umständen nicht zutreffend ist. Allein aus der Erweiterung des räumlichen Zuständigkeitsbereichs auf das Landesinnere darf nicht geschlossen werden, der BGS würde in die Polizeihoheit der Länder eingreifen. Maßgebend ist statt dessen die sachliche Zuständigkeitsbegrenzung der Grenzschutzaufgabe, die auch auf der Befugnisebene zum Ausdruck kommen muss. Diese Begrenzung ist im Kontrollmotiv des § 22 Abs. 1 a BGSG enthalten, nämlich die Verhinderung oder Unterbindung der unerlaubten Einreise. Diese sachliche Zuständigkeitsbeschränkung hat mittelbar begrenzende Folgen für den räumlichen Zuständigkeitsbereich, da hoheitliche Maßnahmen nur auf entsprechenden Verdachtsstrecken und -anlagen zulässig sind. Aus diesen Gründen ist eine räumlich unbeschränkte Tätigkeit in Form von flächendeckenden Personenkontrollen im Bahnreiseverkehr nicht zu befürchten.

Auch hält sich § 22 Abs. 1 a BGSG noch im Rahmen der verfassungsrechtlichen Ermächtigungsgrundlagen und greift nicht in den Hoheitsbereich der Länder ein. Der erforderliche spezifische Zusammenhang zwischen § 22 Abs. 1 a BGSG und der Sicherheit der Grenze kann bejaht werden, weil die Kontrollen nach dem in einem hinreichenden Zusammenhang mit einem erfolgten Grenzübertritt stehen. Das Erfordernis der grenzpolizeilichen Erfahrung und entsprechenden Lageerkenntnissen vor Ort über die Einreisewege kann diesen Zusammenhang noch gewährleisten. Allerdings lässt sich die Faustregel aufstellen, dass mit zunehmender Entfernung der Kontrollmaßnahmen von der

---

[159] Wohl unstr., siehe Müller-Terpitz, DÖV 1999, 329, 335 m. w. N.; Pieroth, VerwArch 1997, 568, 591 f. m. w. N.; Fischer/Hitz/Laskowski/Walter, BGSG-Kommentar, § 2 Rn. 22 a.

[160] BR-Drucks. 543/1/98, S. 4.

Außengrenze der BRD der Begründungsaufwand für verdachtsunabhängige Kontrollen immer höher wird. Während das Kontrollmotiv bei Grenzbahnhöfen auf der Hand liegt, sind Maßnahmen nach § 22 Abs. 1 a BGSG bei Bahnhöfen im Landesinnern nur bei besonderen Umständen zulässig, die im Rahmen einer gerichtlichen Überprüfung ausführlich darzulegen sind.

dd. Verhältnismäßigkeitsgrundsatz

Meist diskutierter Kritikpunkt an der Einführung ereignis- und verdachtsunabhängiger Kontrollen ist die Beurteilung der Verhältnismäßigkeit derartiger Eingriffsbefugnisse. Da ein näherer Bezug zur hier behandelten Thematik der Kompetenzabgrenzung von Bund und Ländern nicht gegeben ist und im Schrifttum fast alle Argumente des Für und Wider ausführlich diskutiert wurden, soll hier nur auf einige bedeutsame Punkte eingegangen werden.[161]
Hauptproblem ist die Beurteilung der Verhältnismäßigkeit der Eingriffe in das Recht auf informationelle Selbstbestimmung als besondere Ausprägung des allgemeinen Persönlichkeitsrechts (Art. 2 Abs. 1 i. V. m. Art. 1 Abs. 1 GG). Das Spannungsverhältnis zwischen dem vom Gesetz verfolgten Zweck und den Belangen der Betroffenen verlangt eine umfassende verfassungsrechtliche Güterabwägung, die im Rahmen der vorliegenden Untersuchung nicht vollumfänglich geleistet werden kann.
Wegen seiner mehrfachen Beschränkung kann § 22 Abs. 1 a BGSG im Ergebnis als noch verhältnismäßig angesehen werden. Die im Tatbestand aufgeführten Eingriffsvoraussetzungen wie die Zweckbestimmung, die räumliche Begrenzung auf die Bahnanlagen sowie die gerichtlich überprüfbaren Lageerkenntnisse und grenzpolizeilichen Erfahrungswerte sind Einschreitschwellen, die das Potential haben, eine unverhältnismäßige Handhabung zu vermeiden.[162]
Außerdem ist die Eingriffsintensität (wie gezeigt) relativ niedrig und die Hürde für Folgemaßnahmen relativ hoch.

---

[161] Verwiesen wird hier auf die Diskussionen über ähnlich Regelungen in den Polizeigesetzen der Länder, siehe Kastner, VerwArch 2001, 216 ff.; Weingart, BayVBl. 2001, 33 ff. und 69 ff.; Müller-Terpitz, DÖV 1999, 329 ff.; Beinhofer, BayVBl. 1995, 193 ff.: kritisch bis ablehnend Lisken, NVwZ 1998, 22 ff.; Stephan, DVBl. 1998, 81 ff.; Schnekenburger, BayVBl. 2001, 129 ff.; Waechter, DÖV 1999, 138 ff.

[162] Im Vergleich zum eher engem Anwendungsbereich des § 22 Abs. 1 a BGSG sind die in mehrfacher Hinsicht weiter gefassten Rechtsgrundlagen in den Polizeigesetzen der Länder deutlich problematischer. Das Landesverfassungsgericht Mecklenburg-Vorpommern hat eine entsprechende Landesregelung mit Urteil vom 21.10.1999 für verfassungswidrig erklärt (siehe DVBl. 2000, 262 ff., mit Anm. von K. Engelken).

Trotz dieser Begrenzungen ist die ermessensfehlerfreie Adressatenauswahl ein ungelöstes Problem von verdachtsunabhängigen Eingriffsbefugnissen. Da eine Gefahr bzw. ein Gefahrenverdacht nicht vorliegen muss, ist neben dem Verhalten einer Person ansonsten nur das bloße äußere Erscheinungsbild Anlass für eine verdachts- und ereignisunabhängige Kontrolle. Diese Konstellation ist in der Praxis nahezu der Regelfall. Die Zweckbestimmung, nämlich die Verhinderung und Unterbindung der unerlaubten Einreise, führt dabei zwangsläufig dazu, dass Personen mit fremdländischem Aussehen weit überproportional von Kontrollen betroffen sind. Entgegen vieler kritischer Stimmen, die die Selektion nach Hautfarbe, Barttracht, Art der Bekleidung u. ä. wegen des Gleichbehandlungsgrundsatzes (Art. 3 Abs. 1, Abs. 3 BGSG) als problematisch, wenn nicht gar als unzulässig ansehen,[163] muss schlicht festgestellt werden, dass diese Praxis in der Befugnisnorm gerade angelegt ist.[164] Sachlicher Grund für eine mögliche unerlaubte Einreise ist nach der polizeilichen Erfahrung nun einmal ein „nichtdeutsches" Aussehen. Die Selektion nach dem äußeren Erscheinungsbild, insbesondere anhand von Rassemerkmalen soll durch das Abgehen vom Erfordernis einer „Gefahr" in Wahrheit gerade ermöglicht werden. Hält man diese Praxis wegen Verstoßes gegen Art. 1, 3 GG für unzulässig, müsste nicht nur jene Art und Weise der Handhabung der Befugnisregelung, sondern die Befugnisregelung selbst in Frage gestellt werden. Diese Überlegung macht deutlich, wie problembehaftet Befugnisnormen sind, die Grundrechtseingriffe erlauben, ohne dass tatbestandlich normierte Voraussetzungen gegeben sein müssen.

Verallgemeinernd muss die in vielen Bereichen des Polizeirechts zu beobachtende Tendenz der Abkopplung der staatlichen Eingriffsverwaltung von einer existenten Gefahr im herkömmlichen Sinne vor der Frage eines (rechtswissenschaftlich bis heute nicht hinreichend geklärten) „Vertrauensverhältnisses" zwischen Bürger und Staat gesehen werden. Der Kern des Problems scheint die Frage zu sein, wie sehr man im Vertrauen auf rechtsstaatliches Handeln des Staates bzw. seiner Amtsträger bereit ist, auf gesetzlich normierte Sicherungen zu verzichten. In der Bevölkerung wie auch in der Rechtswissenschaft selbst steigt angesichts neuartiger Bedrohungen für das Staatswesen und seine Bürger

---

[163] Z. B. Kastner, VerwArch 2001, 216, 252, der aus diesem Grund eine ermessensfehlerfreie Adressatenauswahl nur dann annehmen will, wenn wesentlich auf bestimmte, abstrakt verdächtige Verhaltensweisen der Kontrollierten abgestellt wird. Vgl. auch Soria, NVwZ 1999, 270, 271, wonach „diskriminierungsfrei" gehandelt werden müsse.

[164] Richtig Waechter, DÖV 1999, 138, 141.

die Bereitschaft, dem Staat einen „Vertrauensvorschuss“ zu gewähren, d. h. darauf zu setzen, dass der Staat (bzw. seine Amtsträger) die ihm zugewiesenen Ermessenspielräume in rechtsstaatlicher Art und Weise nutzt. Auch wenn hier nicht die Meinung vertreten wird, verdachtsunabhängige Maßnahmen seien per se mit dem Grundgesetz unvereinbar, so muss doch immer im Bewusstsein behalten werden, dass diese Entwicklung mit unserer Grundrechtsordnung nicht auf ewig vereinbar ist. Ausgehend von den Grundrechten als subjektive Abwehrrechte müssen Voraussetzungen für Grundrechtseingriffe ausdrücklich normiert sein (Gesetzesvorbehalt). Dies muss unmittelbar zur Folge haben, dass „gesetzesfreie“ Ermessensspielräume so gering wie nur irgendwie möglich sein müssen, so dass Vertrauensgrundsätze allein niemals herangezogen werden müssen, um staatliches Handeln zu legitimieren.[165] Ermächtigungsgrundlagen, deren Rechtsstaatlichkeit *allein* dadurch „gerettet“ werden können, indem man den Ermächtigten einen Vertrauensvorschuss zugesteht, müssen auch in Zukunft ausgeschlossen bleiben. Vermutungsregeln wie „Im Zweifel für den Staat“[166] haben in einem Rechtsstaat nichts zu suchen.

c. Fazit zur Zulässigkeit nationaler Kompensationsmaßnahmen

Zusammenfassend ist festzustellen, dass die Entscheidung des Bundesgesetzgebers, den politisch motivierten Abbau der Grenzkontrollen im Zuge des SDÜ durch zusätzliche Befugnisse des BGS auszugleichen, im Hinblick auf das SDÜ nicht zu beanstanden ist, solange dadurch nicht dessen Regelungsgehalt betroffen ist. Auch widersprechen derartige Kompensationsmaßnahmen grundsätzlich nicht der „Intention“ von Schengen I und II.

---

[165] Darauf verweist auch (insoweit überzeugend) Lisken, NVwZ 1998, 22, mit der Aussage, der (unterstellte) gute Wille könne allenfalls die Redlichkeit, nicht aber die Rechtmäßigkeit des Eingreifens sichern. Siehe auch Schnekenburger, BayVBl. 2001, 129, 133 (zur - umstrittenen – „Redlichkeitsvermutung“ zugunsten des Bürgers).

[166] Exemplarisch sei hier auf Werthebach/Droste, in: Bonner Kommentar, Art. 73 Nr. 10 Rn. 235 (allerdings nicht in Bezug auf die hier behandelte Problematik) hingewiesen, wonach staatliches Handeln in einem Rechtsstaat die Vermutung der Rechtstaatlichkeit für sich habe (sic). Unkritisch auch Weingart, BayVBl. 2001, 69, 74: „Eine rechtsstaatlich agierende Polizei, von der auszugehen ist, wird nicht willkürlich kontrollieren.“ Übersehen wird dabei, dass maßgeblicher Grund für eine rechtsstaatlich agierenden Polizei gerade die gesetzliche Regelung der Voraussetzungen für Grundrechtseingriffe ist. Geht man durch die Einführung von verdachtsunabhängigen Eingriffsbefugnissen Schritt für Schritt davon ab, so stellt sich doch die Frage, wie lange eine Redlichkeitsvermutung zugunsten des Staates und seiner Hoheitsträger mit rechtsstaatlichen Grundsätzen noch vereinbar ist.

Ein Eingriff in die Länderhoheit ist mit der Kompetenzerweiterung nicht verbunden, solange die Aufgaben und Befugnisse ausschließlich an der sonderpolizeilichen Aufgabe des BGS orientiert sind. Entscheidend ist nicht die räumliche Verlagerung der grenzbezogenen Kontrollen ins Binnenland, sondern die strikte sachliche Zuständigkeitsbeschränkung des BGS anhand seiner Grenzschutzaufgabe gemäß Art. 73 Nr. 5 i. V. m. Art. 87 Abs. 1 S. 2 GG. Dies garantiert, dass einerseits der BGS nicht in den allgemein-polizeilichen Aufgabenbereich einbricht und dadurch die polizeilichen Hoheitsbefugnisse der Länder verletzt, und dass andererseits die Landespolizeien keine grenzschutzbezogenen Aufgaben und Befugnisse wahrnehmen, für die die Länder keine Ermächtigungsgrundlagen besitzen.
Die verdachts- und ereignisunabhängige Personenkontrolle nach § 22 Abs. 1 a BGSG als wichtigste Kompensationsmaßnahme für den Wegfall der Binnengrenzkontrollen ist mit dem Rechtsstaatsprinzip noch vereinbar, weil sein Anwendungsbereich durch verschiedenartige, tatbestandlich normierte Eingriffsvoraussetzungen rechtsstaatlich konform beschränkt ist. Rechtspolitisch wird sich aber auf lange Sicht die Erkenntnis durchsetzen müssen, dass die Legitimation von rechtmäßigen Ersatzgrenzkontrollen dasselbe Schicksal teilen werden wie die (ehemaligen) Kontrollen direkt an den EU-Binnengrenzen. Die vielzitierte Bezeichnung Europas als „kriminalgeographischer Raum“[167] zur Begründung von neuen grenzschutzbezogenen Aufgaben und Befugnissen als Ausgleich für die entfallenen Grenzkontrollen wird sich auf lange Sicht in sein Gegenteil verkehren. Mit zunehmender Angleichung der rechtlichen, wirtschaftlichen und kulturellen Verhältnisse in den EU-Staaten wird die Bedeutung der Grenzen als Trennung von unterschiedlichen Rechts- und Justizräumen langfristig zurückgehen. Der Anreiz, die Binnengrenzen als Mittel zur Begehung von Straftaten zu nutzen, wird dadurch langsam nachlassen. In einem derartigen gemeinsamen Kriminalitätsraum verlieren die nationalen Grenzen nach und nach ihre Filterfunktion. Diese Entwicklung wird sich auch anhand der Ausgleichsmaßnahmen auf Bundes- und Landesebene zeigen. Bis dahin aber findet der Traum eines grenzenlosen Europa seine Grenzen in den sicherheitspolitischen Bedürfnissen der nationalstaatlichen Wirklichkeit.

---

[167] Z. B. Hellenthal, Die Polizei 1995, 1, 7 f.; Beinhofer, BayVBl. 1995, 193, 194.

IV. Sicherheitskooperationsabkommen

Der Bund hat mit derzeit 15 Bundesländern sog. „Sicherheitskooperationsabkommen" abgeschlossen, beginnend am 01.07.1997 mit Mecklenburg-Vorpommern und 18.07.1997 mit Baden-Württemberg; Bayern wird als letztes Land voraussichtlich in Kürze folgen.[168] Sicherheitskooperationsabkommen sind Vereinbarungen zwischen Bund und Ländern mit dem Ziel, die Zusammenarbeit ihrer Polizisten bei der Abwehr von Gefahren für die öffentliche Sicherheit und Ordnung und der Strafverfolgung zu intensivieren. Wichtigste Aufgabenbereiche sind in den meisten Sicherheitskooperationen die grenz- und bahnpolizeilichen Aufgaben des BGS, weil sich besonders in diesen Gebieten die Zuständigkeiten des BGS und der Landespolizeien berühren. Die Intensivierung der Zusammenarbeit soll vor allem durch verbesserten Informationsaustausch sowie Kooperation bei Einsätzen und Ermittlungen herbeigeführt werden.[169]

Grundlegende Voraussetzung für die verfassungsrechtliche Zulässigkeit dieser Abkommen ist, dass die zwingende und nicht disponierbare Verteilung der Kompetenzen zwischen BGS und den Landespolizeien durch das Grundgesetz nicht angetastet wird. Auch wenn in den Abkommen dieser maßgebliche Grundsatz zumeist nicht ausdrücklich festgestellt wird, sehen sie - soweit ersichtlich - grundsätzlich keine verfassungswidrigen Kompetenzübertragungen vor. Es wird durchweg festgestellt, dass die Zusammenarbeit auf der Grundlage des für die jeweilige Vertragspartei geltenden Rechts erfolgt.[170] Auch wird ausdrücklich eine Qualifikation der Tätigkeit des BGS als Verwendung zur Unterstützung des Landes (§ 11 BGSG) ausgeschlossen, wodurch klargestellt wird, dass der BGS weiterhin in eigener Zuständigkeit handelt.[171] Von besonderer Bedeutung sind die verfassungsrechtlichen Leitlinien für Einsätze, die der BGS und die Landespolizei gemeinsam durchführen, wie gemeinsame Fahndungsstreifen oder gemischt besetzte Ermittlungsgruppen.[172] Derartige organisatori-

---

[168] Siehe BGS-Jahresbericht 2002, S. 12.

[169] Siehe exemplarisch Artikel 4 der „Vereinbarung zwischen dem Bundesministerium des Innern und dem Innenministerium des Landes Baden-Württemberg über die Bildung eines gemeinsamen Sicherheitskooperationssystems zwischen ihren Polizeien in den Grenzgebieten zur Republik Frankreich und zur Schweiz" (hier abgekürzt als Sicherheitskooperation BW).

[170] Z. B. Artikel 1 Abs. 2 Sicherheitskooperation BW.

[171] Artikel 6 Abs. 3 Sicherheitskooperation BW.

[172] Vgl. auch Bundesinnenminister O. Schily in Die Polizei 1999, 189.

sche Vermischungen dürfen keine Vermischungen der Verwaltungskompetenzen zur Folge haben. Die Maßnahmen der Beteiligten können ausschließlich im Rahmen ihrer jeweiligen sachlichen und räumlichen Zuständigkeitsbereiche erfolgen. Grundrechtseingriffe können nur auf das für den jeweiligen Beamten geltende Recht gestützt werden.[173]
Die Einhaltung dieser Grundsätze im Rahmen der Rechtspraxis ist aufmerksam zu verfolgen, um eine schleichende Verschiebung der Machtverteilung zwischen Bund und Ländern auszuschließen. Sicherheitskooperationen dürfen keinesfalls benutzt werden, um den schwierigen aber unerlässlichen Kompetenzabgrenzungen aus dem Wege zu gehen und durch ein gemeinsames Handeln die Kompetenzabgrenzungen zu kaschieren.[174] Auch ist zu beachten, dass der Bund durch Verwaltungsabkommen die Möglichkeit erhält, die Politik der Länder auf dem Gebiet der inneren Sicherheit zu beeinflussen. Wenn diese Beeinflussung über die Vereinbarung von ressort- und behördenübergreifende Sicherheitsstrategien hinausgeht und die grundgesetzliche Verteilung der körperschaftlichen Zuständigkeitsbereiche berührt, ist die Grenze des verfassungsrechtlich Zulässigen überschritten.

B. Aufgaben und Verwendungen nach Art. 35 Abs. 2 und 3, 91 Abs. 2, 115 f, i GG

I. Einsatz des BGS nach Art. 35 Abs. 2 und 3 GG

1. Allgemeines

Die Regelungen in Art. 35 Abs. 2 S. 2 und Abs. 3 GG stehen mit dem Recht des inneren Notstandes und folglich mit Art. 87 a Abs. 4 und 91 GG in Zusammenhang, weil diese Normen zur Bewältigung bestimmter außergewöhnli-

---

[173] Dies meint wohl auch Artikel 6 Abs. 1 Sicherheitskooperation BW.

[174] Nicht zweifelsfrei ist beispielsweise die Stellungnahme des Innenministers des Landes Nordrhein-Westfalen in Die Polizei, 2001, 311, der die Sicherheitskooperationen damit begründet, dass Polizisten, wenn sie einen Drogendealer verfolgen, nicht erst klären könnten, „wer wo zuständig" sei. Die Klärung dieser ausschließlich anhand des (Verfassungs-)Rechts zu beantwortenden Frage können Sicherheitskooperationsabkommen gerade nicht herbeiführen. Vollständigkeitshalber ist auch darauf hinzuweisen, dass die Befugnisse der Beteiligten zur Verfolgung von Straftätern auf frischer Tat (siehe insbesondere §§ 64, 65 BGSG) ohnehin unberührt bleibt. Dafür sind Sicherheitskooperationen nicht erforderlich.

cher Situationen massive Abweichungen von der normalen Kompetenzaufteilung im Bereich der Exekutive zulassen.[175] Beide Absätze sind durch Gesetz vom 24.06.1968[176] Art. 35 Abs. 1 GG angefügt worden. Art. 35 Abs. 2 GG wurde durch Gesetz vom 28.07.1972[177] neu gefasst, vor allem um entsprechende Einsätze des BGS auf Grundlage des § 9 Abs. 1 BGSG 1972 (heute in § 11 Abs. 1 Nr. 1 und 2 BGSG geregelt),[178] der im unmittelbaren Anschluss daran verkündet wurde, verfassungsrechtlich abzusichern.

2. Unterstützung der Länder in Fällen besonderer Bedeutung (Art. 35 Abs. 2 S. 1 GG i. V. m. § 11 Abs. 1 Nr. 1 BGSG)

Nach Art. 35 Abs. 2 S. 1 GG i. V. m. § 11 Abs. 1 Nr. 1 BGSG kann ein Land in Fällen besonderer Bedeutung Kräfte und Einrichtungen des BGS zur Aufrechterhaltung oder Wiederherstellung der öffentlichen Sicherheit oder Ordnung zur Unterstützung seiner Polizei anfordern, wenn die Polizei ohne diese Unterstützung eine Aufgabe nicht oder nur unter erheblichen Schwierigkeiten erfüllen könnte.

a. Voraussetzungen

aa. Gefahren für die öffentliche Sicherheit oder Ordnung in Fällen besonderer Bedeutung

Mit dem Begriff der öffentlichen Sicherheit und Ordnung wird bewusst eine Wortwahl aus dem Polizeirecht aufgegriffen.[179] Unter „öffentliche Sicherheit" versteht man gemeinhin den Schutz der Rechtsgüter des einzelnen, sowie Bestand des Staates, seiner Einrichtungen sowie der gesamten Rechtsordnung. Die „öffentliche Ordnung" umfasst alle ungeschriebenen Regeln, deren Beachtung für das geordnete Gemeinschaftsleben als unerlässliche Voraussetzung betrachtet wird.[180] Allerdings ist einzuschränken, dass Einsätze des BGS wegen der

---

[175] Zur im Einzelnen strittigen Einordnung von Art. 35 Abs. 2, 3 GG als Unterfall des Notstandes siehe Klein, in: HdbsStR VII, § 169 Rn. 7; Bauer, in: Dreier, Art. 35 Rn. 20; Hase, in: Alternativkommentar, Art. 35 Abs. 2, 3 Rn. 1, alle m. w. N.

[176] 17. Gesetz zur Ergänzung des Grundgesetzes, BGBl. I S. 709.

[177] 31. Gesetz zur Änderung des Grundgesetzes, BGBl. I S. 1305.

[178] Zur Änderung des BGSG im Rahmen des BGSNeuRegG von 1994 siehe die Begründung des Gesetzesentwurfs in BT-Drucks. 12/7652, S. 42 f.

[179] Ausführlich Ernst, Diss., S. 262 ff.

[180] Z. B. Bauer, in: Dreier, Art. 35 Rn. 22 m. w. N.

Gefährdung der öffentlichen Ordnung „in Fällen besonderer Bedeutung“ kaum vorstellbar sind.[181]

Durch die Notwendigkeit eines Falles „besonderer Bedeutung“ wird verdeutlicht, dass die bloße Bedrohung der Schutzobjekte nicht ausreicht; erforderlich ist vielmehr eine Ausnahmesituation, die über die üblichen, routinemäßigen polizeirechtlichen Gefährdungslagen deutlich hinausgeht. Zudem wird vorausgesetzt, dass die Landespolizei ihre Aufgaben ohne Unterstützung des Bundes nicht oder nur unter erheblichen Schwierigkeiten erfüllen könnte (Art. 35 Abs. 2 S. 1 GG), was dann der Fall ist, wenn das vorhandene Kräftepotential der Landespolizei zur Bewältigung der Aufgabe nicht ausreicht, ohne andere wesentliche Aufgaben zu vernachlässigen.[182] Ein in der Praxis wichtiger Anforderungsfall ist die Störung der öffentlichen Sicherheit und Ordnung durch gewalttätig verlaufende Großdemonstrationen.[183]

bb. Anforderung durch ein Land

Die Unterstützung durch den BGS wird nur auf Anforderung eines Landes gewährt, da dieses für die allgemeine Gefahrenabwehr zuständig ist. Anforderungsberechtigt sind die nach dem Landesrecht zuständigen Landesorgane (zumeist das Innenministerium als oberste Sicherheitsbehörde).[184] Schon nach dem Wortlaut („Kann-Bestimmung“) steht dem Land grundsätzlich ein Ermessen zu, ob es eine Anforderung ausspricht. Insbesondere ist den zuständigen Landesorganen ein gerichtlich nur beschränkt nachprüfbarer Beurteilungsspielraum einzuräumen bezüglich der Frage, ob ein Fall besonderer Bedeutung vorliegt und hinsichtlich der Beurteilung, ob die eigene Polizei die Aufgabe ohne Unterstützung nicht oder nur unter erheblichen Schwierigkeiten erfüllen könnte.[185] Beide Entscheidungen erfordern eine wertende Lageeinschätzung im Ein-

---

[181] Ebenso z. B. Fischer/Hitz/Laskowski/Walter, BGSG-Kommentar, § 11 Rn. 23.

[182] Vgl. Heesen/Nitsche, Die Polizei 1986, 1, 6; Gutknecht, in: Kessow, Der Bundesgrenzschutz, S. 186 f.; vgl. auch bereits Arndt, DVBl. 1968, 729 f.

[183] Beispielsweise im Zusammenhang mit dem Transport von abgebrannten Kernelementen aus Kernenergieanlagen (soweit nicht der Anwendungsbereich des § 3 BGSG eröffnet ist) oder bei drohenden massiven Ausschreitungen links- oder rechtsextremistischer Gruppierungen.

[184] Hase, in: Alternativkommentar, Art. 35 Abs. 2, 3 Rn. 5 m. w. N.; vgl. auch Ernst, Diss., S. 276 ff.

[185] Bauer, in: Dreier, Art. 35 Rn. 22; v. Danwitz, in: v. Mangoldt/Klein/Starck, Art. 35 Rn. 52; Pieroth, in: Jarass/Pieroth, Art. 35 Rn. 6; Erbguth, in: Sachs, Art. 35 Rn. 36; Maunz, in: Maunz/Dürig, Art. 35 Rn. 18 (1973).

zelfall, die allein die zuständigen Landesorgane aufgrund ihrer Sachnähe angemessen treffen können.

cc. Entscheidung des Bundesinnenministers

Im Gegensatz zum überregionalen Notstandsfall nach Art. 35 Abs. 3 GG muss über eine Anforderung nach Abs. 2 nicht die Bundesregierung als Kollegialorgan (vgl. Art. 62 GG) entscheiden (argumentum e contrario). Die Befugniszuweisung in § 11 Abs. 3 S. 1 2. Alt. BGSG zugunsten des Bundesministeriums des Innern ist dementsprechend nicht zu beanstanden.[186]

Der Wortlaut des Art. 35 Abs. 2 GG gibt keinen Hinweis darauf, ob der Bund der Anforderung des Landes entsprechen muss. Da in Art. 35 GG die Konkretisierung der Bundestreue zum Zweck der Bestandssicherung und der Sicherung der Rechtsordnung liegt, kann die Unterstützung nicht im Belieben des Bundes liegen. Es handelt sich wie bei der allgemeinen Amtshilfe nach Art. 35 Abs. 1 GG um eine verfassungskräftige Unterstützungspflicht, die mit dem Anforderungsrecht des Landes korrespondiert.[187]

Diese verfassungsrechtliche Unterstützungspflicht ist in § 11 Abs. 4 S. 1 BGSG einfachgesetzlich bestimmt. Die Einschränkung, dass einer Anforderung nicht entsprochen werden muss, wenn eine Verwendung des BGS für Bundesaufgaben dringender ist als die Unterstützung des Landes, entspricht allgemeinen Grundsätzen der organisationsrechtlichen Zusammenarbeit (gleiches gilt beispielsweise im Rahmen der Amtshilfe, vgl. § 5 Abs. 3 Nr. 3 VwVfG) und ist rechtlich unproblematisch.[188]

Bei Meinungsverschiedenheiten über eine Hilfspflicht im Einzelfall kann das Bundesverfassungsgericht gemäß Art. 93 Abs. 1 Nr. 4 GG angerufen werden. Bei Eilbedürftigkeit kommt eine einstweilige Anordnung gemäß § 32 BVerfGG in Betracht.[189]

---

[186] Zur Möglichkeit der Übertragung der Entscheidungsbefugnis in bestimmten Fällen auf die Grenzschutzpräsidien durch Verwaltungsvorschrift nach § 11 Abs. 3 S. 2 siehe Fischer/Hitz/Laskowski/Walter, BGSG-Kommentar, § 11 Rn. 19.

[187] Im Ergebnis unstreitig, vgl. BVerwG, DÖV 1973, 491; Bauer, in: Dreier, Art. 35 Rn. 21; v. Danwitz, in: v. Mangoldt/Klein/Starck, Art. 35 Rn. 63; Klein, in: HdbStR VII, § 169 Rn. 31 f.; Maunz, in: Maunz/Dürig, Art. 35 Rn. 17; Pieroth, in: Jarass/Pieroth, Art. 35 Rn. 5; Hase, in: Alternativkommentar, Art. 35 Abs. 2,3 Rn. 6; Ernst, Diss., S. 285 ff.

[188] Gubelt, in: v. Münch/Kunig, Art. 35 Rn. 27 m. w. N; vgl. auch schon Klückmann, DÖV 1976, 333, 338 f. m. w. N.

[189] Bauer, in: Dreier, Art. 35 Rn. 28; Gubelt, in: v. Münch/Kunig, Art. 35 Rn. 32.

b. Umfang des BGS-Einsatzes

Um der Gefahr einer konturlosen, ausufernden Anforderungspraxis zu begegnen, ist der Polizeibegriff in Art. 35 Abs. 2 S. 1 BGSG formell zu verstehen, d. h. die Hilfskräfte des Bundes unterstützen nur die Vollzugspolizei, nicht die Ordnungsbehörden (Verwaltungspolizei).[190] Dies ist auch praxisgerecht, da die Gefahrensituationen zumeist allein durch Unterstützung des Polizeivollzugsdienstes angemessen bewältigt werden können und die eingesetzten BGS-Einheiten aufgrund ihrer überwiegend geschlossenen Organisationsstruktur (zumeist Verbände) zu einer effektiven Unterstützung der Ordnungsbehörden wenig geeignet sind.

Unterstützungsmittel sind Kräfte des BGS, also Bedienstete, sowie Einrichtungen, also sächliche Mittel wie Fernmeldeanlagen, Fahrzeuge und Gebäude.[191] Als Unterstützungsmaßnahmen sind sowohl nichthoheitliche bzw. faktische (vielfach „technisch" genannte) Hilfeleistungen als auch hoheitliche Tätigkeiten (insbesondere Ge- und Verbotsverfügungen, wie z. B. Platzverweise) gestattet.[192] Von maßgeblicher Bedeutung für die rechtsdogmatische Einordnung der Vorschrift ist jedoch, dass der BGS aufgrund der reinen Unterstützungsfunktion für die Landespolizei zur Erfüllung ihrer Aufgaben keine eigenen Kompetenzen wahrnimmt, sondern dem Recht und den Weisungen des jeweiligen Landes unterliegt.[193] Deshalb ist auch bei Streitigkeiten mit außenstehenden Dritten über die Zulässigkeit von Eingriffen ausschließlich der um Hilfe ersuchende Teil passivlegitimiert, obwohl die zur Verfügung gestellten Kräfte

---

[190] Str., wie hier Hase, in: Alternativkommentar, Art. 35 Rn. 5 m. w. N.; Erbguth, in: Sachs, Art. 35 Rn. 39; Einwag/Schoen, BGSG-Kommentar, § 9 Rn. 16/ 8; Ernst, Diss., S. 272 f.; a. A. Maunz, in: Maunz/Dürig, Art. 35 Rn. 16 (mit dem nicht zwingenden Hinweis auf die „bundesrechtliche Terminologie"); Gubelt, in: v. Münch/Kunig, Art. 35 Rn. 24; Fischer/Hitz/Laskowski/Walter, BGSG-Kommentar, § 11 Rn. 16; Einwag/Schoen, BGSG-Kommentar, § 11 Rn. 1.

[191] BT-Drucks. 12/7562, S. 43; vgl. bereits Arndt, DVBl. 1968, 729.

[192] BT-Drucks. 12/7562, S. 43; v. Danwitz, in: v. Mangoldt/Klein/Starck, Art. 35 Rn. 64; Pieroth, in: Jarass/Pieroth, Art. 35 Rn. 6; Gubelt, in: v. Münch/Kunig, Art. 35 Rn. 28.

[193] Heute wohl einhellige Ansicht, vgl. etwa Bauer, in: Dreier, Art. 35 Rn. 23; Gubelt, in: v. Münch/Kunig, Art. 35 Rn. 28; Erbguth, in: Sachs, Art. 35 Rn. 40; Maunz, in: Maunz/Dürig, Art. 35 Rn. 18 f.; v. Danwitz, in: v. Mangoldt/Klein/Starck, Art. 35 Rn. 59, 64; Pieroth, in: Jarass/Pieroth, Art. 35 Rn. 5, 7; Klein, in: HdbStR VII, § 169 Rn. 32; Keidel, Polizei und Polizeigewalt im Notstandsfall, S. 92 f.; Robbers, DÖV 1989, 926, 928 f. (bzgl. Streitkräfteeinsatz nach Art. 35 Abs. 2 S. 2 und Abs. 3 GG); Kleiner, DVBl. 1977, 240, 241 m. w. N. zum damaligen Streitstand.

Teil ihrer Herkunftsorganisation bleiben.[194] Das Weisungsrecht beschränkt sich auf sachbezogene Maßnahmen, die in unmittelbarem Zusammenhang zur Gefahrenbekämpfung stehen (fachliches Weisungsrecht); unberührt bleiben insbesondere die allgemeinen Befugnisse der unterstützenden Stelle hinsichtlich dienstrechtlicher Belange.[195]

Angesichts dieser im wesentlichen unstreitigen Grundsätze erscheint deshalb die Ansicht des Gesetzgebers[196] unhaltbar, wonach das Weisungsrecht des zuständigen Bundesorgans gegenüber seinen zur Verfügung gestellten Einheiten auch während der Hilfeleistung erhalten bleibe und deshalb zwischen den Einsatzkräften ein einvernehmliches Zusammenwirken herzustellen sei.[197] Dies würde letzten Endes eine mit der Landespolizei gleichrangige, originäre Zuständigkeit des BGS im Hoheitsbereich der Länder bedeuten, was Art. 35 GG nicht erlaubt und der bundesstaatlichen Kompetenzordnung widerspricht. Im übrigen ist dieses Verständnis auch nicht vereinbar mit der einfachgesetzlichen Ausgestaltung durch das BGSG, das in § 11 Abs. 2 S. 2 BGSG die Weisungsgebundenheit der Kräfte des BGS ausdrücklich feststellt. Gemäß § 11 Abs. 2 S. 1 BGSG richtet sich die Unterstützung ausdrücklich nach dem für das unterstützte Land geltenden Recht.

Da der BGS zur Unterstützung des Landes bei der Erfüllung dessen Aufgaben tätig wird, werden die Kosten für den Einsatz des BGS (genauer: die Mehrkosten, die dem Bund nicht erwachsen wären, wenn der Einsatz auf Anforderung des Landes nicht stattgefunden hätte)[198] grundsätzlich dem unterstützten Land auferlegt, wenn keine anderslautende Verwaltungsvereinbarung getroffen wurde (vgl. Art. 104 a Abs. 1 GG, § 11 Abs. 4 S. 3 GG).[199]

---

[194] V. Danwitz, in: v. Mangoldt/Klein/Starck, Art. 35 Rn. 59.

[195] Z. B. Keidel, Polizei und Polizeigewalt im Notstandsfall, S. 98; Fischer/Hitz/Laskowski/Walter, BGSG-Kommentar, § 11 Rn. 41 („Anordnungsbefugte des Landes sind somit Fachvorgesetzte, jedoch nicht Dienstvorgesetzte.").

[196] BT-Drucks. V/2873, S. 10 (Rechtsausschuss des Deutschen Bundestages)

[197] Ebenfalls kritisch v. Danwitz, in: v. Mangoldt/Klein/Starck, Art. 35 Rn. 66; Keidel, Polizei und Polizeigewalt im Notstandsfall, S. 98 f.; Robbers, DÖV 1989, 926, 928 f.

[198] Einwag/Schoen, BGSG-Kommentar, § 9 Rn. 42; Fischer/Hitz/Laskowski/Walter, BGSG-Kommentar, § 11 Rn. 47.

[199] BVerwG, BayVBl. 1973, 328 ff. (Bundeswehr bei Lawinenunglück); Bauer, in: Dreier, Art. 35 Rn. 23; Schmidt-Bleibtreu/Klein, Art. 35 Rn. 11; Fischer/Hitz/Laskowski/Walter, BGSG-Kommentar, § 11 Rn. 47.

c. Rechtsnatur

Schwierigkeiten bereitet die rechtsdogmatische Einordnung des Art. 35 Abs. 2 GG. Aufgrund der oben dargestellten Grundsätze (Rechtsgrundlage, Weisungsgebundenheit) kann Art. 35 Abs. 2 GG nicht als ein Fall der allgemeinen Amtshilfe (Art. 35 Abs. 1 GG) qualifiziert werden.[200] Trotz seiner systematischen Stellung besitzt er nur eine allgemeine thematische Verwandtschaft zur Amtshilfe.[201]

Auch die Charakterisierung als „Organleihe" durch die wohl überwiegende Meinung in der Literatur[202] ist zweifelhaft. Abgesehen davon, dass von diese Rechtsfigur wegen ihrer bis heute ungeklärten Vielfältigkeit zur Begründung konkreter Rechtsfolgen zurückhaltend Gebrauch gemacht werden sollte,[203] ist sie mit der Rechtsstellung der angeforderten Einheiten nur schwer vereinbar. Kennzeichnend für eine Organleihe ist die dauerhafte Eingliederung der ausgeliehenen Kräfte in die ausleihende Stelle, so dass diese Kräfte als Behörden der ausleihenden Stelle tätig werden. Demgegenüber erschöpft sich vorliegend die „Eingliederung" der angeforderten Kräfte in der Weisungsgebundenheit der BGS-Kräfte. Diese werden dadurch nicht (auch nicht vorübergehend) Organe des unterstützten Landes, sondern bleiben Teile der „Bundespolizei" BGS.[204] Außerdem (und damit zusammenhängend) sind Fälle der „Organleihe" generell langfristige, institutionalisierte Verhältnisse,[205] wie sie Art. 35 Abs. 2 GG nicht

---

[200] Vgl. etwa Pieroth, in: Jarass/Pieroth, Art. 35 Rn. 5; v. Danwitz, in: v. Mangoldt/Klein/Starck, Art. 35 Rn. 58 f.; Drews/Wacke/Vogel/Martens, Gefahrenabwehr, S. 145; Robbers, DÖV 1989, 926, 927; Einwag/Schoen, BGSG-Kommentar, § 11 Rn. 7 f.; vgl. auch Heesen/Nitsche, Die Polizei 1986, 1, 2; Klückmann, DÖV 1976, 333, 334 f. m. w. N. zum damaligen Streitstand; widersprüchlich Fischer/Hitz/Laskowski/Walter, BGSG-Kommentar, § 11 Rn. 6 und 50. Unglücklich ist deshalb die Bezeichnung „gesteigerte Amtshilfe" (so aber z. B. Pieroth, a. a. O., Rn. 6).

[201] So v. Danwitz a. a. O.

[202] Maunz, in: Maunz/Dürig, Art. 35 Rn. 12; Klein, in: HdbStR VII, § 169 Rn. 29; Hermes, in: Dreier, Art. 83 Rn. 51 Fn. 181; Ernst, Diss., S. 242, 305; Willich, Diss., S. 231; Heesen/Nitsche, Die Polizei 1986, 1, 2 f.; Kleiner, DVBl. 1977, 240, 241 m. w. N. zum damaligen Streitstand. Ebenso die Begründung der Regierungsvorlage des BGSG 1972, BT-Drucks. VI/2886, S. 25 f.

[203] Kritisch das Bundesverfassungsgericht in st. Rspr., z. B. BVerfG DVBl. 1983, 539, 540 f.; ebenso auch Robbers, DÖV 1989, 926, 928.

[204] Robbers, a. a. O.; v. Danwitz, in: v. Mangoldt/Klein/Starck, Art. 35 Rn. 59.

[205] Z. B. Pieroth, in: Jarass/Pieroth, Art. 35 Rn. 7a m. w. N.

im Sinn hat.[206] Es spricht deshalb viel dafür, in Art. 35 Abs. 2 GG eine eigenständige, verfassungsrechtliche Sonderform der exekutiven Zusammenarbeit zu sehen, die außerhalb der herkömmlichen organisatorischen Kategorien steht.[207] Rechtfertigender Grund für diese Sonderform ist der verfassungsrechtliche Ausnahmefall einer Bindung von Bundesorganen an Landesrecht.

3. Unterstützung der Länder bei Naturkatastrophen und Unglücksfällen (Art. 35 Abs. 2 S. 2 GG i. V. m. § 11 Abs. 1 Nr. 2 1. Alt. BGSG

Nach Art. 35 Abs. 2 S. 2 GG i. V. m. § 11 Abs. 1 Nr. 3 BGSG kann ein Land Polizeikräfte anderer Länder, Kräfte und Einrichtungen anderer Verwaltungen sowie des BGS und der Streitkräfte zur Hilfe bei einer Naturkatastrophe oder bei einem besonders schweren Unglücksfall anfordern (sog. regionaler Katastrophennotstand).

a. Voraussetzungen

Naturkatastrophen sind aus der Umwelt erwachsende, vom Menschen nicht unmittelbar verursachte Ereignisse, die eine Gefährdung einer Vielzahl von Menschen mit sich bringen (z. B. Überschwemmungen, Unwetter, Großbrände, Erdbeben). Besonders schwere Unglücksfälle sind dagegen dadurch gekennzeichnet, dass sie im Gegensatz zu Naturkatastrophen durch menschliches Fehlverhalten oder technische Unzulänglichkeiten hervorgerufen werden (z. B. Unfälle in Kernenergieanlagen, Eisenbahn- oder Flugzeugunglücke).[208] Diese allgemein gebräuchliche Definition ist dahingehend klarzustellen, dass auch vorsätzlich herbeigeführte Unglücksfälle, insbesondere durch Terroranschläge, von Art. 35 Abs. 2 S. 2 GG erfasst werden.[209]

Entsprechend der allgemeinen Systematik des Art. 35 Abs. 2 und 3 GG ist auch bei dieser Variante eine Erforderlichkeit i. S. d. Abs. 2 S. 1 zu verlangen, d. h.

---

[206] Ebenso Robbers, a. a. O.

[207] Ähnlich v. Danwitz, in: v. Mangoldt/Klein/Starck, Art. 35 Rn. 59; Robbers, DÖV 1989, 926, 928; Fischer/Hitz/Laskowski/Walter, BGSG-Kommentar, § 11 Rn. 50.

[208] Bauer, in: Dreier, Art. 35 Rn. 24; Pieroth, in: Jarass/Pieroth, Art. 35 Rn. 7; siehe auch II. 3. Abschn. Abs. 2 und 3 der Allgemeinen Verwaltungsvorschrift des Bundesministers des Innern über die Verwendung des Bundesgrenzschutzes bei einer Naturkatastrophe oder bei einem besonders schweren Unglücksfall sowie zur Hilfe im Notfall (BGSKatHiVwV) vom 02.05.1974 (GMBl. S. 171), geändert durch Allgemeine Verwaltungsvorschrift vom 4.11.1975 (GMBl. S. 747).

[209] Vgl. etwa Klein, in: HdbStR VII, § 169 Rn. 30.

das anfordernde Land muss „eine Aufgabe nicht oder nur unter erheblichen Schwierigkeiten“ erfüllen können.[210]

Art. 35 Abs. 2 S. 2 geht S. 1 als lex specialis vor, weil einerseits die Voraussetzungen für Unterstützungsmaßnahmen enger gefasst sind und andererseits das Hilfspotential nicht auf den BGS beschränkt ist.[211]

b. Umfang und Rechtsnatur des BGS-Einsatzes

Hinsichtlich der Rechtsfolgen einer Anforderung gelten die Ausführungen zu Art. 35 Abs. 2 S. 1 GG entsprechend. Art. 35 Abs. 2 S. 2 ist ein mit Abs. 2 S. 1 verwandtes Rechtsinstitut, dass sich im wesentlichen in den Tatbestandsvoraussetzungen unterscheidet.[212] Das betroffene Land besitzt hinsichtlich der genannten Hilfskräfte und Hilfseinrichtungen ein Auswahlermessen unter Berücksichtigung des Einzelfalls.[213]

4. Unterstützung der Länder bei überregionalem Katastrophennotstand (Art. 35 Abs. 3 GG i. V. m. § 11 Abs. 1 Nr. 2 2. Alt. BGSG)

Gefährdet eine Naturkatastrophe oder ein Unglücksfall das Gebiet mehr als eines Landes, kann die Bundesregierung nach Art. 35 Abs. 3 S. 1 GG i. V. m. § 11 Abs. 1 Nr. 2 2. Alt. BGSG, soweit es zur wirksamen Bekämpfung erforderlich ist, den Landesregierungen die Weisung erteilen, Polizeikräfte anderer Länder zur Verfügung zu stellen sowie Einheiten des BGS und der Streitkräfte zur Unterstützung der Polizeikräfte einsetzen.

a. Voraussetzungen

Mit der verkürzten Formulierung „die Naturkatastrophe oder der Unglücksfall“ wird auf den Tatbestand des Art. 35 Abs. 2 S. 2 GG vollinhaltlich verwiesen.[214] Darüber hinaus kommt ein Einsatz des BGS nur in Betracht, wenn das Gebiet mehr als eines Landes gefährdet ist (sog. überregionaler Katastrophenfall). Daneben muss die Ausübung der Bundesbefugnisse zur wirksamen Bekämp-

---

[210] Pieroth, in: Jarass/Pieroth, Art. 35 Rn. 7; Hase, in: Alternativkommentar, Art. 35 Rn. 4; v. Danwitz, in: v. Mangoldt/Klein/Starck, Art. 35 Rn. 70; Gubelt, in: v. Münch/Kunig, Art. 35 Rn. 25; widersprüchlich Fischer/Hitz/Laskowski/Walter, BGSG-Kommentar, § 28 Rn. 29 und 31.

[211] V. Danwitz, in: v. Mangoldt/Klein/Starck, Art. 35 Rn. 69.

[212] V. Danwitz, in: v. Mangoldt/Klein/Starck, Art. 35 Rn. 68, 74.

[213] Bauer, in: Dreier, Art. 35 Rn. 24; Gubelt, in: v. Münch/Kunig, Art. 35 Rn. 26 m. w. N.

[214] Gubelt, in: v. Münch/Kunig, Art. 35 Rn. 29 m. w. N.

fung erforderlich sein, also dem Grundsatz der bundesstaatlichen Subsidiarität entsprechen. Allerdings bedeutet dies nicht, dass eine Bundeszuständigkeit nach Abs. 3 erst dann zu bejahen sei, wenn eine Unterstützung auf Anforderung des Landes nach Abs. 2 S. 2 keine Aussicht auf Erfolg hat, weil die überregionale Gefahrenabwehr einen besonderen, eigenständigen Unterstützungstatbestand darstellt, demgegenüber Abs. 2 keinen Vorrang genießt, wenn die besonderen Voraussetzungen von Abs. 3 vorliegen.[215]
Weniger aus der Berechtigung zur Erteilung von Weisungen nach Abs. 3 S. 1, sondern vielmehr aus dem Aufhebungsanspruch des Bundesrates gemäß Abs. 3 S. 2 ergibt sich, dass der Bund auch gegen den Willen des Landes handeln kann.[216] Art. 35 Abs. 3 GG unterscheidet sich insofern wesentlich von den vorhergehenden Absätzen und wird deshalb allgemein als Fall der „Bundesintervention“ bezeichnet.[217]
Aufgrund der Pflicht zu bundesfreundlichem Verhalten[218] muss dem betroffenen Land vor Weisungserteilung grundsätzlich Gelegenheit zur Stellungnahme gegeben werden. Daneben sind Bund und Länder angehalten, über die Maßnahmen zur Gefahrenabwehr ein Einvernehmen herzustellen.[219]

b. Umfang und Rechtsnatur des BGS-Einsatzes

Der Bundesregierung als Kollegialorgan (vgl. Art. 62 GG) werden folgende in ihrem, maßgeblich durch den Grundsatz der Bundestreue bestimmten, pflichtgemäßen Ermessen liegende Handlungsmöglichkeiten eingeräumt: Nach Art. 35 Abs. 3 S. 1. Alt. GG kann sie den Landesregierungen die Weisung erteilen, ihre Polizeikräfte den betroffenen Ländern zur Verfügung zu stellen. Das Weisungsrecht ist dabei eindeutig auf die Landesregierungen beschränkt, so dass Weisungen an die Polizeikräfte selbst, insbesondere „vor Ort“ auf operativer Ebene, ausgeschlossen sind.[220] Da die Weisungsbefugnis nach Art. 35 Abs. 3 im Vergleich zu Abs. 2 GG nur die Hilfsanforderung des betroffenen Landes ersetzt, gelten hinsichtlich des maßgeblichen Rechts und dem Weisungsrecht

---

[215] Str., a. A. Bauer, in: Dreier, Art. 35 Rn. 26 m. w. N.; wie hier Klein, in: HdbStR VII, § 169 Rn. 33; v. Danwitz, in: v. Mangoldt/Klein/Starck, Art. 35 Rn. 78.
[216] Ebenso Gubelt, in: v. Münch/Kunig, Art. 35 Rn. 31.
[217] Vgl. Stern, Staatsrecht II, § 56 I 1 ff. (auch zur – uneinheitlichen - Terminologie im Bereich des Notstandsrechts).
[218] Vgl. BVerfGE 34, 9, 44; 40, 96, 125.
[219] V. Danwitz, in: v. Mangoldt/Klein/Starck, Art. 35 Rn. 78.
[220] Bauer, in: Dreier, Art. 35 Rn. 27; Seifert/Hömig, Art. 35 Rn. 11; v. Danwitz, in: v. Mangoldt/Klein/Starck, Art. 35 Rn. 79.

des Landes die dort geltenden Grundsätze, d. h. die Unterstützungsmaßnahmen richten sich nach Landesrecht und Weisung des Landes.[221]
Bei der zweiten Handlungsmöglichkeit des Bundes, nämlich dem Einsatz von BGS (und Streitkräften) gemäß Art. 35 Abs. 3 S. 2. Alt. GG, ist dagegen umstritten, ob die eingesetzten Hilfskräfte an die fachlichen Weisungen des Landes gebunden sind. Die heute wohl überwiegende Meinung lehnt eine Weisungsgebundenheit wegen der „Wahrnehmung einer Bundeskompetenz“ generell ab.[222] Demzufolge würden die Handlungen des BGS ausnahmsweise dem Bund zugerechnet.[223]
Entscheidend für die Beantwortung dieser Frage ist, ob der BGS in diesem Fall als bundeseigenes Vollzugsorgan eine originäre Bundeskompetenz dergestalt wahrnimmt, dass die betroffenen Länder ein Weisungsrecht nicht in Anspruch nehmen können. Dies ist aber nicht so eindeutig zu beantworten, wie die überwiegende Ansicht dies offenbar glaubt. Der Wortlaut der Regelung gibt darauf keine klare Antwort, da er auch dahingehend verstanden werden kann, dass allein die Entscheidung über das „ob“ des Einsatzes dem Weisungsrecht unterliegt, nicht aber das „wie“. Auch die Systematik könnte für diese Auslegung sprechen: Wie in allen Varianten des Art. 35 Abs. 2 und 3 GG hat der BGS auch im Falle der Ausübung des Weisungsrechts durch die Bundesregierung ausschließlich unterstützende Funktion, was auch im Wortlaut („zur Unterstüt-

---

[221] Unstr., z. B. Hase, in: Alternativkommentar, Art. 35 Abs. 2, 3 Rn. 7; v. Danwitz, in: v. Mangoldt/Klein/Starck, Art. 35 Rn. 79 m. w. N.
[222] Zumeist ohne nähere Begründung: Klein, in: HdbStR VII, § 169 Rn. 34; v. Danwitz, in: v. Mangoldt/Klein/Starck, Art. 35 Rn. 80; Erbguth, in: Sachs, Art. 35 Rn. 41; Hase, in: Alternativkommentar, Art. 35 Abs. 2,3 Rn. 8; Seifert/Hömig, Art. 35 Rn. 12; Keidel, Polizei und Polizeigewalt im Notstandsfall, S. 108, 148 ff.; a. A. Fischer/Hitz/Laskowski/Walter, BGSG-Kommentar, § 11 Rn. 34, 41; Einwag/Schoen, BGSG-Kommentar, § 9 BGSG Rn. 29; Heesen/Nitsche, Die Polizei 1986, 1, 30; Robbers, DÖV 1989, 926, 927 f.; unklar Gubelt, in: v. Münch/Kunig, Art. 35 Rn. 30; Ernst, Diss., S. 336 ff. und 340 f.; Kleiner, DVBl. 1977, 240, 243. Stern (Staatsrecht II, § 56 III b) verneint eine Weisungsbefugnis nur für die Fälle, in denen die Länder zur wirksamen Bekämpfung der Gefahr weder fähig noch willens sind. Diese Ansicht erscheint schon deshalb als zweifelhaft, weil die nicht ausreichend wirksame Bekämpfung der Gefahrensituation durch die betroffenen Länder bereits tatbestandlich vorausgesetzt wird, so dass ein Einsatz der Bundeskräfte in diesen Fällen kaum erfolgen dürfte.
[223] Hase, a. a. O.; Erbguth, a. a. O.

zung der Polizeikräfte") zum Ausdruck kommt.[224] Fraglich ist, wieso die hinsichtlich Abs. 2 und Abs. 3 S. 1 1. Alt. unumstrittene Trennung von Weisungsrecht des Bundes und Weisungsgebundenheit der unterstützenden Kräfte an die unterstützten Länder nicht auch für Abs. 3 S. 1 2. Alt. gelten soll. Sieht man in der besonderen Weisungsbefugnis nach Abs. 3 S. 1 1. Alt. zu Recht nur den bundesseitigen Ersatz der eigentlich von den Ländern zu treffenden Entscheidung über den Einsatz von landesfremden Polizeikräften, ist es nur folgerichtig, die Weisungsbefugnisse nach Abs. 3 S. 1 2. Alt. auf die Entsendung von Bundeskräften zu limitieren und nicht systemwidrig auf das den Ländern zustehende fachliche Weisungsrecht auszudehnen.

Indes wäre diese Argumentation nicht zwingend, wenn nach der ratio legis, nämlich das effektive Zusammenwirken von Bund und Ländern zur Bekämpfung von besonderen, die Kräfte eines Landes übersteigende Gefahren, eine unterschiedliche Behandlung der beiden Fallvarianten erfordert. Wesentlicher Unterschied auf Seite der Tatbestandsvoraussetzungen ist die Betroffenheit zumindest zweier Länder. Es ist deshalb erwägenswert, eine Weisungskompetenz des Bundes in diesen Fällen zu akzeptieren, weil die Betroffenheit von mehreren Ländern eine Koordinierung der verschiedenen Kräfte erschwert und dadurch die effektive Gefahrenbekämpfung in Frage gestellt wird. Insofern könnte aus überregionalen Gesichtspunkten eine zentrale Weisungsbefugnis auf Bundesebene erforderlich sein.[225] Dagegen spricht jedoch, dass nach wohl einhelliger Ansicht die Befugnis zur zentralen Koordinierung der landeseigenen und entsandten Kräfte ausschließlich den Ländern überlassen bleiben muss und dem Bund nicht übertragen werden kann, da die Länder weiterhin in souveräner Wahrnehmung ihrer eigenen Aufgaben handeln.[226] Eine zentralstaatliche Koordinationsfunktion im Sinne einer für die Landesregierungen oder Polizeistellen zwingenden Weisungsbefugnis gewährt Art. 35 Abs. 3 GG gerade nicht. Sollte also die Zusammenarbeit der verschiedenen Kräfte wegen Abstimmungsschwierigkeiten zwischen den betroffenen Ländern Probleme bereiten, könnte dem auch die Weisungsbefugnis des Bundes hinsichtlich seiner eigenen Kräfte

---

[224] Vgl. auch die Einsatzmöglichkeit des BGS nach Art. 91 Abs. 2 S. 1 GG, dessen Wortlaut nicht von einer Unterstützung der Polizeikräfte spricht (siehe dazu unten 2. Kapitel B. II. 3.).

[225] Dieses Argument ist vor allem im früheren Schrifttum zu finden, siehe Kleiner, DVBl. 1977, 240, 242 m. w. N; vgl. Schnupp, Die Polizei 1968, 293, 294 und 295; siehe auch auch Stern, a. a. O.; Fischer/Hitz/Laskowski/Walter, BGSG-Kommentar, § 11 Rn. 32, 34.

[226] Z. B. Hase, in: Alternativkommentar, Art. 35 Rn. 8; v. Danwitz, in: v. Mangoldt/Klein/Starck, Art. 35 Rn. 80.

nicht abhelfen. Infolgedessen ist auch das Argument einer notwendigen zentralen Weisungsbefugnis des Bundes nicht überzeugend heranziehbar. Außerdem ist anzumerken, dass bloße Zweckmäßigkeitserwägungen dieser Art – selbst wenn sie in der Sache berechtigt wären - die Zuständigkeitsverteilung zwischen Bund und Ländern nicht überwinden könnten.
Im Ergebnis muss festgehalten werden, dass Systematik und Sinn und Zweck der Regelung eine Weisungsgebundenheit der BGS-Einheiten auch im Falle einer überregionalen Notlage nahe legen. Angesichts dessen ist die Entscheidung des einfachen Gesetzgebers in Form von § 11 Abs. 2 S. 2 BGSG, wonach der BGS im Falle des Art. 35 Abs. 3 S. 2 2. Alt. GG vom Weisungsrecht des jeweiligen Landes ausdrücklich ausgenommen ist, mit der grundgesetzlichen Ermächtigungsgrundlage kaum vereinbar.
Ebenso wie in den sonstigen Fällen des Art. 35 Abs. 2 und 3 GG sind die entsandten BGS-Einheiten hinsichtlich ihrer Befugnisse wegen ihrer fremdnützigen Unterstützungsaufgabe („zur Unterstützung der Polizeikräfte) an das Recht des Einsatzlandes gebunden (ebenso § 11 Abs. 2 S. 1 BGSG).[227] Die vereinzelte Gegenansicht,[228] die den generellen Verweis in § 11 BGSG auf das Landesrecht für bedenklich hält, verkennt, dass auch bei Unterstützungsmaßnahmen im Falle des überregionalen Notstandes dem BGS keine eigenen Befugnisse zustehen, die u. U. zu weitergehenden Grundrechtseinschränkungen berechtigen, sondern er auch hier nur die landesgesetzlichen Polizeibefugnisse ausüben kann. Insbesondere aus der Stellung des BGS als Bundesorgan ergibt sich nichts anderes. Allein weil der BGS nicht in die Exekutivorganisation der Länder eingegliedert wird, bedeutet dies nicht, er könne deshalb nicht Landesrecht ausführen.[229]
Maßnahmen der Bundesregierung sind unverzüglich nach Beseitigung der Gefahr aufzuheben (Art. 35 Abs. 3 S. 2 1. Alt. GG);[230] darüber hinaus kann der Bundesrat jederzeit die Beendigung verlangen (Art. 35 Abs. 3 S. 2 2. Alt.

---

[227] Ganz h. M.. vgl. etwa Hase, in: Alternativkommentar, Art. 35 Rn. 9; v. Danwitz, in: v. Mangoldt/Klein/Starck, Art. 35 Rn. 82; Fischer/Hitz/Laskowski/Walter, BGSG-Kommentar, § 11 Rn. 34. Ebenso die Begründung des Gesetzesentwurfs zu § 10 Abs. 3 BGSG 1972 (BT-Drucks. VI/2886 S. 25).

[228] Erbguth, in: Sachs, Art. 35 Rn. 41; Keidel, Polizei und Polizeigewalt im Notstandsfall, S. 149 f.

[229] Unzutreffend Keidel a. a. O.

[230] Dies entspricht der Regelung in Art. 91 Abs. 2 S. 2 GG.

GG).[231] Dem Aufhebungsverlangen des Bundesrats ist auch dann zu entsprechen, wenn die Gefahrensituation tatsächlich fortbesteht.[232] Bei Streitigkeiten über die Rechte der Bundesregierung nach Art. 35 Abs. 3 GG kann das Bundesverfassungsgericht gemäß Art. 93 Abs. 1 Nr. 4 GG angerufen werden.[233]

II. Einsatz des BGS zur Abwehr von Gefahren für den Bestand des Bundes oder eines Landes (Art. 91 GG)

1. Allgemeines

Art 91 GG bestimmt als normativer Schwerpunkt für die polizeiliche Abwehr von Gefahren im Rahmen des „inneren Staatsnotstandes" die Voraussetzungen für den Einsatz von Polizei, BGS sowie Kräften und Einrichtungen anderer Verwaltungen. Nach herkömmlicher Definition zeichnen sich Notstandslagen dadurch aus, dass schwere Gefahren für den Bestand eines Staates sowie seiner Sicherheit und (Rechts-) Ordnung bestehen, dass deren Bewältigung mit den im verfassungsrechtlichen Normalfall zur Verfügung stehenden Mitteln nicht mehr möglich ist, sondern mit exzeptionellen Mitteln zu beseitigen sind.[234] Dementsprechend sind sämtliche Varianten des Art. 91 GG von geringer praktischer Relevanz. Für die Stellung des BGS im Verfassungsrahmen des Grundgesetzes ist aber diese Norm von rechtswissenschaftlicher Bedeutung.

Art. 91 GG gilt im Gegensatz zu Art. 35 Abs. 2, 3 GG nur für spezifisch verfassungsrelevante polizeiliche Gefahren und ist deshalb grundsätzlich vorrangig.[235] Ansonsten bestehen jedoch in der Regelungsstruktur starke Ähnlichkeiten mit Art. 35 Abs. 2 und 3 GG, so dass besonderes Augenmerk auf die Unterschiede zu legen ist. Die Regelung gewann ihre heutige Fassung durch

---

[231] Vgl. Art. 91 Abs. 2 S. 2 GG.

[232] Z. B. Seifert/Hömig, Art. 35 Rn. 13.

[233] Bauer, in: Dreier, Art. 35 Rn. 28; Gubelt, in: v. Münch/Kunig, Art. 35 Rn. 32; v. Danwitz, in: v. Mangoldt/Klein/Starck, Art. 35 Rn. 84 (bzgl. Meinungsverschiedenheiten über die Gefahrensituation nach Art. 35 Abs. 3 GG).

[234] Stern, Staatsrecht II, § 52 I 4 a (m. w. N.). Ausführlich zur Geschichte des Staatsnotstandsrechts siehe Hase, in: Alternativkommentar, Art. 91 Rn. 1 ff.; Stern, Staatsrecht II, § 56 I 1 ff.; Klein, in: HdbStR VII, § 169 Rn. 1.

[235] Vgl. zu Abgrenzungsfragen im einzelnen Bauer, in: Dreier, Art. 35 Rn. 28; Hernekamp, in: v. Münch/Kunig, Art. 91 Rn. 41; Windthorst, in: Sachs, Art. 91 Rn. 3; Volkmann, in: v. Mangoldt/Klein/Starck, Art. 91 Rn. 9.

die Notstandsnovelle vom 24.06.1968.[236] Vorher konnte weder die Bundesregierung noch ein Bundesland Kräfte des BGS einsetzen bzw. anfordern.

2. Einsatz des BGS nach Art. 91 Abs. 1 GG i. V. m. § 11 Abs. 1 Nr. 3 BGSG

Nach Art. 91 Abs. 1 GG kann ein Land zur Abwehr einer drohenden Gefahr für den Bestand oder die freiheitliche demokratische Grundordnung des Bundes oder eines Landes Polizeikräfte anderer Länder sowie Kräfte und Einrichtungen anderer Verwaltungen und des BGS anfordern. Gesetzlich geregelt ist diese Einsatzmöglichkeit in § 11 Abs. 1 Nr. 3 BGSG.

a. Voraussetzungen

Schutzgut des Art. 91 GG ist zum einen der Bestand des Bundes. Darunter werden allgemein die existentiellen Grundlagen des Gesamtstaates Bundesrepublik Deutschland verstanden. Unabhängig von den Streitpunkten im einzelnen zählt dazu die territoriale Integrität und Souveränität[237] sowie die Fähigkeit, die rechtsstaatlichen Grundfunktionen im Inneren aufrechtzuerhalten.[238] Zum anderen wird der Bestand eines Landes geschützt, der sich aber wegen der Identität von Bundes- und Landesterritorium im Schutz eines Kernbestandes an Eigenstaatlichkeit im föderalen Gefüge („Bundesstaatsfähigkeit") erschöpft.[239] Die freiheitlich-demokratische Grundordnung des Bundes oder eines Landes ist das von Art. 79 Abs. 3 GG garantierte Minimum an Demokratie und Freiheit i. S. d. Art. 1 und 20 GG.[240] Das demokratische Element betrifft im wesentlichen die die Staatsgewalt begrenzenden Grundrechte (Art. 1 Abs. 3 GG), vor allem das Recht auf Leben und freie Entfaltung; das freiheitliche Element umfasst im

---

[236] 17. Gesetz zur Ergänzung des Grundgesetzes, BGBl. I, S. 709; ausführlich zur Entstehungsgeschichte Hase, in: Alternativkommentar, Art. 91 Rn. 12 ff. und Evers, in Bonner Kommentar, Art. 91 I.

[237] Vgl. Klein, in: HdbStR VII, § 169 Rn. 16; Heun, in: Dreier, Art. 91 Rn. 8 (alle m. w. N.)

[238] Vgl. Klein, in: HdbStR VII, § 169 Rn. 16; Hernekamp, in: v. Münch/Kunig, Art. 91 Rn. 4; Heun, in: Dreier, Art. 91 Rn. 8; Windthorst, in: Sachs, Art. 91 Rn. 11; Stern, Staatsrecht II, § 56 III 4 a.

[239] Volkmann, in: v. Mangoldt/Klein/Starck, Art. 91 Rn. 14; Hernekamp, in: v. Münch/Kunig, Art. 91 Rn. 5; Heun, in: Dreier, Art. 91 Rn. 9; Klein, in: HdbStR VII, § 169 Rn. 16; vgl. auch Windthorst, in: Sachs, Art. 91 Rn. 12.

[240] Grundlegend BVerfGE 2, 1, 12 f.; 5, 85, 140; Hernekamp, in: v. Münch/Kunig, Art. 91 Rn. 6; kritisch dazu (mit Verweis auf die Rechtsprechung des Bundesverfassungsgerichts) Klein, in: HdbStR VII, § 169 Rn. 17; Windthorst, in: Sachs, Art. 91 Rn. 14; vgl. auch Maunz, in: Maunz/Dürig, Art. 91 Rn. 9.

wesentlichen die Volkssouveränität, die es ermöglicht, auf die Entscheidungen der Staatsorgane Einfluss nehmen zu können, vor allem durch regelmäßige Wahlen im Rahmen des Mehrparteienprinzips; außerdem die Grundsätze der Gewaltenteilung, die Gesetzmäßigkeit der Verwaltung und die Unabhängigkeit der Gerichte.[241]

Da nach dem Grundsatz der „streitbaren Demokratie" auch intensivste politische Auseinandersetzungen zulässig und gewollt sind,[242] ist die notwendige Gefahrenschwelle für Einsätze nach Art. 91 GG generell hoch anzulegen. Erforderlich ist zum einen eine spezifisch verfassungsfeindliche Intention, und zum anderen eine Gefährdung der Schutzgüter von außergewöhnlichem Ausmaß.[243] Die Gefahrenschwelle wird zumindest dann überschritten, wenn das Funktionieren von Verfassungsorganen, die zum Schutz der demokratischen freiheitlichen Ordnung verpflichtet sind, nachhaltig gefährdet sind, wie z. B. die systematische Störung der Funktionsfähigkeit von Parlamenten und Gerichten sowie die gewaltsame Behinderung von Wahlen.[244] In Abgrenzung zu Art. 35 Abs. 2 GG ist Art. 91 GG grundsätzlich keine Grundlage für den Einsatz des BGS bei gewalttätig verlaufenden Großdemonstrationen, weil diese entweder keine spezifisch verfassungsfeindliche Zielrichtung aufweisen oder regelmäßig keine nachhaltige Störung von Verfassungsorganen droht.[245]

Die nach dem Landesrecht zuständigen Organe haben über die Anforderung und die Bundesregierung hat über die Entsendung von BGS-Einheiten nach pflichtgemäßem, der Gefahrenabwehrpflicht entsprechendem Ermessen zu befinden.[246] Angesichts der Hochrangigkeit der gefährdeten Rechtsgüter bedeutet dies i. d. R. eine Verdichtung des Entschließungsermessens zu einer Hilfs-

---

[241] Vgl. BVerfG a. a. O.; Hernekamp, in: v. Münch/Kunig, Art. 91 Rn. 7 ff.; Heun, in: Dreier, Art. 91 Rn. 9; Stern, Staatsrecht II, § 56 III 4 b; kritisch Hase, in: Alternativkommentar, Art. 91 Rn. 18 ff.

[242] Vgl. Art. 9 Abs. 2, 18, 21 Abs. 2 GG; BVerfGE 28, 36, 48 f.; 30, 1, 19 f.

[243] Ähnlich z. B. Heun, in: Dreier, Art. 91 Rn. 10; Hase, in: Alternativkommentar, Art. 91 Rn. 19.

[244] Hernekamp, in: v. Münch/Kunig, Art. 91 Rn. 10; Heun, in: Dreier, Art. 91 Rn. 10.

[245] Hernekamp, in: v. Münch/Kunig, Art. 91 Rn. 12, 41; Heun, in: Dreier, Art. 91 Rn. 24; Windthorst, in: Sachs, Art. 91 Rn. 38.

[246] Hernekamp, in: v. Münch/Kunig, Art. 91 Rn. 12; Heun, in: Dreier, Art. 91 Rn. 14; Schmidt-Bleibtreu/Klein, Art. 91 Rn. 3; Klein, in: HdbStR VII, § 169 Rn. 19; so auch die Begründung des Regierungsentwurfs BT-Drucks. V/1879, S. 23.

pflicht (vgl. § 11 Abs. 4 S. 1).[247] Entsprechend den Grundsätzen im Rahmen des Art. 35 GG können jedoch in Ausnahmefällen Ablehnungsgründe geltend gemacht werden, insbesondere kann der Bund einen BGS-Einsatz ablehnen, wenn dessen Verwendung für Bundesaufgaben dringender ist als die nach Art. 91 Abs. 1 GG zu bekämpfende Gefahr (vgl. § 11 Abs. 4 S. 1 BGSG).[248]
Der Bundesregierung als ersuchte Stelle wird von der h. M. zugestanden, die Voraussetzungen ihrer Beistandspflicht selbst zu überprüfen. Besondere Bedeutung hat dieses Prüfungsrecht aufgrund der Tatsache, dass sich wegen des politisch-prognostischen Charakters der Beurteilung, ob eine Notstandslage gegeben ist, die Beteiligten auf eine Einschätzungsprärogative zusteht, deren Ausübung gerichtlich nicht vollumfänglich überprüfbar ist.[249] Allerdings bedeutet dies nicht, dass die ersuchte Stelle berechtigt wäre, die Einschätzung der sachnäheren ersuchenden Stelle zu ersetzen; die ersuchte Stelle ist prinzipiell an eine vertretbare Gefahrenbewertung gebunden.[250]

b. Umfang und Rechtsnatur des BGS-Einsatzes

Objekte der Anforderungsrechte sind zunächst die „Polizeikräfte" anderer Länder. Darunter fallen nur Polizeieinheiten im formellen Sinne, d. h. die Vollzugspolizei (in erster Linie Bereitschaftspolizei), nicht die Ordnungsbehörden.[251] Im Gegensatz zur „Bundesintervention" nach Art. 91 Abs. 2 GG können jedoch auch Kräfte und Einrichtungen „anderer Verwaltungen" angefordert werden. Das Weisungsrecht des Landes nach Art. 91 Abs. 1 GG zeichnet sich dadurch aus, dass es konkrete Weisungen unmittelbar gegenüber den Polizeikräften erlaubt.[252]

---

[247] Unstr., siehe etwa Maunz, in: Maunz/Dürig, Art. 91 Rn. 19; Volkmann, in: v. Mangoldt/Klein/Starck, Art. 91 Rn. 25 f.; Hase, in: Alternativkommentar, Art. 91 Rn. 25; Klein, in: HdbStR VII, § 169 Rn. 19; Heun, in: Dreier, Art. 91 Rn. 12, 15; Schmidt-Bleibtreu/Klein, Art. 91 Rn. 4; Windthorst, in: Sachs, Art. 91 Rn. 18, 21 (der zu Unrecht darin ein Widerspruch zur Begründung des Regierungsentwurfs sieht).

[248] Klein a. a. O.; Heun, in: Dreier, Art. 91 Rn. 15; Hase, in: Alternativkommentar, Art. 91 Rn. 25; Schnupp, Die Polizei 1968, 293, 295.

[249] Zumeist wird eine Vertretbarkeitskontrolle befürwortet, siehe etwa Volkmann, in: v. Mangoldt/Klein/Starck, Art. 91 Rn. 13; ähnlich Windthorst, in: Sachs, Art. 91 Rn. 10; Hase, in: Alternativkommentar, Art. 91 Rn. 25.

[250] Volkmann, in: v. Mangoldt/Klein/Starck, Art. 91 Rn. 26.

[251] Hernekamp, in: v. Münch/Kunig, Art. 91 Rn. 20; Heun, in: Dreier, Art. 91 Rn. 16; Windthorst, in: Sachs, Art. 91 Rn. 24.

[252] Z. B. Hernekamp, in: v. Münch/Kunig, Art. 91 Rn. 31.

Das betroffene Land kann neben den landesfremden Polizeikräften auch den BGS anfordern. Es besteht kein Anlass, im Falle des Art. 91 Abs. 1 GG die Reihenfolge der zu mobilisierenden Einheiten durch den Wortlaut als verbindlich anzusehen.[253] Das bedeutet für eine Anforderung von Einheiten des BGS, dass das betroffene Land vorher nicht Polizeikräfte anderer Länder angefordert haben muss. Entscheidend ist, welche Unterstützungskräfte am schnellsten und effektivsten die angeforderte Unterstützungsfunktion erfüllen können.
Nach heute einhelliger Auffassung untersteht auch der BGS - wie alle anderen angeforderten Kräfte - den Weisungen der zur Gefahrenabwehr zuständigen Landesbehörden und den einschlägigen landesrechtlichen Vorschriften, weil er ausschließlich Kompetenzen des Einsatzlandes wahrnimmt.[254] Ob man deshalb von einem Fall der Organleihe ausgeht, wie dies die überwiegende Ansicht[255] tut, erscheint aber zweifelhaft, weil trotz der Weisungsabhängigkeit eine echte institutionelle Eingliederung der entsandten Kräfte in die fremde Verwaltungsorganisation nicht stattfindet. Die Personalhoheit des Bundes sowie seine Dispositionsbefugnis über die Sachmittel werden grundsätzlich nicht angetastet.[256] Insbesondere ist der Bund grundsätzlich nicht auf eine Zustimmung des Landes angewiesen, wenn er seine Kräfte zurückziehen will. Wie in den Fällen des Art. 35 Abs. 2 GG erscheint es deshalb am überzeugendsten, von einer Organisationsform sui generis auszugehen.

---

[253] Klein, in: HdbStR VII, § 169 Rn. 21 („[...] ein bundesstaatliches Subsidiaritätsprinzip über die Kompetenzverteilung hinaus (Art. 30 GG) ist dem Grundgesetz fremd."); Pieroth in: Jarass/Pieroth, Art. 91 Rn. 2; Hase, in: Alternativkommentar, Art. 91 Rn. 24; Windthorst, in: Sachs, Art. 91 Rn. 19; Stern, Staatsrecht II, § 56 III 5 a; Ernst, Diss., S. 352; a. A. Hernekamp, in: v. Münch/Kunig, Art. 91 Rn. 29; Heun, in: Dreier, Art. 91 Rn. 16.

[254] Vgl. Klein, in: HdbStR VII, § 169 Rn. 20; Hernekamp, in: v. Münch/Kunig, Art. 91 Rn. 24; Heun, in: Dreier, Art. 91 Rn. 17; Windthorst, in: Sachs, Art. 91 Rn. 29; Volkmann, in: v. Mangoldt/Klein/Starck, Art. 91 Rn. 27; vgl. auch die Begründung des Gesetzesentwurfs, BT-Drucks. V/1879, S. 23 und die Begründung des Rechtsausschusses, BT-Drucks. V/2873, S. 15. Der Einsatz von landesfremden Polizeikräften nach Art. 91 Abs. 1 GG ist in vielen Polizeigesetzen entsprechend geregelt, vgl. etwa § 78 Abs. 1 Nr. 2, Abs. 2 PolGBW.

[255] Denninger, in: HdbVerfR, § 16 Rn. 59 („Fall der Organleihe"); Klein, HdbStR VII, § 169 Rn. 20 („Fall der Organleihe, der auf einem Akt der Amtshilfe beruht"). Von einem „besonderen Fall der Amtshilfe" sprechen Maunz, in: Maunz/Dürig, Art. 91 Rn. 5; Hernekamp, in: v. Münch/Kunig, Art. 91 Rn. 16, 41; Heun, in: Dreier, Art. 91 Rn. 24; ähnlich Fischer/Hitz/Laskowski/Walter, BGSG-Kommentar, § 11 Rn. 36 und Willich, Diss., S. 231; a. A. Windthorst, in: Sachs, Art. 91 Rn. 25.

[256] Ganz h. M., siehe z. B. Volkmann, in: v. Mangoldt/Klein/Starck, Art. 91 Rn. 28.

Die Kosten der Hilfeleistung fallen grundsätzlich dem anfordernden Land zur Last, da der BGS das Land bei der Erfüllung seiner Aufgaben unterstützt (Art. 104 a Abs. 1 GG, § 11 Abs. 4 S. 3 BGSG).[257]

3. Einsatz des BGS nach Art. 91 Abs. 2 GG i. V. m. § 7 Abs. 1 BGSG

Nach Art. 91 Abs. 2 S. 1 GG kann die Bundesregierung Polizeikräfte der Länder ihren Weisungen unterstellen sowie Einheiten des BGS einsetzen, wenn das Land, in dem die Gefahr droht, nicht selbst zur Bekämpfung der Gefahr bereit oder in der Lage ist. Erstreckt sich die Gefahr auf das Gebiet mehr als eines Landes, gilt die Weisungsbefugnis der Bundesregierung, soweit es zur wirksamen Bekämpfung erforderlich ist, auch gegenüber den Landesregierungen (Art. 91 Abs. 2 S. 3 GG). Sämtliche dem Bund nach Art. 91 Abs. 2 GG zustehenden Befugnisse sind nach Beseitigung der Gefahr oder „jederzeit" auf Verlangen des Bundesrates aufzuheben (Art. 91 Abs. 2 S. 2, S. 3 Halbs. 2 GG). Dem Aufhebungsverlangen muss die Bundesregierung in jedem Fall nachkommen, auch dann, wenn sie der Ansicht ist, die Gefahr würde weiter fortbestehen.[258] Daraus kann geschlossen werden, dass die Befugnisse nach Abs. 2 S. 1 bei Vorliegen der Tatbestandsvoraussetzungen auch gegen oder ohne den Willen des betroffenen Landes wahrgenommen werden dürfen.

a. Voraussetzungen

Generelle Voraussetzung für die Inanspruchnahme von Weisungsbefugnissen von Seiten des Bundes ist, dass das betroffene Land bzw. die betroffenen Länder zur Bekämpfung der Gefahren i. S. d. Abs. 1 nicht bereit (subjektives Unvermögen) oder nicht in der Lage ist bzw. sind (objektives Unvermögen). Eine fehlende Bereitschaft zum Schutz der betreffenden Rechtsgüter ist zumindest dann zu bejahen, wenn die Abwehrmöglichkeiten nach Abs. 1 nicht ausgeschöpft werden, d. h. wenn das betroffene Land zur Verfügung stehende landesfremde Hilfskräfte nicht anfordert.[259] Entsprechend allgemeiner polizeilicher Grundsätze muss und darf eine Entscheidung des Bundes darüber, ob das betroffene Land zur Gefahrenbekämpfung nicht in der Lage ist, ein Scheitern des Landes nicht abwarten, sondern kann bereits erfolgen, wenn das Scheitern objektiv voraussehbar ist.[260]

---

[257] Hase, in: Alternativkommentar, Art. 91 Rn. 26.

[258] Heute unstr., siehe etwa Volkmann, in: v. Mangoldt/Klein/Starck, Art. 91 Rn. 44.

[259] Hernekamp, in: v. Münch/Kunig, Art. 91 Rn. 27.

[260] Hernekamp a. a. O.; Schnupp, Die Polizei 1968, 293.

Nach dem eindeutigen Wortlaut der Vorschrift steht der Bundesregierung grundsätzlich ein Ermessenspielraum zu („Kann–Vorschrift"). Allerdings ist ebenso wie im Falle des Art. 91 Abs. 1 GG davon auszugehen, dass dieses Ermessen angesichts der massiven Gefahrensituationen, die Art. 91 GG für ein Einschreiten des Bundes verlangt, regelmäßig erheblich eingeschränkt sein wird. Die aus der Bundesstaatstreue folgende Pflicht zur Hilfeleistung (unter Beachtung der Souveränität der Länder) wird es dem Bund kaum erlauben, bei Vorliegen der tatbestandlichen Voraussetzungen sein Ermessen dahingehend auszuüben, von den Befugnissen nicht Gebrauch zu machen.[261] Die Einräumung eines Ermessens durch den Verfassungsgeber lässt sich im wesentlichen nur damit erklären, dass es dem Bund rechtsfehlerfrei möglich sein muss, den BGS nicht einzusetzen, wenn er für andere, höherrangigere Bundesaufgaben dringender benötigt wird.
Umstritten ist, ob die Anordnungsbefugnisse untereinander ein Stufenverhältnis aufweisen, d. h. ob für einen Einsatz des BGS zunächst die (erfolglose) Weisungsunterstellung der Landespolizeikräfte erforderlich ist bzw. ein derartiger Einsatz von vorneherein keine Aussicht auf Erfolg haben muss, oder ob wie bei Art. 91 Abs. 1 GG eine zwingende Reihenfolge nicht vorgeschrieben ist. Im Gegensatz zu Art. 35 Abs. 2 und 3 sowie Art. 91 Abs. 1 GG kann der Bund durch den Einsatz des BGS auch gegen den Willen des Landes in dessen Hoheitsbereich eingreifen. Daher erscheint es - zumindest bezüglich des Einsatzes des BGS - im Sinne des bundesstaatlichen Subsidiaritätsgrundsatzes angezeigt, dessen Einsatz als ultima ratio anzusehen und erst dann zuzulassen, wenn die Weisungsunterstellung von Landespolizeikräften entweder erfolglos versucht wurde oder bereits vorher keine Aussicht auf Erfolg hat.[262]

b. Rechte der Bundesregierung

Nach Art. 91 Abs. 2 GG kann der Bund als „Garant der Gesamtverfassung"[263] – gleichsam im Wege einer Ersatzvornahme [264] – die Gefahrenabwehr in Form

---

[261] Vgl. dazu Hernekamp, in: v. Münch/Kunig, Art. 91 Rn. 28; Heun, in: Dreier, Art. 91 Rn. 18; Ernst, Diss., S. 361 ff.; zurückhaltender Maunz, in: Maunz/Dürig, Art. 91 Rn. 39.

[262] Str., zumindest im Ergebnis wie hier Heun in: Dreier, Art. 91 Rn. 19; Hernekamp, in: v. Münch/Kunig, Art. 91 Rn. 29; Ernst, Diss., S. 364 ff.; a. A. Klein, in: HdbStR VII, § 169 Rn. 24 (mit Hinweis auf das Effektivitätsprinzip); Hase, in: Alternativkommentar, Art. 91 Rn. 30; Windthorst, in: Sachs, Art. 91 Rn. 31, 43; Volkmann, in: v. Mangoldt/Klein/Starck, Art. 91 Rn. 35 (mit dem wenig überzeugenden Hinweis, keine der genannten Maßnahmen würden von vorneherein „landesfreundlicher" erscheinen).

[263] Vgl. BVerfGE 13, 54, 79.

von Weisungsrechten an sich ziehen, wenn die Länder die Gefahren nicht abwehren. Der Umfang der Weisungsrechte ist abhängig davon, ob sich die Gefahr auf ein einziges Land oder auf mehrere Länder erstreckt. Ebenso wie die bei den anderen Varianten des Art. 91 GG kam bisher auch dieser Variante keine rechtspraktische Bedeutung zu.

Die Entscheidung, dass Befugnisse nach Art. 91 Abs. 2 GG in Anspruch genommen werden sollen, kann nur die Bundesregierung als Kollegium (Art. 62 GG) treffen.[265] Im Gegensatz dazu ist die Ausübung der nach dieser Vorschrift begründeten Weisungsrechte an Dritte (insbesondere an einen Bundesinnenminister) delegierbar und praktisch auch nicht zu vermeiden, da der Bundesregierung die dafür notwendigen detaillierten Kenntnisse im Einzelfall und die erforderliche Flexibilität fehlen.[266]

Die Weisungsunterstellung bedarf wegen ihren Rechtsfolgen im Interesse der Rechtsklarheit einer förmliche Bekanntmachung.[267] Die Aufhebung der Anordnung der Weisungsunterstellung ist als actus contrarius ebenfalls förmlich bekannt zu machen.[268]

aa. Weisungen gegenüber Polizeien der Länder (Abs. 2 S. 1) und gegenüber den Landesregierungen (Abs. 2 S. 3)

Die Weisungsgewalt der Bundesregierung umfasst die Landespolizeien und, wenn es sich um einen überregionalen Notstand handelt, die Landesregierungen der betroffenen Länder. Wie in Art. 91 Abs. 1 GG sind auch hier „Polizei" nur die Polizeien im formellen Sinn zu verstehen. Weisungen an andere Landesbehörden sind deshalb unzweifelhaft ausgeschlossen.

Trotz der Weisungsunterstellung bleiben die herangezogenen Polizeikräfte Organe des Herkunftslandes und werden nicht in die Bundesverwaltung eingegliedert.[269] Sie üben trotz der Weisungsunterstellung Staatsgewalt des

---

[264] Maunz, in: Maunz/Dürig, Art. 91 Rn. 41; Hernekamp, in: v. Münch/Kunig, Art. 91 Rn. 26.

[265] Schmidt-Bleibtreu/Klein, Art. 91 Rn. 4.

[266] Maunz, in: Maunz/Dürig, Art. 91 Rn. 33; Hernekamp, in: v. Münch/Kunig, Art. 91 Rn. 30; Ernst, Diss., S. 377 f.

[267] Windthorst, in: Sachs, Art. 91 Rn. 42; Ernst, Diss., S. 373 f.

[268] Maunz, in: Maunz/Dürig, Art. 91 Rn. 4; Pieroth, in: Jarass/Pieroth, Art. 91 Rn. 4; Windthorst, in: Sachs, Art. 91 Rn. 54.

[269] Unstr., siehe Klein, in: HdbStR VII, § 169 Rn. 26; Windthorst, in: Sachs, Art. 91 Rn. 45; Evers, in: Bonner Kommentar, Art. 91 Rn. 69 f.

Einsatzlandes aus, dem ihre Handlungen auch zugerechnet werden.[270] Maßstab für die Zulässigkeit von hoheitlichen Maßnahmen ist das Recht des Einsatzlandes, dessen Aufgaben sie wahrnehmen.[271] Die frühere Gegenansicht,[272] das Recht des Einsatzlandes werde verdrängt durch bundesrechtliche Regelungen (insbesondere das BGSG), ist mit der aktuellen Rechtslage nicht mehr zu vereinbaren. Ein Rückgriff auf die Befugnisnormen des BGSG ist schon deshalb ausgeschlossen, weil die Regelung des § 66 BGSG 1972, wonach sich die Befugnisse der Polizeikräfte ausdrücklich nach den polizeirechtlichen Vorschriften des Bundes richteten, bewusst nicht in das BGSG 1994 übernommen wurde.[273]

Für landesfremde Polizeieinheiten stellt sich die Frage der Rechtgrundlage für Grundrechtseingriffe in noch verstärkterem Maße. Die Polizeigesetze der Länder erlauben Einsätze in anderen Ländern nur, wenn das jeweilige Landesrecht dies erlaubt, was - anders als bei Art. 91 Abs. 1 GG (vgl. etwa § 78 Abs. 1 Nr. 2 PolGBW) - im Falle des Art. 91 Abs. 2 GG regelmäßig nicht gegeben ist. Da außerdem das Bundesrecht wie gezeigt als Rechtsgrundlage nicht herangezogen werden kann, liegt insoweit eine Regelunglücke vor, die am besten durch eine entsprechende Ergänzung der Landespolizeigesetze zu schließen ist.[274]

Eine reibungslose Einordnung der Unterstellungsverhältnisse nach Art. 91 Abs. 2 GG in die herkömmlichen organisatorischen Kategorien fällt ebenso wie im

---

[270] Insoweit unproblematisch, siehe z. B. Volkmann, in: v. Mangoldt/Klein/Starck, Art. 91 Rn. 37; Evers a. a. O.

[271] Maunz, in: Maunz/Dürig, Art. 91 Rn. 37; Hernekamp, in: v. Münch/Kunig, Art. 91 Rn. 32 m. w. N. (auch zur inzwischen überholten Gegenauffassung); Hase, in: Alternativkommentar, Art. 91 Rn. 31; Windthorst, in: Sachs, Art. 91 Rn. 45; Stern, Staatsrecht II, § 56 III 5 a. Mehr als bedenklich erschien deshalb § 66 BGSG 1972 (nicht übernommen in das BGSG 1994), wonach die Vorschriften des BGSG anzuwenden waren. Bei Befürwortung einer bundesrechtlichen Grundlage stellt sich zudem das Problem des § 15 UZwG, wonach sich der vollzugsrechtliche Einsatz von Zwangsmitteln im Falle der Weisungsunterstellung von Landespolizeikräften nach dem UzwG richten soll. Die Frage der Gesetzgebungskompetenz des Bundes für diese Regelung ist bis heute nicht unumstritten, vgl. schon Keidel, Polizei und Polizeigewalt im Notstandsfall, S. 142 ff.; Evers, in: Bonner Kommentar, Art. 91 Rn. 71; Hase, in: Alternativkommentar, Art. 91 Rn. 31; kritisch z. B. Ernst, Diss., S. 385 ff.

[272] Klein, in: HdbStR VII, § 169 Rn. 26; Maunz, in: Maunz/Dürig, Art. 91 Rn. 11; Willich, Diss., S. 221 (et passim).

[273] Zutreffend Volkmann, in: v. Mangoldt/Klein/Starck, Art. 91 Rn. 37; siehe auch BT-Drucks. 12/7562, S. 33.

[274] Volkmann, in: v. Mangoldt/Klein/Starck, Art. 91 Rn. 38.

Falle des Art. 35 Abs. 3 S. 2 2. Alt. GG schwer. Die Charakterisierung als eine „modifizierte Auftragsverwaltung“[275] ist abzulehnen, weil allein die begrenzte Weisungsbefugnis des Bundes gerade nicht bedeutet, die Länder würden Bundesrecht ausüben (vgl. Art. 85 GG). Man kommt wohl nicht umhin, einen Verwaltungstyp eigener Art anzunehmen.
Nur im Falle des überregionalen inneren Notstandes können – neben den Befugnissen nach Art. 91 Abs. 2 S. 1 GG - den Regierungen der betroffenen Länder Weisungen erteilt werden, soweit dies zur wirksamen Gefahrenbekämpfung erforderlich ist. Hintergrund für diese besondere Weisungsunterstellung ist die Gewährleistung einer straffen, zentralen Koordinierung durch die Bundesregierung, der ausnahmsweise – soweit erforderlich - auch die Landesregierungen unterliegen.[276] Wie in den Fällen des Abs. 2 S. 1 ist auch hier Voraussetzung für die Wahrnehmung von Weisungsbefugnissen, dass die betroffenen Länder selbst zur Gefahrenbekämpfung nicht in der Lage oder nicht bereit sind.[277]
Das Weisungsrecht gegenüber den Landesregierungen ist nur in seiner Zielrichtung, nicht jedoch gegenständlich beschränkt; d. h. es bezieht sich allgemein auf alle Gebiete der Landesverwaltung und ist nicht auf das vollzugspolizeiliche Gebiet begrenzt, solange es nur zur Gefahrenabwehr ausgeübt wird.[278]

bb. Originärer BGS-Einsatz

Die Bundesregierung kann sowohl im regionalen wie im überregionalen Notstand (Art. 91 Abs. 2 S. 3 2. Hs. GG) Einheiten des Bundesgrenzschutzes einsetzen.
In beiden Fällen ist gemäß § 7 Abs. 1 GG Aufgabe des BGS die Abwehr von Gefahren für die Allgemeinheit oder dem einzelnen.[279] Diese einfachgesetzliche Ausgestaltung des Art. 91 Abs. 2 GG mag auf den ersten Blick zweifelhaft erscheinen, weil der BGS danach zum Schutz jedes polizeilichen Rechtsguts eingesetzt werden kann und nicht beschränkt ist auf die Bekämpfung von Gefahren, die spezifisch die Rechtsgüter des Art. 91 GG bedrohen.
Jedoch steht weder der Wortlaut des Art. 91 GG noch dessen Sinn und Zweck dieser Regelung entgegen. Regelungsgegenstand ist lediglich die Unterstützung

---

[275] Maunz, in: Maunz/Dürig, Art. 91 Rn. 35, 42; vgl. auch Volkmann, in: v. Mangoldt/Klein/Starck, Art. 91 Rn. 38; Windthorst, in: Sachs, Art. 91 Rn. 45.
[276] Z. B. Heun, in: Dreier, Art. 91 Rn. 21.
[277] Volkmann, in: v. Mangoldt/Klein/Starck, Art. 91 Rn. 41 m. w. N.
[278] Volkmann, in: v. Mangoldt/Klein/Starck, Art. 91 Rn. 43; Ernst, Diss., S. 373.
[279] Vgl. auch die Begründung der Regierungsvorlage, BR-Drucks. 491/71, S. 23.

der Polizei des betroffenen Landes durch Kräfte des BGS in der in Art. 91 Abs. 1 GG beschriebenen Situation. Dies kann aber auch bedeuten, dass der BGS - ebenso wie andere Landespolizeikräfte im Falle des Art. 91 Abs. 2 S. 1 GG - zur Entlastung der Landespolizei Aufgaben der allgemeinen Gefahrenabwehr übernimmt, während die Polizeikräfte des Landes die eigentlichen verfassungsspezifischen Gefahren bekämpfen. Weder der Wortlaut noch die Ratio der Regelung verlangen über den kompetenzbegründenden Anlass des inneren Notstandes hinaus einen unmittelbaren Zusammenhang zwischen Gefahren für die in Art. 91 Abs. 1 GG definierten Rechtsgüter und polizeilichen Tätigkeitsbereichen des BGS.[280]

Fast ebenso unstreitig wie der Umfang eines BGS-Einsatzes nach Art. 91 Abs. 1 GG wird auch die Rechtsnatur eines BGS-Einsatze nach Art. 91 Abs. 2 S. 1 2. Alt. GG von der Literatur behandelt. Jedoch wird im Vergleich zu den sonstigen Fällen des Art. 91 Abs. 1 und 2 GG eine Kehrtwende vollführt: Die fast einhellige Ansicht sieht in Art. 91 Abs. 2 GG originäres Bundesrecht, d. h. der Bund übe bei der Entsendung von BGS-Kräften eine eigene Bundeskompetenz aus, die ihm durch die Notstandsverfassung zugeschrieben worden sei. Deshalb, so die fast einhellige Ansicht, richten sich seine Befugnisse nicht nach dem Polizeirecht des Einsatzlandes, sondern nach dem BGSG.[281] Die getroffenen Maßnahmen werden dementsprechend allgemein dem Bund zugerechnet.[282] Auch der Gesetzgeber vertritt diese Auffassung: Ein Einsatz des BGS nach Art. 91 Abs. 2 GG ist nicht als eine „Verwendung" in § 11 BGSG (der die Art. 35 GG und Art. 91 Abs. 1 GG umfasst) geregelt, sondern in § 7 Abs. 1 BGSG, der die Aufgaben des BGS im Notstands- und Verteidigungsfall betrifft (vgl. § 7 Abs. 2 BGSG). Daraus kann eindeutig geschlossen werden, dass nach der Vorstellung des Gesetzgebers das BGSG Grundlage für die Ausübung von

---

280 Zumindest im Ergebnis wohl unstr., vgl. Einwag/Schoen, BGSG-Kommentar, § 3 Rn. 4; Ernst, Diss., S. 382 ff.; vgl. auch BT-Drucks. VI/2886, S. 23.

281 Der BGS hat nach dem BGSG im Fall des § 7 BGSG besondere Befugnisse, wie die erleichterte Identitätsfeststellung nach § 23 Abs. 2 BGSG und die erleichterte Erhebung von personenbezogenen Daten durch Bild- und Tonaufzeichnungen nach § 26 Abs. 2 BGSG.

282 Evers, in: Bonner Kommentar, Art. 91 Rn. 67; Heun, in: Dreier, Art. 91 Rn. 20; Hase, in: Alternativkommentar, Art. 91 Rn. 32; Klein, in: HdbStR VII, § 169 Rn. 26; Volkmann, in: v. Mangoldt/Klein/Starck, Art. 91 Rn. 39; Windthorst, in: Sachs, Art. 91 Rn. 48 f.; Stern, Staatsrecht II, § 56 III 5 a; Keidel, Polizei und Polizeigewalt im Notstandsfall, S. 108, 148 ff.; Fischer/Hitz/Laskowski/Walter, BGSG-Kommentar, § 11 Rn. 8; a. A. nur Ernst, Diss., S. 380 f., 400.

Befugnissen ist, und nicht das jeweilige Landesrecht (vgl. § 14 Abs. 1 BGSG).[283]

Maßgeblicher Unterschied zu Art. 91 Abs. 1 GG ist zweifellos das Recht des Bundes nach Abs. 2, Kräfte des BGS auch ohne Zustimmung des betroffenen Landes zu entsenden; daher auch die Bezeichnung „Bundesintervention". Dies sagt indes nichts darüber aus, auf welche Art und Weise Interventionsmaßnahmen zu erfolgen haben, insbesondere ob der Einsatz des BGS eine eigene Aufgabe ist oder nur sich in einer unselbstständigen Unterstützungsfunktion (nach der Begriffswahl des BGSG: Verwendung) beschränkt.

Auch spricht die oft bemühte Tatsache, dass der BGS im Rahmen des Art. 91 Abs. 2 als Organ des Bundes (und nicht als Organ des Landes) handelt, nicht für eine Bundesverwaltungskompetenz.[284] Einsätze nach Art. 91 GG berühren durchweg nicht die Organstellung der unterstützenden Stelle, da damit eine dauerhafte institutionelle Eingliederung in eine andere Organisation nicht verbunden ist. Trotzdem werden aber Maßnahmen von landesfremden Polizeikräften dem betroffenen Land zugerechnet. Die Eigenschaft des BGS als ein Organ des Bundes ist daher für sich genommen kein sachlicher Grund für eine unterschiedliche Behandlung von Art. 91 Abs. 2 S. 2 2. Alt. gegenüber den anderen Fallvarianten.[285]

Soweit in der Literatur eine nähere Begründung zu finden ist, wird in größtenteils formelhafter Weise festgestellt, dass sich eine Bundeskompetenz aus der „Garantiefunktion des Bundes" ergebe. Der Bund trete in seiner Reservefunktion für die gesamtstaatliche Verfassung mit seinen eigenen Organen auf den Plan, die deshalb unmittelbar Staatsgewalt des Bundes ausüben.[286] Indes ist diese Argumentation wenig weiterführend, da der BGS beispielsweise in einem Anforderungsfall nach Art. 91 Abs. 1 GG ebenfalls zwanglos als eine Reserve für die Sicherung der gesamtstaatlichen Verfassung bezeichnet werden kann, obwohl dafür eine originäre Bundeskompetenz einschließlich bundesrechtlicher Befugnisse unstreitig nicht gegeben ist. Aus der „Garantiefunktion des Bundes"

---

283 Dies wird auch bestätigt durch die Begründung der Regierungsvorlage, BR-Drucks. 491/71, S. 48 (zu § 10 BGSG 1972).

284 So aber z. B. Keidel, Polizei und Polizeigewalt im Notstandsfall, S. 149, der offenbar davon ausgeht, die Eigenschaft des BGS als Bundesorgan stehe der Anwendung von Landesrecht von vorneherein entgegen.

285 Ähnlich Ernst, Diss., S. 381.

286 Volkmann, in: v. Mangoldt/Klein/Starck, Art. 91 Rn. 39; Klein, in: HdbStR VII, § 169 Rn. 26; Volkmann, in: v. Mangoldt/Klein/Starck, Art. 91 Rn. 32.

lässt sich folglich eine eigene Bundeskompetenz mit den daraus folgenden Grundsätzen nicht ohne weiteres ableiten. Allerdings werden von Art. 91 GG auch Gefahrenlagen umfasst, in denen auch der Bestand des Bundes selbst bzw. dessen freiheitlich-demokratische Grundordnung bedroht ist. Wenn das Land, in dem die Gefahr auftritt, nicht selbst zur Gefahrenbekämpfung in der Lage ist, und außerdem den BGS nach Art. 91 Abs. 1 GG nicht anfordert, spricht deshalb vieles dafür, dass in diesen Fällen die Bundesregierung mit Einsatz des BGS kein ausschließlich fremdes Geschäft besorgt, sondern auch ein eigenes, und dass er deshalb eine eigene Aufgabe mit eigenem Befugnisrecht wahrnimmt.

Daneben ist eine bundesrechtliche Kompetenz zur umfassenden Leitung der BGS-Kräfte in der Sache angezeigt. Ebenso wie die Weisungsbefugnisse gegenüber den Landespolizeien und den Landesregierungen nach Abs. 2 S. 1 1. Alt. und S. 3 GG muss ein Einsatz des BGS auch dann zulässig sein, wenn betroffenes Land nicht willens ist, die Verfassungsgefahr zu bekämpfen. Es wäre vor dem Hintergrund der effektiven Gefahrenabwehr problematisch, wenn der Bund auch gegen den Willen des Adressaten aufgrund eigener Bundesverwaltungskompetenz Weisungen erteilen, gleichzeitig jedoch seine eigenen Kräfte dem nicht kooperationsbereiten oder -fähigen Land nur unterstellen könnte, ohne selbst konkrete Einsätze des BGS zur Gefahrenbekämpfung anordnen und durchführen zu können.[287]

Zusammenfassend ist festzuhalten, dass sich die Bedeutung des Art. 91 Abs. 2 S. 1 2. Alt. GG nicht in einem bloßen Initiativrecht der Bundesregierung zum Einsatz des BGS erschöpft, sondern dass der Einsatz selbst auch auf Grundlage des Bundesrechts einschließlich eigener Eingriffsrechte erfolgt. Mit dieser Regelung wird somit unter engen Voraussetzungen die Aufgabe der Gefahrenabwehr auf den Bund übertragen, der sich auf eine eigene Verwaltungskompetenz berufen kann. Auf der Ebene der Kompetenzverteilung von Bund und Ländern bedeutet dies, dass Art. 91 Abs. 2 GG als eine Ausnahme der Kompetenzverteilung nach Art. 83 GG angesehen werden muss. Der Einsatz des BGS durchbricht die grundsätzliche Verwaltungszuständigkeit der Länder zur Gefahrenabwehr zugunsten des Bundes.[288]

---

[287] A. A. Ernst, Diss., S. 380, der eine Verwaltungskompetenz des Bundes für sachlich nicht notwendig ansieht.

[288] So auch die (freilich oberflächlichen) Ausführungen in der Begründung der Regierungsvorlage, BR-Drucks. 491/71, S. 48 (zu § 10 BGSG 1972); ausdrücklich auch Windthorst, in: Sachs, Art. 91 Rn. 32. A. A. insbesondere Ernst, Diss., S. 376 ff., der insoweit zu Recht dar-

Die Kosten, die dem Bund durch den Einsatz des BGS entstehen, fallen ihm selbst zur Last, weil er eine eigene Aufgabe wahrnimmt, während das Einsatzland die Kosten des Einsatzes der eigenen Polizei sowie der anderen Landespolizeien trägt (Art. 104 a Abs. 1 GG).[289] Die Gegenansicht will dagegen nicht nach den eingesetzten Kräften differenzieren, sondern danach, ob das betroffene Land zur Gefahrenabwehr nicht bereit oder nicht in der Lage war; im ersten Fall müsse das Land selbst für die Kosten der Ersatzvornahme aufkommen.[290] Auch wenn zuzugeben ist, dass diese Lösung allgemeinen Billigkeitsgrundsätzen entspricht, lässt sie sich mit Art. 104 a Abs. 1 GG nur schwer vereinbaren. Gesteht man dem Bund eine eigene Kompetenz zu, muss er konsequenterweise auch die aus der Kompetenzwahrnehmung folgenden Kosten tragen.

III. Einsatz des BGS im Verteidigungsfall (Art. 115 f, 115 i GG)

1. Allgemeines

Den Regelungen für den inneren Notstand (Art. 35 Abs. 2 und 3, 91, 87 a Abs. 4 GG) stehen den Art. 115 f ff. GG gegenüber, die den Verteidigungsfall als eine Variante des äußeren Notstandes betreffen. Im Verteidigungsfall erweitert Art. 115 f GG die sonst beschränkte örtliche Zuständigkeit des BGS und erschließt ihm als Bundespolizei den allgemeinen polizeilichen Aufgabenbereich. Art. 115 f GG wurde (ebenso wie Art. 115 i GG) mit der Notstandsverfassung in das Grundgesetz aufgenommen durch das 17. Gesetz zur Änderung des GG vom 24.06.1968.[291] Gegenüber Art. 35 Abs. 3 und 91 Abs. 2 GG ist Art. 115 f GG als speziellere und zugleich weitreichendere Norm vorrangig.[292] Anforderungen des BGS durch ein Bundesland nach Art. 35 Abs. 2 und Art. 91 Abs. 1

---

auf verweist, dass für dieses Ergebnis die Stellung des Art. 91 GG im VIII. Abschnitt, der die Abgrenzung zwischen Bundes- und Verwaltungskompetenzen betrifft, nicht als systematisches Argument herangezogen werden kann, weil jene entstehungsgeschichtliche Gründe hat und Art. 91 GG insofern als Fremdkörper erscheint. Allerdings kann aus dieser Erwägung wiederum kein zwingendes Argument *gegen* eine Bundeskompetenz abgeleitet werden.

[289] H. M., vgl. etwa Hase, in: Alternativkommentar, Art. 91 Rn. 34; Klein, in: HdbStR VII, § 169 Rn. 27; Heun, in: Dreier, Art. 91 Rn. 20.

[290] Hernekamp, in: v. Münch/Kunig, Art. 91 Rn. 34; Volkmann, in: v. Mangoldt/Klein/Starck, Art. 91 Rn. 40; Stern, Staatsrecht II, § 56 II 5 d.

[291] BGBl. I, S. 709. Ausführlich zur Entstehungsgeschichte Herzog, in: Maunz/Dürig, Art. 115 f vor Rn. 1 und Ipsen, in: Bonner Kommentar, Art. 115 f I.

[292] Ernst, Diss., S. 424.

GG werden aber durch den Verteidigungsfall grundsätzlich nicht ausgeschlossen.[293]

2. Einsatz des BGS nach Art. 115 f GG i. V. m. § 7 Abs. 2 BGSG

Gemäß Art. 115 f. Abs. 1 Nr. 1 GG kann die Bundesregierung im Verteidigungsfall den BGS im gesamten Bundesgebiet einsetzen, soweit es die Verhältnisse erfordern.

a. Voraussetzungen

Nach der Legaldefinition in Art. 115 a Abs. 1 S. 1 GG liegt ein Verteidigungsfall vor, wenn das Bundesgebiet von außen mit Waffengewalt angegriffen wird oder wenn ein solcher Angriff unmittelbar droht.[294] Die Feststellung des Verteidigungsfalls trifft grundsätzlich der Bundestag mit Zustimmung des Bundesrates auf Antrag der Bundesregierung (vgl. Art. 115 a Abs. 1, 2, 4 GG) und wird vom Bundespräsident im Bundesgesetzblatt verkündet (Art. 115 a Abs. 2, 82 GG).

Da auch im Verteidigungsfall grundsätzlich den Ländern die Aufrechterhaltung der öffentlichen Sicherheit und Ordnung obliegt, ist der Einsatz des BGS nur zulässig, wenn im konkreten Einzelfall die polizeiliche Gefahrensituation durch die vorrangig zuständigen Landespolizeikräfte nicht bewältigt werden kann. Die Erforderlichkeit eines Einsatzes ist vom Bundesverfassungsgericht gemäß Art. 93 Abs. 1 Nr. 3 GG grundsätzlich nachprüfbar (vgl. auch Art. 115 g GG).[295]

Ebenso wie in Art. 35 Abs. 2, 3 und Art. 91 GG ist die Bundesregierung nicht in jedem Fall verpflichtet, von ihren Rechten aus Art. 115 f GG Gebrauch zu machen („Kann-Bestimmung“). Soweit in der Literatur dazu Stellung genommen wird, wird fast durchweg ein freies „politisches“ Ermessen angenommen. Die Bundesregierung müsse die Kompetenzen nicht nutzen, wenn sie der Ansicht ist, es sei politisch klüger.[296] Dem kann in dieser Allgemeinheit nicht gefolgt werden. Sicherlich gilt für die Frage, ob ein Einsatz von Kräften und Einrichtungen des BGS geboten ist, ein weiter, gerichtlich weithin nicht über-

---

[293] Ernst a. a. O.

[294] Siehe dazu Graf Vitzthum, in: HdbStR VII, § 170 Rn. 29 ff.

[295] Heun, in: Dreier, Art. 115 f Rn. 8; Schmidt-Bleibtreu/Klein, Art. 115 f Rn. 2; Ernst, Diss., S. 423 f.; zweifelnd Versteyl, in: v. Münch/Kunig, Art. 115 f Rn. 3.

[296] Heun, in: Dreier, Art. 115 f Rn. 7; Grote, in: v. Mangoldt/Klein/Starck, Art. 115 f Rn. 11; a. A. Ernst, Diss., S. 412, der von einer grundsätzlichen Pflicht zum Einsatz des BGS ausgeht, wenn die Tatbestandsmerkmale des Art. 115 f Abs. 1 GG erfüllt sind.

prüfbarer Ermessenspielraum. Allerdings wird dieser eingeschränkt durch die gesamtstaatliche Verantwortung des Bundes, die in einer derartigen Extremsituation von übergeordneter Bedeutung sein dürfte. Kommt die Bundesregierung zum Ergebnis, die Ausübung ihrer zentralstaatlichen Kompetenzen nach Art. 115 f Abs. 1 GG ist erforderlich und geeignet, um die innere Sicherheit aufrechtzuerhalten bzw. wiederherzustellen, ist ihr Ermessen grundsätzlich auf ein Einschreiten reduziert.

b. Umfang und Rechtsnatur des BGS-Einsatzes

Nach schon immer ganz überwiegender Ansicht ist ein Einsatz des BGS auf Grundlage des Art. 115 f Abs. 1 Nr. 1 GG rein polizeilicher Natur. Auch im Verteidigungsfall bleibt der BGS eine „Bundespolizei", grundsätzlich ohne sich den Streitkräften anzunähern. Daran hat sich auch nichts geändert, als nach früherer Rechtslage (seit 1965) den eingesetzten BGS-Kräften mit Beginn eines bewaffneten Konflikts wegen der Gefahr einer Konfrontation mit gegnerischen Streitkräften den völkerrechtlichen und kriegsrechtlichen Schutz des Kombattantenstatus zugestanden wurde (zuletzt § 64 Abs. 1 BGSG 1972). Dies geschah aber aus fürsorglichen Gründen und nicht, um dem BGS einen militärischen Kampfauftrag im Verteidigungsfall zu erteilen.[297] Trotz dieser Gleichstellung mit Angehörigen der Streitkräfte war er auch damals eine Polizeibehörde mit ausschließlich polizeilichem Auftrag, der unter Beachtung der polizeilichen Grundsätze durchzuführen war.[298]

Im Verteidigungsfall wird dem BGS ein unbegrenzter räumlicher Zuständigkeitsbereich sowie das allgemeinpolizeiliche Aufgabengebiet zugewiesen.[299] Dies bedeutet, dass zum einen die zahlreichen räumlichen Zuständigkeitsbeschränkungen (vor allem zu nennen ist hier die 30 km-Zone im Grenzgebiet nach § 2 Abs. 2 Nr. 3 BGSG) entfallen. Dasselbe gilt für die gegenständlichen Beschränkungen (z. B. die Abwehr von bahnspezifischen Gefahren nach § 3

---

[297] So die amtliche Begründung des Regierungsentwurfs, BT-Drucks. VI/2886, S. 20.

[298] Herzog, in: in: Maunz/Dürig, Art. 115 f Rn. 15; Kirchhof, in: HdbStR III, § 78 Rn. 3; Sachs, in: Sachs, Art. 87 Rn. 37 (mit Verweis auf das insgesamt polizeiliche Aufgabenspektrum des BGS nach dem GG); Keidel, Polizei und Polizeigewalt im Notstandsfall, S. 39 f. (auch näher zur Entstehungsgeschichte); Sterzel, in: Alternativkommentar, Art. 115 f Rn. 86; Grote, in: v. Mangoldt/Klein/Starck, Art. 115 f Rn. 8; Einwag/Schoen, BGSG-Kommentar, § 64 Rn. 18; Ernst, Diss., S. 415; a. A. Schnupp, DÖD 1972, 8, 11.

[299] Herzog, in: in: Maunz/Dürig, Art. 115 f Rn. 5; Sterzel, in: Alternativkommentar, Art. 115 f Rn. 86; Heun, in: Dreier, Art. 115 f Rn. 9; Grote, in: v. Mangoldt/Klein/Starck, Art. 115 f Rn. 7 f.

Abs. 1 BGSG). Im Rahmen seines polizeilichen Auftrags ist er zur umfassendenden polizeilichen Gefahrenabwehr befugt. Außerdem ist er nicht beschränkt auf die Bekämpfung von Gefahren, die unmittelbar durch den Angriff von außen herrühren. Damit verliert der BGS im Verteidigungsfall seine Sonderpolizeieigenschaft und wird zur „allgemeinen Polizei", die in Normalzeiten ausschließlich in den Hoheitsbereich der Länder fällt.[300]

Im Falle eines Einsatzes im Verteidigungsfall nimmt die Bundesregierung als Kollegialorgan (Art. 62 GG)[301] unstreitig originäre Bundesstaatsgewalt wahr, d. h. der BGS wird nicht mehr nur zur Unterstützung der Länder verwendet, sondern er übt polizeirechtliche Vollzugsgewalt auf Grundlage des BGSG als eigene, durch die Verfassung zugewiesenen Aufgabe aus.[302] Einfachgesetzlich ist diese Aufgabe folgerichtig nicht im Zusammenhang mit Art. 35 GG in § 11 BGSG, sondern in § 7 Abs. 2 BGSG geregelt.

Neben dem Einsatz des BGS ist die Bundesregierung aufgrund der besonderen Weisungsbefugnisse gegenüber den Landesregierungen und Landesbehörden nach Art. 115 f Abs. 1 Nr. 2 GG befugt, die gesamte Landesverwaltung zur Bewältigung der im Verteidigungsfall besonders kritischen Sicherheitslagen zentral zu steuern.[303] Diese einzigartigen Weisungsbefugnisse modifizieren umfassend die Zuständigkeitsregelungen der Art. 83 ff. GG.[304]

3. Einsatz des BGS nach Art. 115 i GG i. V. m. § 7 Abs. 2 BGSG

Ist die Bundesregierung außerstande, die notwendigen Maßnahmen zur Gefahrenabwehr zu treffen und erfordert die Lage unabweisbar ein sofortiges selbst-

---

[300] Insoweit verfehlt Versteyl, in: v. Münch/Kunig, Art. 115 f Rn. 1, wonach der BGS im Verteidigungsfall „wie eine Sonderpolizei" im ganzen Bundesgebiet eingesetzt werden könne.

[301] Rechtlich zulässig und praktisch erforderlich ist aber die Übertragung der Leitungsbefugnisse hinsichtlich einzelner Einsätze im Rahmen eines vom Kabinett gefassten Grundsatzbeschlusses, etwa an den Innenminister, z. B. Grote, in: v. Mangoldt/Klein/Starck, Art. 115 f Rn. 9.

[302] Z. B. Ipsen, in: Bonner Kommentar, Art. 115 f Rn. 69; Heun, in: Dreier, Art. 115 f Rn. 9; Grote, in: v. Mangoldt/Klein/Starck, Art. 115 f Rn. 12; Keidel, Polizei und Polizeigewalt im Notstandsfall, S. 108; siehe auch BT-Drucks. 1965, V/ 1879, S. 30. A. A. nur Ernst, Diss., S. 419 ff., der unzutreffender Weise davon ausgeht, der BGS würde nur unterstützend Landesaufgaben wahrnehmen und deshalb auch auf Grundlage des jeweiligen Landesrechts tätig werden (S. 421 f.).

[303] Ipsen, in: Bonner Kommentar, Art. 115 f Rn. 4.

[304] Für Einzelheiten siehe Herzog, in: Maunz/Dürig, Art. 115 f Rn. 35 ff.

ständiges Handeln in einzelnen Teilen des Bundesgebietes, so sind die Landesregierungen oder die von ihnen bestimmten Behörden oder Beauftragten befugt, für ihren sachlichen und räumlichen Zuständigkeitsbereich Maßnahmen i. S. d. Art. 115 f Abs. 1 GG zu treffen (Art. 115 i Abs. 1) zu treffen. Obwohl nicht ausdrücklich an den Verteidigungsfall angeknüpft wird, setzt die Inanspruchnahme des Art. 115 i GG unstreitig den Verteidigungsfall voraus.[305]
Die Bundesregierung ist zur Gefahrenabwehr außerstande, wenn sie (und die zuständigen Bundesbehörden) objektiv nicht in der Lage ist, die notwendigen Entscheidungen zu treffen (z. B. weil sie am Zusammentritt gehindert ist), oder diese an den BGS weiterzugeben (z. B. weil es keine Kommunikationsverbindungen gibt).[306] Wegen dieser Trennung von Bundesländern und Zentralgewalt wird der Fall des Art. 115 i GG „Insellagefall"[307] genannt.
In dieser Situation treten die Landesregierungen in die Notstandskompetenzen der Bundesregierung aus Art. 115 f Abs. 1 GG ein. Die Landesregierungen können aber für ihren Zuständigkeitsbereich Maßnahmen nach Art. 115 f Abs. 1 GG nur treffen, wenn die Lage unabweisbar ein sofortiges selbstständiges Handeln erfordert. Darin liegt ein nochmals deutlich verschärfter Erforderlichkeitsvorbehalt, damit die Länder nicht voreilig Bundeskompetenzen in Anspruch nehmen und dadurch Kompetenzkonflikte hervorrufen.[308]
Obwohl der Wortlaut von „Befugnis" spricht, lässt sich daraus nicht ableiten, die jeweilige Landesregierung hätte ein freies Entschließungsermessen. Grundsätzlich ist sie zur Wahrnehmung seiner Befugnisse verpflichtet, da ansonsten dem Gebot des bundesfreundlichen Verhaltens nicht entsprochen werden könnte.[309]
In Art. 115 i GG liegt ein vorübergehender Wechsel des Weisungsrechts gegenüber den Kräften und Einrichtungen des BGS auf die Landesregierungen, die quasi als Vertreter der Bundesregierung Bundesstaatsgewalt ausüben.[310]

---

[305] Ipsen, in: Bonner Kommentar, Art. 115 f Rn. 9.

[306] Herzog, in Maunz, in: Maunz/Dürig, Art. 115 i Rn. 12; Versteyl, in: v. Münch/Kunig, Art. 115 i Rn. 5.

[307] Z. B. Herzog, in: Maunz/Dürig a. a. O.; wegen des „Herabströmens" eines Teils der Bundeskompetenzen auf Landesorgane auch „Kataraktfall" genannt, vgl. Keidel, Polizei und Polizeigewalt im Notstandsfall, S. 93 f. m. w. N.

[308] Grote, in: v. Mangoldt/Klein/Starck, Art. 115 i Rn. 5 m. w. N.

[309] Ebenso Ernst, Diss., S. 428.

[310] Keidel, Polizei und Polizeigewalt im Notstandsfall, S. 95; Ipsen, in: Bonner Kommentar, Art. 115 f. Rn. 9.

Deshalb bleibt auch der BGS ein Organ des Bundes.[311] Die Befugnisse des BGS richten sich folglich auch im „Insellagefall" nach dem BGSG (so auch § 7 Abs. 2 BGSG). Sein Handeln ist hier aber dem jeweiligen Land zuzurechnen, weil es aufgrund eigener Kompetenz über die Einheiten des BGS verfügen kann, wie sonst nur die Bundesregierung.[312] Dementsprechend fallen dem Land auch die Kosten für den BGS-Einsatz zu, soweit Aufgaben der Landespolizei verfolgt werden.[313]

Die Befugnisse der Landesregierungen erlöschen, wenn die Bundesregierung bzw. die zuständigen Bundesbehörden wieder in der Lage sind, die notwendigen Maßnahmen zur Gefahrenabwehr selbst zu treffen, sowie mit Ende des Verteidigungsfalls (Art. 115 Abs. 2 GG). Außerdem kann nach Art. 115 i Abs. 2 GG der Einsatz des BGS durch die Bundesregierung und im Verhältnis Landesbehörden und nachgeordnete Bundesbehörden auch durch den Landesministerpräsidenten jederzeit aufgehoben werden.

IV. Fazit

Abgesehen von der Aufgabe der Grenzsicherung gemäß Art. 87 Abs. 1 S. 2 GG sind Art. 35 Abs. 2, Abs. 3, Art. 91, Art. 115 f und 115 i GG die einzigen im Grundgesetz ausdrücklich genannten Aufgaben bzw. Verwendungsmöglichkeiten des BGS.

Die Normen stimmen in ihrer Regelungsstruktur darüber überein, dass sie grundsätzlich keine Erweiterung staatlicher Eingriffsrechte gegenüber dem Bürger darstellen, sondern allein eine kräftekonzentrierende Kompetenzverlagerung zugunsten des Bundes bzw. des BGS in besonderen Gefahrenlagen ermöglichen.[314] Grundrechtliche oder rechtsstaatliche Gewährleistungen werden dadurch gegenüber Normalzeiten grundsätzlich nicht eingeschränkt. Durch die Art. 35, 91, 115 f GG wird auch die Verteilung der Gesetzgebungskompetenzen nicht angetastet; insbesondere berechtigen die Regelungen zu keinen Rechtssetzungsbefugnissen des Bundes in Form eines Notverordnungsrechts.[315]

---

[311] Fischer/Hitz/Laskowski/Walter, BGSG-Kommentar, § 7 Rn. 29.

[312] Richtig Keidel, Polizei und Polizeigewalt im Notstandsfall, S. 95.

[313] Ebenso Ernst, Diss., S. 432.

[314] Windthorst, in: Sachs, Art. 91 Rn. 1; Maunz, in: Maunz/Dürig, Art. 91 Rn. 1

[315] Windthorst a. a. O, Rn. 2. Davon unberührt bleiben die erweiterten Gesetzgebungsbefugnisse des Bundes im Verteidigungsfall gemäß Art. 115 c ff. GG.

Die Regelungen berühren aber in nicht unerheblichem Umfang die bundesstaatlichen Strukturen durch Verlagerung von Kompetenzen bzw. Schaffung von zusätzlichen Kompetenzen zugunsten des Bundes. Die innere Struktur von Art. 35, 91 und 115 f GG wird durch den Grundsatz der Länderprärogative auf dem Gebiet des Gefahrenabwehrrechts geprägt. Der Verfassungsgeber will erkennbar an der in jedem Fall primären Zuständigkeit der Länder auf dem Gebiet des Gefahrenabwehrrechts nichts ändern und einen BGS-Einsatz im Bereich der Polizeihoheit der Länder nur zulassen, wenn die Landespolizei besondere Gefahrenlagen nicht meistern kann. Deshalb wird in den betreffenden Regelungen ein Schema abgestufter Eskalation deutlich. In den meisten Fällen stellt der Einsatz des BGS nur eine Verwendung dar, also eine rein unterstützende Funktion, die die Kompetenzverteilung auf dem Gebiet der Gefahrenabwehr nicht unmittelbar berührt. Unter engen Voraussetzungen wird dem Bund aber durch die Verfassung eine originäre Verwaltungskompetenz übertragen, anhand derer der BGS anhand eigener Verwaltungskompetenz unmittelbar in den Hoheitsbereich der Länder eingreifen kann: zum einen dann, wenn Gefahren für den Bestand oder die freiheitliche demokratische Grundordnung des Bundes oder eines Landes bestehen, und wenn das primär zuständige Land, in dem die Gefahr droht, die Gefahr nicht selbst bekämpft (Art. 91 Abs. 2 GG). Zum anderen besitzt der Bund eine besondere zentralstaatliche Ausnahmekompetenz im Verteidigungsfall, die dem BGS den räumlich und gegenständlich unbeschränkten polizeilichen Aufgabenbereich eröffnet (Art. 115 f Abs. 1 Nr. 1 GG).

Einsätze des BGS bei überregionalen Notstandslagen (Art. 35 Abs. 3 S. 1 GG) fallen entgegen vieler Stimmen nicht in diese Kategorie. Zwar kann sich der Bund auf eine Interventionsmöglichkeit in Form eines Weisungsrechts gegenüber den Landesregierungen berufen; jedoch erschöpft sich diese Weisungsbefugnis in dem (für das Land verbindlichen) Entsendebeschluss. Der BGS ist trotzdem Weisungen des jeweiligen Landes sowie dem Landesrecht unterstellt und handelt nicht aufgrund einer eigenen verfassungsrechtlichen Verwaltungskompetenz.

Sind die jeweiligen tatbestandlichen Voraussetzungen gegeben, wird die Rolle des BGS im Verhältnis von Bundes- zu Landespolizeirecht dahingehend modifiziert, dass ihm das allgemeinpolizeiliche Aufgabenspektrum zugewiesen wird, d. h. die räumlichen Zuständigkeitsbeschränkungen des BGS sind im Geltungsbereich der untersuchten Normen aufgehoben und der BGS ist nicht mehr beschränkt auf die Bekämpfung sonderpolizeilicher Gefahren. Damit bestätigt die Gesamtheit der Verfassungsnormen den räumlich und sachlich begrenzten Verfassungsvertrag des BGS und damit dessen Sonderpolizeieigenschaft. Art.

35 Abs. 2, Abs. 3, Art. 91 GG und Art. 115 f GG konkretisieren folglich in Zusammenspiel mit dem Verfassungsauftrag des Grenzschutzes die Rolle des BGS als eine Sonderpolizeibehörde auf Bundesebene.
Rechtshistorisch gesehen unterstreicht die Tatsache, dass der BGS nach allen in der Verfassung ausdrücklich genannten Aufgaben und Verwendungsmöglichkeiten rein polizeiliche Einsätze unter Beachtung polizeilicher Grundsätze wahrnimmt seinen Polizeicharakter und bedeutet zugleich eine klare Absage an seine paramilitärischen Anfänge.
Die durch die Notstandsnovelle eingefügten zusätzlichen Aufgabenbereiche haben dem BGS zudem den Charakter einer verbandsmäßig organisierten „Bundespolizeireserve" zur Unterstützung der Länder gegeben. Dadurch ist die dauerhafte Vorhaltung von Kräften und Einrichtungen notwendig geworden, die in Normalzeiten andere Aufgaben haben und die größtenteils hierfür aus den bestehenden Organisationseinheiten rekrutiert werden müssen. Im nachhinein erwies sich diese Entwicklung als problematisch, weil der rechtspolitische Druck zur Aufgabenerweiterung eines sachlich und personell gerüsteten BGS ständig weiter zunahm. Da die Grenzschutzaufgabe im Zuge der europäischen Einigung an Bedeutung verliert und die Vorhaltefunktion allein keine politische Überlebensgarantie bietet, wurden die verbleibenden Unterstützungsaufgaben als argumentatives „Sprungbrett" für zusätzliche Aufgabenzuweisungen benutzt. Beispielhaft soll aus der Beschlussempfehlung des Innenausschusses zum Aufgabenübertragungsgesetz zitiert werden: „Zum anderen muss der Bundesgrenzschutz auch künftig in der Lage bleiben, die ihm zugedachte verbandspolizeiliche Unterstützungsfunktion für die Länder [...] wahrzunehmen. Dazu bedarf der Bundesgrenzschutz neben seiner Funktion als Verbandspolizei einer gesicherten Zukunftsperspektive durch ein abgerundetes Spektrum einzeldienstlicher Aufgaben im Kompetenzbereich des Bundes – auch als Kompensation für den Wegfall seiner früheren Aufgaben an der ehemaligen innerdeutschen Grenze und den EG-Binnengrenzen. Ohne diese Weiterentwicklung wäre der Bundesgrenzschutz hauptsächlich auf seine Funktion als Verbandspolizei beschränkt und damit angesichts der zunehmend schwierigen Personalsituation, die durch die in den Ländern verfolgte Aufwertung des polizeilichen Einzeldienstes weiter verschärft würde, kaum lebensfähig."[316] Anhand dieser Stellungnahme wird exemplarisch deutlich, wie bei der Suche des Gesetzgebers nach neuen Betätigungsfeldern zugunsten einer Behörde, die wegen teilweisem Wegfall ihrer eigentlichen Hauptaufgabe in Zukunft „kaum le-

---

[316] BT-Drucks. 12/1537, S. 10.

bensfähig“ wäre, das Motiv der Arbeitsbeschaffung übermächtige Bedeutung erlangt hat.

V. Staatspraxis

In der Staatspraxis hat (anders als Art. 35 Abs. 2 S. 2, Abs. 3, Art. 91, Art. 115 f und 115 i GG) die Unterstützung der Länder durch den BGS nach Art. 35 Abs. 2 GG größte Bedeutung erlangt. So wurden im Jahre 2002 die Polizeien der Länder in 180 Fällen (2001: 146) mit rund 470.000 (2001: 448.700) Personalstunden unterstützt. Anlässe waren vor allem hochrangige Staatsbesuche, Demonstrationen, Aufzüge und Sportveranstaltungen.[317] Damit ist kaum eine Woche vergangen, in der sich die Bundesländer nicht durch Einheiten des BGS unterstützen ließen. Aufgrund der chronisch schlechten Finanzausstattung der Polizeien der Länder sind Einsätze des BGS im allgemeinpolizeilichen Bereich nahezu alltäglich. Dadurch hat die grundgesetzlich geforderte Beschränkung auf Fälle von „besonderer Bedeutung“ (Art. 35 Abs. 2 S. 1 GG) in den letzten Jahren erheblich an Bedeutung verloren.[318] Die verfassungsrechtlich zwingende Voraussetzung einer Notlage verliert durch diese großzügige Handhabung zunehmend an Gewicht. Art. 35 Abs. 2 GG erfährt dadurch zwangsläufig Veränderungen in seinem Charakter, die auf Dauer über das vom Verfassungsgeber in Kauf genommene Maß hinausgeht.

Ein Beispiel für das Auseinanderklaffen zwischen Verfassungsrecht und Verfassungswirklichkeit ist die Unterstützung der Landespolizeien im Bereich des Objektschutzes. So unterstützt beispielsweise der BGS als Reaktion auf die terroristischen Anschläge vom 11.09.2001 in den USA die Berliner Polizei zum Schutz der amerikanischen Botschaft „bis auf weiteres“.[319] Da die erhöhte abstrakte Gefahr von terroristischen Anschlägen unter anderem auf US-amerikanische Einrichtungen voraussichtlich viele Jahre unvermindert andauern wird, sind die Länder verpflichtet, ihre Sicherheitsbehörden auf diese neue Bedrohung einzurichten, statt sich dauerhaft auf den BGS zu verlassen. Da eine entsprechende personelle Umgruppierung innerhalb einer gewissen Zeit ohne weiteres möglich ist, kann der BGS nur vorübergehend unterstützend tätig wer-

---

[317] BGS-Jahresbericht 2002, S. 7, 41 f. Vgl. auch R. Seiters, Neue Aufgaben und neue Organisation für den Bundesgrenzschutz, Die Polizei 1992, 237 f.

[318] Ebenfalls kritisch Lisken/Denninger, HdPolR, Abschn. C Rn. 146; Gutknecht, in: Kessow, Der Bundesgrenzschutz, S. 186: Ritter, Diss., S. 170.

[319] BGS-Jahresbericht 2000/2001, S. 37.

den. Allerdings erscheint die Erwartung, das Land Berlin würde dieser Versuchung widerstehen und seiner ureigenen Pflicht zum (personalintensiven) Schutz gefährdeter Objekte selbst nachkommen, angesichts seiner finanziellen Situation wohl nicht allzu realistisch.
Ein weiteres Beispiel für die Entfernung der Staatspraxis von den verfassungsrechtlichen Leitlinien durch die Unterstützung der Landespolizeien ist die Grenzschutzgruppe 9 (GSG 9), ein polizeilicher Spezialverband des BGS zur Bekämpfung schwerer Formen von Gewaltkriminalität wie Geiselnahmen, Erpressungen oder Entführungen. Die GSG 9 wurde 1972 gegründet als Reaktion auf die Geiselnahme während den Olympischen Spielen in München und ist auch heute noch bekannt wegen der erfolgreichen Beendigung der Geiselnahme einer Lufthansa-Maschine in Mogadischu im Jahre 1977. Problematisch ist, dass Einsätze im Rahmen der originären Zuständigkeiten nach dem BGSG gemessen an den sonstigen Tätigkeiten der GSG 9 sehr selten sind (z. B. Festnahmen im Bereich der Schleuserkriminalität oder im Zusammenhang mit Luftsicherheitsaufgaben). Die übergroße Mehrheit der Einsätze der GSG 9 steht dagegen mit den (präventiven wie repressiven) Aufgaben des BGS in keinem Zusammenhang, weil sie zur Bewältigung allgemeinpolizeilicher Gefahrenlagen erfolgen, wie beispielsweise Geiselnahmen in Justizvollzugsanstalten oder Banken sowie die Festnahme von mutmaßlichen politischen oder religiösen Extremisten. Hier kann es sich nur um Verwendungen zur Unterstützung der jeweiligen Landespolizei handeln, was nach der verfassungsrechtlichen Systematik der Ausnahmefall bleiben muss. Für die GSG 9 liegt darin tatsächlich der Regelfall. Es handelt sich um eine BGS-Einheit, deren Tätigkeitsschwerpunkt außerhalb des originären Aufgabenspektrums des BGS liegt und die deshalb in dessen sonderpolizeiliches Aufgabengebiet nicht schlüssig eingefügt werden kann. Verfassungsrechtlich sauberer wäre es, die GSG 9 dem Bundeskriminalamt zu unterstellen, das zur Verfolgung schwerer (allgemeinpolizeilicher) Kriminalitätsformen zuständig ist (§ 4 BKAG).

3. Kapitel – Einfachgesetzlich geregelte Aufgaben und Verwendungen des Bundesgrenzschutzes

A. Zulässigkeit von einfachgesetzlichen Aufgabenübertragungen ohne materiellen Grenzschutzbezug

Nicht erst seit dem BGSG 1972, das die Stellung und Funktion des BGS im Sicherheitssystem der BRD durch die erstmalige ausdrückliche Zuweisung einer Fülle von grenzschutzfremden Aufgaben neu bestimmte, wird darüber gestritten, ob dessen verfassungsrechtlich zulässiges Potential auf Aufgaben beschränkt ist, die in einem Zusammenhang mit dem Schutz der Außengrenze der BRD stehen. Diese Problematik ist vor dem Hintergrund der Kompetenzverteilung zwischen Bund und Ländern von besonderer Bedeutung: Ausgehend von Art. 30, 70, 83 GG, wonach die allgemeine Gefahrenabwehr Sache der Länder ist, wird der BGS allgemein als „Sonderpolizeibehörde" bezeichnet. Klärungsbedürftig ist, wie das Grundgesetz diese „Sonderpolizeieigenschaft" eigentlich definiert und was dies für das potentielle verfassungsrechtliche Aufgabenspektrum des BGS bedeutet.

I. Streitstand in Rechtsprechung und Schrifttum

1. Stellungnahmen in der Literatur

Die bis zur Entscheidung des Bundesverfassungsgerichts ganz überwiegende Ansicht im Schrifttum befürwortet im Anschluss an die Begründung des Regierungsentwurfs des Aufgabenübertragungsgesetzes[320] einen sachlich unbegrenzten Zuständigkeitsbereich des BGS.[321] Solange der Bund die Gesetzgebungs- und Verwaltungskompetenz für die in Rede stehenden Materie besitzt, könne die Wahrnehmung von grenzschutzfremden Aufgaben auf den BGS übertragen werden. Art. 87 Abs. 1 S. 2 GG verbiete es nicht, Verwaltungskompetenzen des Bundes auf eine Behörde zu konzentrieren. Die Übertragung von Aufgabenbereichen auf den BGS habe lediglich organisatorische Bedeutung, für die der

---

[320] BT-Drucks. 12/1091, S. 6 f. und 16 f.

[321] Lerche, in: Maunz/Dürig, Art. 87 Rn. 125, wonach sich der BGS auf dem Wege zu einer allgemeinen Bundespolizei für die Exekutivbereiche des Bundes sehen könne; Uerpmann, in: v. Münch/Kunig, Art. 87 e Rn. 6; Jestaedt, in: MAK, Art. 87 Rn. 76 a; Stern, Staatsrecht II, § 41 VII 6 a); Schreiber, DVBl. 1992, 589 ff.; Jutzi, DÖV 1992, 650, 651 f. (nur mit verfassungspolitischen Bedenken, S. 656); Ronellenfitsch, VerwArch 1999, 139, 151ff.; Riegel, BGSNeuRegG, Einl., Rn. 42; Ohrband, Diss. 169 ff.

Bund ein weites Ermessen habe. Deshalb komme dieser Frage auch keine Bedeutung für die Kompetenzverteilung zwischen Bund und Ländern zu.
Die Gegenansicht[322] geht mit im Einzelnen unterschiedlichen Begründungen davon aus, dass die Verfassung den zulässigen Aufgabenbereich des BGS abschließend benennt. Deshalb sei die Übertragung von grenzschutzfremden Aufgaben auf einfachgesetzlicher Ebene ohne ausdrückliche Grundlage im Grundgesetz unzulässig.

2. Die Position des Bundesverfassungsgerichts

Das Bundesverfassungsgericht ging mit seiner Entscheidung vom 28. Januar 1998[323] einen Mittelweg. Zunächst wird darin ohne nähere Begründung festgestellt, dass die Art. 83 ff. GG, insbesondere Art. 87 Abs. 1 S. 2 GG, eine Übertragung von grenzschutzfremden Aufgaben an den BGS nicht verbieten. Auch im Hinblick auf die bundeseigene Verwaltung räume das Grundgesetz den zuständigen Organen des Bundes einen Spielraum für die organisatorische Ausgestaltung der in seine Zuständigkeit fallenden Verwaltungseinrichtungen ein.[324] Sodann wird anhand der Zentralstellenkompetenz für Zwecke des Verfassungsschutzes oder der Nachrichtendienste die Frage eines Trennungsgebotes für die in Art. 87 Abs. 1 S. 2 aufgeführten sonderpolizeilichen Behörden des Bundes aufgeworfen. Diese Frage bedürfe aber keiner abschließenden Entscheidung. „Jedenfalls" ließe die Verfassung eine Übertragung von Aufgaben, die dem BGS nicht ausdrücklich zugewiesen werden, unter folgenden Voraussetzungen zu: Zum einen müsse sich der Bund hinsichtlich der jeweiligen Aufgabe auf eine Kompetenz des Grundgesetzes stützen können, wobei diese nicht von Verfassungs wegen einem bestimmten Verwaltungsträger vorbehalten sein dürfe.[325]
Zum anderen macht das Bundesverfassungsgericht folgende zentrale Einschränkung, die im Rahmen der vorliegenden Arbeit als „Geprägeformel" bezeichnet wird: „Die Entscheidung der Verfassung, die Polizeigewalt in die

---

[322] Hermes, in: Dreier, Art. 87 Rn. 40 ff.; Sachs, in: Sachs, Art. 87 Rn. 38; Lisken/Denninger, HdbPolR, Abschn. C Rn. 138 ff.; Papier, DVBl. 1992, 1, 7 ff.; ablehnend auch die Stellungnahme des Bundesrates in BT-Drucks. 12/1091, S. 13 f. und BR-Drucks. 418/94, S. 2 (Beschluss).

[323] BVerfGE 97, 198 ff. Anlass für die Entscheidung war ein Normenkontrollantrag der Landesregierung Nordrhein-Westfalen gegen die Übertragung der Aufgaben der Bahnpolizei und Luftsicherheit durch das Aufgabenübertragungsgesetz (BGBl. I, S. 178).

[324] BVerfG a. a. O., S. 217.

[325] BVerfG a. a. O.

Zuständigkeit der Länder zu verweisen und aus Gründen der Rechtsstaatlichkeit, der Bundesstaatlichkeit und des Grundrechtsschutzes den Ausnahmefall einer Bundespolizei in der Verfassung zu begrenzen, macht es erforderlich, das Gepräge des Bundesgrenzschutzes als einer Sonderpolizei zur Sicherung der Grenzen (Art. 87 Abs. 1 S. 2 i. V. m. Art. 73 Nr. 5 GG) und zur Abwehr bestimmter, das Gebiet oder die Kräfte eines Landes überschreitender Gefahrenlagen (Art. 35 Abs. 2 und 3, Art. 91, Art. 115 f Abs. 1 Nr. 1 GG) zu wahren. Der Bundesgrenzschutz darf nicht zu einer allgemeinen, mit den Landespolizeien konkurrierenden Bundespolizei ausgebaut werden und damit sein Gepräge als Polizei mit begrenzten Aufgaben verlieren."[326]

II. Historische Auslegung

Nach ständiger Rechtsprechung des Bundesverfassungsgerichts ist für die Auslegung einer Kompetenznorm der historische Zusammenhang zu beachten. Im Interesse der „Festigkeit und Berechenbarkeit" der Zuständigkeitsgrenzen ist von besonderer Bedeutung, wie die jeweilige Materie durch den historischen Gesetzgeber genutzt wurde und inwieweit dadurch unter dem Gesichtspunkt der Kontinuität der Kompetenzordnung eine Bestandsgarantie herausgebildet hat.[327]

Die Entstehungsgeschichte von Art. 87 Abs. 1 S. 2 GG ist heute im Einzelnen nicht mehr vollständig nachvollziehbar, weil die Bestimmung wegen ihrer politischen Brisanz nicht im formellen Rahmen des Parlamentarischen Rates selbst entwickelt wurde und dementsprechend die Gesetzgebungsmaterialien wenig ergiebig sind. Alle Beteiligten waren sich grundsätzlich einig, dass als Reaktion auf das nationalsozialistische Unrechtsregime eine weitgehende Föderalisierung auch und gerade auf dem Gebiet der inneren Sicherheit vorzunehmen sei, um zentralstaatliche Machtkonzentrationen zu verhindern. Eine maßgebliche Rolle für die Verteilung der Gesetzgebungs- und Verwaltungskompetenzen zwischen Bund und Ländern auf dem Gebiet der inneren Sicherheit spielte der sog. „Polizeibrief" der westalliierten Militärgouverneure vom 14.04.1949 an den Parlamentarischen Rat,[328] dessen Grundaussagen die Beratungen im Parla-

---

[326] BVerfG a. a. O., S. 218, siehe auch die Leitsätze Nr. 1 und 2 des Beschlusses.

[327] So BVerfGE 61, 149, 174 f.; Jestaedt, in: MAK, Art. 87 Rn. 40.

[328] „Letter to the Parlamentary Council defining the powers of the Federal Government in the police field", im englischen Wortlaut abgedruckt z. B. bei Werthebach/Droste, in: Bonner Kommentar, Art. 73 Rn. 10 Rn. 10.

mentarischen Rat bestimmten.[329] Nach Nr. 1 a) des Polizeibriefes war es der Bundesregierung gestattet, „Bundesorgane zur Verfolgung von Gesetzesübertretungen und Bundespolizeibehörden“ zur „Überwachung des Personen- und Güterverkehrs bei der Überschreitung der Bundesgrenzen“ zu errichten. Wie der Polizeibrief in seinem Einleitungssatz ausführt, liegt darin eine abschließende Kompetenzzuweisung an den Bund auf dem Gebiet des Polizeirechts.[330] Diese Kompetenzzuweisung wurde ohne förmliche Begründung oder Erörterung in Form der Art. 73 Nr. 5, 87 Abs. 1 S. 2 GG (bzw. deren Vorläuferregelungen Art. 35 Nr. 5, 116 Abs. 1 S. 2) im Wesentlichen übernommen.[331] In Nr. 3 des Genehmigungsschreibens der Alliierten Militärgouverneure zum Grundgesetz vom 12.05.1949 wurde nachträglich nochmals ausdrücklich auf den Polizeibrief verwiesen.[332]

Die Ausgestaltung des BGS als eine reine Grenzschutzpolizei kam folgerichtig auch in den ersten beiden Gesetzen zum BGS zum Ausdruck: Nach § 2 BGSG 1951[333] sicherten die Bundesgrenzschutzbehörden „das Bundesgebiet gegen verbotene Grenzübertritte, insbesondere durch die Passnachschau“, sowie „gegen sonstige, die Sicherheit und Ordnung gefährdende Störung der öffentlichen Ordnung im Grenzgebiet“. Das ganz an Art. 87 Abs. 1 S. 2, Art. 73 Nr. 5 GG orientierte Aufgabenspektrum war eine Reaktion auf die Entwicklungen in der sowjetischen Besatzungszone, die es erforderlich machten, die deutsch-deutsche Grenze vor Übergriffen und Infiltrationen angemessen zu sichern.

Festzuhalten ist demnach, dass der BGS nach dem Willen des Verfassungsgebers ursprünglich eindeutig auf Sicherung der Außengrenzen beschränkt war. Die Übernahme von Aufgaben ohne Bezug zu diesem Aufgabenbereich war vom historischen Verfassungs- und Gesetzgeber nicht gewollt.

---

[329] Lerche in: Maunz/Dürig, Art. 87 Rn. 29; Gusy, ZRP 1987, 45 f. und DVBl. 1993, 1117, 1119; Götz, in: Deutsche Verwaltungsgeschichte, S. 431 f.

[330] „... the powers of the Federal Government in the police field would be limited to those expressly approved by the Military Governors...“. Vgl. Lange, JR 1962, 166, 167. Unzutreffend Jutzi, DÖV 1992, 650, 655, der offenbar davon ausgeht, dass der BGS schon damals nicht auf Grenzschutzaufgaben beschränkt war, weil eine ausdrückliche Ausschlussregelung nicht vorhanden gewesen sei.

[331] Siehe „Entstehungsgeschichte der Artikel des Grundgesetzes“, Füsslein (Bearb.), JöR n. F., Band 1 (1951), S. 475 f. (bzgl. Art. 73 Nr. 5 GG) und S. 651 f. (bzgl. Art 87 Abs. 1 S. 2 GG); ausführlich zur Entstehungsgeschichte Willich, Diss., S. 3 ff.

[332] Der Wortlaut ist z. B. in Gusy, ZRP 1987, 46 Fn. 8 abgedruckt.

[333] BGBl. I, S. 201.

Das Gewicht der genetischen Auslegung des Art. 87 Abs. 1 S. 2 GG, vor allem die Tragweite des Polizeibriefs, wird jedoch heute überwiegend in Frage gestellt. Vielfach wird die aufgabenbeschränkende Auslegung des Art. 87 Abs. 1 S. 2 GG aufgrund des Polizeibriefes als überholt angesehen, weil die BRD zwischenzeitlich die volle Souveränität erlangt hat.[334] Diesen Stimmen ist insoweit recht zu geben, als der Polizeibrief nach Beendigung des Besatzungsregimes im Jahre 1955 eigenständige Rechtsfolgen nicht mehr zu begründen vermag. Es wäre aber verfehlt, würde man daraus den Schluss ziehen, der Polizeibrief hätte für die heutige Auslegung des Art. 87 Abs. 1 S. 2 GG seine Bedeutung vollständig verloren. Der Verweis auf die damalige beschränkte Souveränität Deutschlands allein kann eine Revidierung der aufgabenbeschränkenden historischen Auslegung nicht rechtfertigen, weil - entgegen gelegentlicher Stellungnahmen[335] - die Grundaussagen des Polizeibriefs mitnichten auf einem einseitigen besatzungsrechtlichen Diktat der Alliierten beruhen, das gegen den Willen des damals in seiner Souveränität beschränkten Deutschland durchgesetzt worden wäre. Vielmehr beruhten sie auf der praktisch einhelligen Auffassung der an der Entwicklung des Grundgesetzes Beteiligten, vor allem den Mitgliedern des Parlamentarischen Rates.[336] Vornehmlicher Grund für diese Haltung waren nicht nur die Lehren aus dem nationalsozialistischen Einheitsstaat, in der allzuständige Polizeibehörden schrankenlos wüteten; sie befindet sich auch in Einklang mit der Tradition der deutschen Verfassungsgeschichte, die durch das Bundesstaatsprinzip maßgeblich geprägt wurde.[337] Die wesentlichen Inhalte des Polizeibriefs wurden durch den Verfassungsgeber in seinen Regelungswillen aufgenommen und in Art. 87 Abs. 1 S. 2 GG perpetuiert. Es spricht deshalb alles dafür und nichts dagegen, den exklusiven Aufgabenbereich des BGS nach dem Polizeibrief ebenfalls als in das geltende Verfassungsrecht transformiert anzusehen. Von daher ist es nicht zustimmungswürdig, hinsichtlich des Aufgabenbereichs des BGS pauschal von einer „Restriktion"

---

[334] Lerche, in: Maunz/Dürig, Art. 87 Rn. 29; Ronellenfitsch, VerwArch 1999, 139, 144 Fn. 25; Jutzi, DÖV 1992, 650, 655 f.; Gusy, ZRP 1987, 45, 46 m. w. N. (bezogen auf die Frage eines etwaigen Trennungsgebots zwischen Polizei und Nachrichtendiensten); anders Jestaedt, in: MAK, Art. 87 Rn. 80 Fn. 186.

[335] Vgl. Ronellenfitsch a. a. O.; Jutzi, a. a. O.

[336] Dittmann, Bundesverwaltung, S. 79 f. m. w. N.; Gusy, a. a. O., S. 46 ff.; Ritter, Diss., S. 253; Denninger, ZRP 1981, 231.

[337] Siehe z. B. Isensee, in: HdbStR IV, § 98 Rn. 237; Ipsen, Staatsrecht I, Rn. 445.

des Verfassungsgebers auszugehen, die nach der Erlangung der vollen Souveränität nicht mehr bestehe und deshalb ignoriert werden könne.[338]
Auch kann nicht gegen das eindeutige Ergebnis der historischen Auslegung eingewendet werden, dass sich der exklusive Aufgabenbereich nicht ausdrücklich im Verfassungstext niedergeschlagen habe.[339] Die grundgesetzliche Begriffswahl „Bundesgrenzschutzbehörden" ist zumindest ein deutliches Indiz für eine exklusive inhaltliche Definition des Aufgabenbereichs des BGS.[340] Abgesehen davon würde sich die historische Auslegung - wie jede andere Auslegungsmethode auch – sowieso erübrigen, wenn der Wortlaut des Art. 87 Abs. 1 S. 2 GG eindeutig wäre. Richtig ist nur, dass die historische Auslegung für sich genommen kein bestimmtes Auslegungsergebnis erzwingen kann. Da der Wortlaut als objektivierter Wille des Verfassungsgebers keine klare Antwort auf die Frage gibt, ob der BGS auf grenzschutzbezogene Aufgaben beschränkt sein soll, ist es denkbar, dass die historische Beschränkung des Aufgabengebiets aufgrund von späteren Entwicklungen überwunden wurde. Die Verfassungsinterpretation schließt die Möglichkeit eines Verfassungswandels ein, weil infolge einer Änderung der Verhältnisse und Anschauungen auch der Sinngehalt von Grundgesetznormen einem Wandel unterliegen kann.[341]
Trotz dieser Einschränkung ist demnach die historischen Auslegung des Art. 87 Abs. 1 S. 2 GG sowie die jahrzehntelange Handhabung dieser Kompetenznorm durch den Bundesgesetzgeber ein gewichtiges Argument für eine exklusive Beschränkung des BGS auf Grenzschutzaufgaben. Entgegen einer größer werdenden Literaturansicht, die (nicht nur im Hinblick auf den BGS) die Genese des Art. 87 GG zunehmend verdrängt, hat auch das Bundesverfassungsgericht in Fortführung seiner ständigen Rechtsprechung richtigerweise die Bedeutung der historischen Verfassungsinterpretation unterstrichen.[342]

---

[338] So aber Ronellenfitsch, a. a. O ; ähnlich Jutzi, a. a. O., der von „externen Vorbehalten" spricht, die ebenso wie „Vorstellungen" der Alliierten über den deutschen Verfassungstext unbeachtlich seien.
[339] So aber Jutzi, a. a. O.
[340] Ähnlich Ipsen, in: Bonner Kommentar, Art. 115 f Rn. 15; Papier, DVBl. 1992, 1, 3; vgl. auch Lerche, in: Maunz/Dürig, Art. 87 Rn. 124, wo u. a. wegen der Bezeichnung eine grundsätzliche Festlegung auf den Grenzschutz gefordert wird, jedoch in Rn. 125 für weitere Aufgabenübertragungen ein grenzspezifischer Bezug nicht verlangt wird.
[341] Siehe dazu Traumann, Die Organisationsgewalt im Bereich der bundeseigenen Verwaltung, S. 192 ff. m. w. N.
[342] BVerfGE 97, 198, 215.

III. Systematisch - teleologische Auslegung

Schwierigster und zugleich umstrittenster Problembereich ist die systematisch-teleologische Interpretation des Art. 87 Abs. 1 S. 2 GG sowie seines normativen Umfelds.

1. Verhältnis zu Art. 87 a Abs. 2 GG

Fraglich ist, ob für die Bestimmung des verfassungsrechtlich zulässigen Aufgabenspektrums Art. 87 a Abs. 2 GG Bedeutung zukommt. Danach dürfen die Streitkräfte (außer zur Verteidigung) nur eingesetzt werden, „soweit dieses Grundgesetz es ausdrücklich zulässt". Im Rahmen dieser Ermächtigungsgrundlage wird ein Einsatz der Bundeswehr im Inneren durchweg erst dann ermöglicht, wenn der Einsatz der Landespolizeien wie des BGS zur Gefahrenbekämpfung nicht ausreichen (vgl. Art. 87 a Abs. 3, 4 GG). Damit ist der Einsatz der Bundeswehr als „ultima ratio" ausgewiesen.[343]

Da für den BGS eine mit Art. 87 a Abs. 2 GG vergleichbare Vorschrift nicht besteht, wird erwogen, daraus ein Argument *gegen* eine Zuständigkeitsbeschränkung allein auf die im Grundgesetz ausdrücklich geregelten Sachverhalte abzuleiten.[344]

Gegen eine entsprechende Anwendung spricht allerdings schon die Unvergleichbarkeit der Sachverhalte. Die Regelung betrifft den speziellen Status der Streitkräfte und ist streng von der Polizeigewalt, der der BGS angehört (§ 1 Abs. 1 S. 2 BGSG), zu trennen. Während die Polizei die innerstaatliche Rechts- und Friedensordnung schützt, bekämpfen die Streitkräfte von außen kommende Störungen der staatlichen Integrität. Die ausnahmsweise Zulassung eines Einsatzes im Innern betrachtete der Verfassungsgeber als so bedeutsam, dass eine ausdrückliche Zulassung in der Verfassung als notwendig erachtet wurde.[345] Wegen des völlig unterschiedlichen Regelungszwecks kann aus dieser Norm für das Aufgabenspektrum des BGS nichts abgeleitet werden. Insbesondere ist die Heranziehung des Art. 87 a Abs. 2 GG als „argumentum e contrario" *zugunsten* einer Zuständigkeitsausweitung des BGS auf in der Verfassung nicht

---

[343] Herzog, in: in: Maunz/Dürig, Art. 115 f Rn. 18.

[344] Die Begründung des Gesetzesentwurfs des BGSG 1972, BT-Drucks. VI/2886, S. 26 verweist darauf, der BGS sei nicht etwa wie die Streitkräfte auf nach Art. 87 a Abs. 2 GG auf die im Grundgesetz ausdrücklich genannten Einsatzmöglichkeiten beschränkt; ebenso Heesen/Nitsche, Die Polizei 1986, 1, 15 (Fn. 110); a. A. Ernst, Diss., S. 256 ff., 246 ff.; Willich, Diss., S. 233.

[345] Kokott, in: Sachs, Art. 87 a Rn. 12.

ausdrücklich erwähnte Bereiche rechtsmethodologisch nicht haltbar und bedeutet ein Missbrauch des besonderen Status der Streitkräfte.

2. Verhältnis zu Art. 35 Abs. 2, Abs. 3, Art. 91, Art. 115 f, i GG

Die einzige Erweiterung des Aufgabenbereiches des BGS auf Verfassungsebene war die Änderung des Grundgesetzes durch die im wesentlichen im Rahmen der „Notstandsgesetze" eingefügten Art. 35 Abs. 2, Abs. 3, Art. 91, Art. 115 f, i GG.

Dadurch wurden dem BGS für besondere Gefahrenlagen allgemeinpolizeiliche Aufgaben übertragen.[346] Fraglich ist, ob in diesen grundgesetzlichen Spezialtiteln eine Abkehr des Verfassungsgebers von seinem ursprünglichen Willen gesehen werden kann, den BGS in Normalzeiten ausschließlich zum Grenzschutz einzusetzen. In den Gesetzesmaterialien sind dazu keine eindeutigen Stellungnahmen zu finden.

Zunächst ist festzustellen, dass die Aufgaben des BGS in den genannten Regelungsbereichen abschließend normiert sind.[347] Kompetenzerweiterungen außerhalb des Verteidigungsfalls sind an die besonderen Voraussetzungen der Art. 35 Abs. 2, 3 und Art. 91 GG gebunden. Insbesondere aus Art. 35 Abs. 2 S. 1 GG folgt, dass die Länder dem Bund nicht gestatten können, außerhalb der ausdrücklich geregelten Fälle tätig zu werden. Spätestens durch diese Verfassungsänderungen, die einen Einsatz des BGS von besonderen Voraussetzungen abhängig macht, ist dies verfassungsrechtlich klargestellt.[348]

Angesichts dessen ist Vorsicht geboten, wenn die Aufgaben- und Befugniserweiterungen durch die Notstandsnovellierung zum Anlass genommen werden,

---

[346] Siehe ausführlich oben 2. Kapitel B.

[347] Mit verschiedenen Akzentuierungen und Folgerungen Maunz, in: Maunz/Dürig, Art. 35 Rn. 12; Evers, in: Bonner Kommentar, Art. 37 Rn. 65 (1967); Lisken/Denninger, HdbPolR, Abschnitt C Rn. 138; Drews/Wacke/Vogel/Martens, Gefahrenabwehr, S. 122. Anders nur Heesen/Nitsche, Die Polizei 1986, 1 , 14 f. die mit Verweis auf „zahlreiche Verwaltungsabkommen" die Länder für berechtigt halten, ihre Hoheitsgewalt und Kompetenzen zugunsten des Bundes preiszugeben, weshalb die besonderen Kompetenztitel des BGS nicht als abschließend anzusehen seien. Diese Ansicht kann jedoch kaum noch als vertretbare Verfassungsinterpretation angesehen werden. Die zwingende Charakter der Kompetenzordnung und die daraus folgende Unzulässigkeit der Disponierung von Staatsaufgaben ist seit Jahrzehnten rechtswissenschaftliches Allgemeingut.

[348] Lisken/Denninger, HdbPolR, Abschnitt C Rn. 138; Drews/Wacke/Vogel/Martens, Gefahrenabwehr, S. 122; Papier, DVBl. 1992, 1, 3 f.

dem BGS eine „Multifunktionalität" zuzusprechen.[349] Zwar kann man das Aufgabenspektrum des BGS derart bezeichnen, jedoch in einem eingeschränkten Sinne: Eine Multifunktionalität ergibt sich aus der Zusammenschau des Art. 87 Abs. 1 S. 2 GG mit den im GG ausdrücklich zugewiesenen Aufgaben, die nicht auf den Grenzschutz beschränkt sind. Zugleich muss jedoch immer betont werden, dass es sich dabei um spezielle Kompetenztitel handelt, deren Voraussetzungen in Normalzeiten gerade nicht erfüllt sind. Die grundgesetzlichen Regelungen sowie die Gesetzesmaterialien enthalten nichts, was für eine Erweiterung der Aufgaben und Befugnisse in Normalzeiten spricht. Die Wertung des Verfassungsgebers besagt folglich eher das Gegenteil: Die enumerative Eröffnung des allgemein-polizeilichen Tätigkeitsbereichs ausschließlich in Ausnahmesituationen unterstreicht die Monostrukturiertheit des BGS in Normalzeiten.[350] Nicht überzeugen kann das Gegenargument, bei den Einsätzen in den genannten Gefahrenlagen gehe es um die Wahrnehmung allgemeinpolizeilicher Aufgaben, die als Eingriffe in die Polizeihoheit einer Zulassung auf Verfassungsebene bedurften.[351] Darin kann kein Anhaltspunkt für einen unbeschränkten Tätigkeitsbereich des BGS in Normalzeiten gesehen werden, weil dies bei Schaffung der Notstandsverfassung (noch) außerhalb der Vorstellungen der Beteiligten lag. Dem historischen Verfassungsgeber wird dadurch ein Wille unterstellt, den er gar nicht haben konnte.

Richtig ist nur, dass sich allein aus den „Notstandsregelungen" wohl keine zwingenden Schlüsse ziehen lassen, die für einen auf den Grenzschutz beschränkten Aufgabenbereich sprechen. Aus den Normen kann verallgemeinernd gefolgert werden, dass der allgemein-polizeiliche Zuständigkeitsbereich des BGS anhand der Kriterien „Gefahrenausmaß" (also Gefahren, die die Landespolizeien nicht beherrschen können) und „Wertigkeit des gefährdeten Rechtsguts" (wie z. B. die freiheitlich-demokratische Grundordnung) abschließend definiert ist. Keine eindeutige Antwort geben sie jedoch auf die Frage,

---

[349] So BVerfGE 97, 198, 215; weitergehender Willich, Diss., S. 222, der darin einen entscheidenden Schritt in der Entwicklung des BGS von der monostrukturierten zur multifunktionalen Polizei des Bundes sieht; ähnlich auch Heesen/Nitsche, Die Polizei 1986, 1, 14 f. Eine Extremposition vertritt Ronellenfitsch, VerwArch 1999, 139, 152 f., der gerade aus den betreffenden Normen folgern will, der BGS könne in Normalzeiten auch für grenzschutzfremde Aufgaben herangezogen werden.

[350] Ähnlich Hermes, in: Dreier, Art. 87 Rn. 42; Lisken/Denninger, HdbPolR, Abschnitt C Rn. 138; Papier, DVBl. 1992, 1, 8.

[351] Z. B. Ronellenfitsch, VerwArch 1999, 139, 152.

inwieweit dem BGS polizeiliche Spezialmaterien in Normalzeiten übertragen werden können.

Im Zusammenhang mit den „Notstandsregelungen" hat das Bundesverfassungsgericht den BGS als „multifunktional einsetzbaren Polizei des Bundes" bezeichnet.[352] Diese höchstrichterliche Qualifikation des BGS ist in diesem Rahmen zwar in der Sache vertretbar, fordert jedoch eine unzulässige Übertragung der Terminologie auf den verfassungsrechtlichen Normalfall geradezu heraus.[353] Die „Multifunktionalität" im Sinne des Bundesverfassungsgerichts kann in Normalzeiten gerade keine Geltung beanspruchen.

3. Gehalt des Art. 87 Abs. 1 S. 2 GG

a. Regelungsgehalte

Auch wenn in Bezug auf Art. 87 GG nicht von einer schlüssigen Regelungssystematik ausgegangen werden kann,[354] lassen sich doch zwei Regelungsgehalte hervorheben. In Abweichung vom Grundsatz der Länderexekutive (Art. 83 GG) bestimmt Art. 87 GG Fälle der bundeseigenen Verwaltung. Vorrangiger Sinn und Zweck ist also die Abgrenzung der Gegenstände der bundeseigenen Verwaltung gegenüber der generellen Verwaltungskompetenz der Länder („Kompetenznorm").[355] Darin sachlogisch eingeschlossen wird die materielle Verwaltungskompetenz für die den Behörden zukommenden Aufgaben, d. h. die materielle Basis für die Entfaltung entsprechender Aktivitäten, begründet.[356] Außerdem ist Art. 87 GG unstreitig eine Grundsatznorm über die Art und Weise der Organisation der bundeseigenen Verwaltung („Organisationsnorm").[357]

---

[352] Vgl. BVerfG a. a. O. (die dort genannten Verweise sind aber nicht weiterführend).

[353] Unzutreffend z. B. Ronellenfitsch, VerwArch 1999, 139, 152 f., Fehn, Die Polizei 2001, 114, 117, die sich unter Verkennung der missverständliche Terminologie zu Unrecht auf das Bundesverfassungsgericht berufen.

[354] Siehe dazu Jestaedt, in: MAK, Art. 87 Rn. 40.

[355] Die Regelungsgehalte werden unterschiedlich unterteilt, ähnlich wie hier z. B. Lerche, in: Maunz/Dürig, Art. 87 Rn. 119; Hermes, in: Dreier, Art. 86 Rn. 13; vgl. auch Jestaedt, in: MAK, Art. 87 Rn. 40 f.

[356] Lerche a. a. O.; Sachs, in: Sachs, Art. 87 Rn. 11; Bull, in: Alternativkommentar, Art. 87 Rn. 24.

[357] Siehe BVerfGE 63, 1, 32 f.; Jestaedt, in MAK, Art. 87 Rn. 42; Lerche, in: Maunz/Dürig, Art. 87 Rn. 15.

Beide Regelungsgehalte sind für die vorliegende Problematik jedoch nicht weiterführend, da sie nicht die Frage beantworten können, ob und inwieweit der BGS sonstige, in der Norm nicht geregelte Aufgaben wahrnehmen darf. Fraglich ist also, ob Art. 87 GG ein dritter Regelungsgehalt zukommt.

Diese Frage würde nur dann keiner Antwort bedürfen, wenn Art. 87 Abs. 1 S. 2 GG selbst als Verwaltungskompetenztitel herangezogen werden könnte, um die Wahrnehmung von grenzschutzfremden Aufgaben zu legitimieren. Dieser Überlegung wird jedoch allgemein zu Recht eine Absage erteilt. Vor allem am Beispiel der Übertragung der bahnpolizeilichen Aufgaben an den BGS wird ganz überwiegend festgestellt, dass dies nicht auf Art. 87 Abs. 1 S. 2 GG gestützt werden kann, weil der dafür erforderliche Grenzschutzbezug nicht gegeben ist.[358] Selbst die Stimmen, die ein unbeschränktes Aufgabengebiet des BGS befürworten, gehen also davon aus, dass Art. 87 Abs. 1 S. 2 GG einen Grenzschutzbezug verlangt.

Zunächst spricht dafür der insoweit eindeutige Wortlaut der Vorschrift („Bundesgrenzschutzbehörden"). Bedeutsamer ist jedoch die in vielfacher Hinsicht enge Verknüpfung von Art. 87 Abs. 1 S. 2 GG mit der entsprechenden Gesetzgebungskompetenz des Bundes für den „Grenzschutz" nach Art. 73 Nr. 5 GG. Systematisch kommt dies im Verhältnis zu Art. 86 GG zum Ausdruck, da Art. 87 GG eine besondere Ausprägung des Art. 86 GG ist, der den Verwaltungstyp des Bundesvollzugs von Bundesgesetzen in Form der bundeseigenen Verwaltung legitimiert, indem unmittelbar an Bundesgesetzgebungskompetenzen angeknüpft wird. Die enge Verwandtschaft zwischen den beiden Normen macht auch die Entstehungsgeschichte deutlich, weil beide Normen im Parlamentarischen Rat in engem zeitlichen Zusammenhang und ohne nähere Erörterung verabschiedet wurden.[359]

Für den BGS gilt insoweit vergleichbares wie für sein tatbestandliches Umfeld innerhalb des Art. 87 Abs. 1 S. 2 GG. Der Zusammenhang zwischen Verwaltungs- und Gesetzgebungskompetenz besteht auch bei anderen, in Art. 87 GG angesprochenen Sachmaterien, wie z. B. der Auswärtige Dienst mit der Gesetzgebungskompetenz des Bundes für auswärtige Angelegenheiten (Art. 73 Nr. 1 GG) oder Zentralstellenkompetenz auf dem Gebiet der inneren Sicherheit (Art. 73 Nr. 10 GG).

---

[358] So z. B. Jutzi, DÖV 1992, 650, 651; Schreiber, DVBl. 1992, 589, 593; a. A. nur Ronellenfitsch, VerwArch 1999, 139, 161, der einen funktionellen Grenzbezug für begründbar hält (ohne Begründung).

[359] Siehe oben 3. Kapitel A. II.

Allerdings kann zumindest allein aus dem Verhältnis von Gesetzgebungs- und Verwaltungskompetenz des Bundes auf dem Gebiet des Grenzschutzes nicht geschlossen werden, dass der BGS verfassungsrechtlich auf solche Aufgaben beschränkt sei. Nach dem GG sind die Staatsaufgaben zwischen Bund und Ländern nicht nach korrespondierenden Materien verteilt; die Aufteilung der Staatsfunktionen folgt nicht der Aufteilung der Materien.[360] Erwägenswert bleibt weiterhin die Überlegung, grenzschutzfremde Aufgabenübertragungen nicht auf Art. 87 Abs. 1 S. 2 GG, sondern auf andere Verwaltungskompetenztitel zu stützen.

b. Art. 87 GG und die grundgesetzliche Kompetenzverteilung

Nachdem bewiesen wurde, dass Art. 87 Abs. 1 S. 2 GG nur zum Vollzug von Grenzschutzaufgaben berechtigt, stellt sich nunmehr die Frage, ob es diese Norm erlaubt, auf andere (geschriebene oder ungeschriebene) Kompetenztitel des GG zurückzugreifen, um dadurch Aufgaben zu legitimieren, die mit der Sicherheit der Grenzen in keinem Zusammenhang stehen.

Die überwiegende Ansicht im Schrifttum hält dies offenbar für so unproblematisch, dass nähere Erörterungen dieser Frage nur selten zu finden sind. Einem auf Grenzschutzaufgaben begrenzten Aufgabenbereich des BGS entgeht die h. M. einfach dadurch, indem sie auf andere - vor allem im VIII. Abschnitt geregelte - Verwaltungskompetenzen Bezug nimmt. Das Bundesverfassungsgericht erlaubt ebenfalls einen derartigen Rückgriff, stellt mit der „Geprägeformel" allerdings eine zusätzliche bedeutsame Voraussetzung auf.

Dieses Verständnis des Art. 87 Abs. 1 S. 2 GG greift jedoch zu kurz. Auszugehen ist von Art. 87 GG als Ausnahmebestimmung von der prinzipiell bestehenden Länderhoheit im Bereich des Polizeiwesens.[361] Die Aufzählung der in Art. 87 GG enthaltenen polizeilichen Verwaltungsträger ist erschöpfend. Auch der Vollzug von Bundesgesetzen durch die bundeseigene Verwaltung ist nach der Grundregel des Art. 83 GG nur zulässig, soweit das Grundgesetz dies bestimmt oder zulässt.[362]

Wenn man nun mit der h. M. die bundeseigenen Verwaltungseinrichtungen als sachlich unbeschränkt ansieht, stellt sich die Frage, wozu die Einrichtungen durch die Verfassung bestimmten materiell-rechtlichen Sachbereichen zuge-

---

[360] Insoweit zustimmungswürdig Ronellenfitsch, VerwArch 1999, 139, 151.

[361] Gusy, DVBl. 1993, 1117, 1127.

[362] BVerfGE 63, 1, 39 f.; Blümel, in: HdbStR IV, § 101 Rn. 74 m. w. N.; Groß, in: Berliner Kommentar, Art. 83 Rn. 8; Lerche, in: Maunz/Dürig, Art. 87 Rn. 3 (insoweit unstr.),

ordnet worden sind. Wenn es tatsächlich so wäre, dass die bundeseigenen Behörden jede Art von Aufgaben übernehmen könnten, solange nur der Bund für die in Rede stehende Sachmaterie körperschaftlich zuständig ist, gäbe es für eine sachliche Definition ihres Aufgabenbereichs keinen hinreichenden Grund. Diesem Einwand kann entgangen werden, wenn man Art. 87 GG nicht nur als eine Regelung versteht, die die Kompetenzen zwischen Bund und Länder voneinander abgrenzt („Kompetenznorm") und die Organisation der bundeseigenen Verwaltung bestimmt („Organisationsnorm"), sondern die darüber hinausgehend die Aufgabenbereiche der Bundeseinrichtungen in einem abschließenden Sinne benennt. Dies bedeutet, dass Art. 87 GG einen dritten Regelungsgehalt besitzt, wonach die ausnahmsweise zugelassenen polizeilichen Verwaltungseinrichtungen auf die dort genannten materiell-rechtlichen Materien begrenzt sind, um eine aus Gründen der Bundesstaatlichkeit und des Grundrechtsschutzes problembehaftete Konzentration von Verwaltungskompetenzen auf eine einzige Behörde zu verhindern. Im Hinblick auf den BGS, der als einzige mit umfangreichen exekutiven Befugnissen ausgestattete Polizeibehörde des Bundes in der Lage ist, mit der Länderhoheit im Polizeiwesen zu konkurrieren, kann Art. 87 GG nach dieser Maßgabe als *„Dekonzentrationsnorm"* bezeichnet werden.
Nur dieses Verständnis ist mit der grundgesetzlichen Systematik der Verteilung von Vollzugskompetenzen im Bereich des Polizeiwesens reibungslos in Übereinstimmung zu bringen. Das Grundgesetz überlässt die Zuständigkeiten des Bundes zur Errichtung von Behörden im Polizeiwesen nicht einem Kompetenzkatalog wie bei der Verteilung der Gesetzgebungskompetenzen (Art. 73 ff. GG), sondern führt die zulässigen Verwaltungseinrichtungen ausdrücklich auf.[363] Wenn aber die zulässigen Verwaltungseinrichtungen durchweg bestimmten Sachmaterien zugeordnet werden und sonstige Aufgabenerweiterungen nicht ausdrücklich erlaubt werden, muss wegen des Regel-Ausnahmeverhältnisses zwischen Bund und Ländern diese Zuordnung als zwingend und abschließend angesehen werden.
Dementsprechend wird der für sich genommen zutreffende Hinweis der Gegenansicht, dass durch die Konzentration von Bundeskompetenzen auf eine bestimmte Bundesbehörde die grundgesetzliche Kompetenzverteilung zwi-

---

[363] Dagegen spricht nicht Art. 87 Abs. 3 GG, wonach weitere Bundesbehörden eingerichtet werden können, weil diese „Generalklausel" auf bereits ausdrücklich normierte Verwaltungsaufgaben des Bundes keine Anwendung findet (wohl unstr., siehe Dittmann, Bundesverwaltung, S. 89 f.; Gusy, DVBl. 1993, 1117, 1126 f. m. w. N.).

schen Bund und Ländern nicht verändert werde,[364] der Bedeutung des Art. 87 GG nicht gerecht. Die abschließend zu verstehende Zuordnung würde umgangen, wenn man einen unbegrenzten Rückgriff auf andere Verwaltungskompetenzen zur Ausweitung des Aufgabenbereichs für zulässig hält.[365] Ein Rückgriff auf sonstige Verwaltungskompetenztitel wäre nur vertretbar, wenn man in Art. 87 nur einen Verwaltungskompetenztitel unter vielen sieht. Eine derartige Gleichrangigkeit wäre aber mit Art. 87 GG als Ausdruck der begrenzten Verwaltungskompetenzen des Bundes zur Errichtung einer bundeseigenen Verwaltung im Polizeiwesen nicht in Einklang zu bringen.

Die gegenteilige Vorstellung, die Grenzschutzaufgabe sei im Hinblick auf die „Bundesgrenzschutzbehörden" quasi nur beispielhaft genannt, lässt sich nicht überzeugend begründen. So wird teilweise argumentiert,[366] dass dort, wo der BGS im GG genannt wird, es sich um Kompetenzabgrenzungsnormen im Bund-Länderverhältnis handele, in denen der BGS nur deshalb erwähnt sei, weil er als einzig hierfür relevante Bundespolizeibehörde in Betracht komme. Deshalb sei der Regelungsgegenstand der Normen nicht die Kompetenzen speziell des BGS, sondern die des Bundes insgesamt, woraus keine über die jeweilige Regelung hinausgehende Ausschlusswirkung hinsichtlich anderer Tätigkeitsbereiche für den BGS abgeleitet werden dürfe. Dieses angeblich am Willen des Verfassungsgebers orientierte Verständnis lässt sich aber schon mit der insoweit eindeutigen Entstehungsgeschichte des Art. 87 Abs. 1 S. 2 GG sowie dessen jahrzehntelange Handhabung durch den Gesetzgeber nicht vereinbaren. Wie bereits gezeigt, standen die „Bundesgrenzschutzbehörden" des 87 Abs. 1 S. 2 GG nach dem Willen des Verfassungsgebers mitnichten stellver-

---

[364] Z. B. Schreiber, DVBl. 1992, 589, 594 f.

[365] Ähnlich wie hier Hermes, in: Dreier, Art. 87 Rn. 42 (vgl. aber auch Rn. 36). Zweifelhaft ist aber das zusätzliche Argument des Art. 87 Abs. 3 S. GG, wonach die Missachtung der speziellen Kompetenzen des Art. 87 GG gegenüber allen anderen Bundesverwaltungskompetenzen dazu führen könne, über einen Rückgriff auf Art. 87 Abs. 3 S. 1 GG die Generierung neuer Bundesverwaltungskompetenzen mit Sicherheitsbezug zu ermöglichen, womit im Ergebnis einer schleichenden Entwicklung des BGS zu einer allgemeinen Bundespolizei keine Grenzen gezogen wären (Rn. 42). Dagegen spricht, dass Art. 87 Abs. 3 GG nur die Errichtung von neuen Bundesbehörden zur Wahrnehmung von bereits bestehenden Gesetzgebungskompetenzen zum Gegenstand hat und folglich keine neuen Verwaltungskompetenzen für den BGS ermöglichen oder verhindern kann. Insoweit ist nicht recht einleuchtend, wie der BGS über Art. 87 Abs. 3 GG zu einer allgemeine Bundespolizei gemacht werden könnte.

[366] Willich, Diss., S. 233; ähnlich Schreiber, DVBl. 1992, 589, 593.

tretend für alle nach der Verfassung zulässigen Bundespolizeibehörden, sondern sie betrafen allein den Grenzschutz.[367] Eine Art „Platzhalterfunktion" des BGS für alle anderen polizeilichen Kompetenzen des Bundes hat es nie gegeben.

Vor diesem Hintergrund wird auch deutlich, dass der im Schrifttum geradezu formelhaft wiederholte Verweis auf das weite Ermessen des Bundes in organisationsrechtlichen Fragen an der Problemstellung vorbeigeht, zumindest soweit damit ein unbeschränkter Zuständigkeitsbereich begründet werden soll.[368] Der weite organisatorische Gestaltungsbereich des Bundes bei der Ausgestaltung seiner Verwaltungseinheiten[369] darf nicht darüber hinwegtäuschen, dass dieser Spielraum unzweifelhaft in den Kompetenz- und Organisationsnormen der Art. 83 ff. GG seine Grenzen findet, deren Regelungsgehalte über bloße organisatorische Fragen weit hinausgehen. Genau in diesen föderativ-kompetenziellen Problembereich fällt aber die Frage, ob es Art. 87 Abs. 1 S. 2 GG erlaubt, auf den BGS unbegrenzt (vollzugs-) polizeiliche Aufgaben zu konzentrieren oder nicht. Mit dem Hinweis auf den organisatorischen Spielraum des Bundes ist also für die in Rede stehende Frage nichts gewonnen.

c. Typisierungscharakter der Grenzschutzaufgabe („Typentheorie")

Neben einem nur durch das Erfordernis einer Bundesverwaltungskompetenz begrenzten Zuständigkeitsbereich des BGS und der hier vertretenen Begrenzung des BGS auf ausdrücklich im Grundgesetz geregelte Aufgaben vertritt Burgi[370] einen vermittelnden Lösungsansatz, indem er den in Art. 87 GG geregelten materiellen Zuständigkeitsbereichen „Typisierungscharakter" zuspricht. Bezogen auf die „Bundesgrenzschutzbehörden" bedeute dies, die Grenzschutzaufgabe müsse nicht als exklusive, abschließende Aufgabenzuweisung, sondern

---

[367] Papier, DVBl. 1992, 1, 8; Schnupp, DÖD 1972, 8, 9; ähnlich auch schon Lange, JR 1962, 166, 167; insoweit zutreffend auch Jutzi, DÖV 1992, 650, 655.

[368] So aber z. B. Riegel, BGSNeuRegG, Einl., Rn. 42; Jutzi, DÖV 1992, 650, 651; Schreiber, DVBl. 1992, 589, 593 f.; ähnlich auch die Stellungnahme der Bundesregierung in BVerfGE 97, 198, 209. Symptomatisch auch Lerche in: Maunz/Dürig, Art. 87 Rn. 42, worauf sich vielfach bezogen wird. Danach wird eine „ressortmäßige Trennung" durch Art. 87 Abs. 1 S. 1 GG nicht verlangt. Dies mag für S. 1 zutreffen – nicht geprüft wird jedoch, ob die Art. 30, 70, 83 GG eine andere Einschätzung des Verwaltungsträgers BGS (S. 2) erzwingen. Ebenso unbefriedigend Jestaedt, in MAK, Art. 87 Rn. 76 a.

[369] Siehe dazu BVerfGE 63, 1, 34, 40 f.

[370] Burgi, in v. Mangoldt/Klein/Starck, Art. 87 Rn. 49; vgl. auch Rn. 22 (dort bezogen auf den organisationsrechtlichen Gehalt des Art. 87 Abs. 1 S. 1 GG).

nur als ein wesensbestimmendes Merkmal angesehen werden, das zwar die Hauptaufgabe des BGS benennt, jedoch in begrenztem Umfang auch andere Aufgaben zulässt.[371] Es käme deshalb darauf an, ob die „eigentlichen Aufgaben" der BGS-Behörden deren Tätigkeit nach Art, Umfang und Aufwand noch zu prägen vermögen.[372] Diese Position ist zumindest im Ergebnis mit der „Geprägeformel" praktisch identisch. Sie unterscheidet sich aber u. a. darin, dass sie die Begrenzung des BGS-Aufgabenbereichs anhand einer Wortlautauslegung des Art. 87 GG selbst erreichen will, während das Bundesverfassungsgericht dies aus dem Regel-Ausnahmeverhältnis der Zuständigkeiten von Bund und Ländern versucht.

Gegen eine Typisierung der Grenzschutzaufgabe in diesem Sinne muss aber folgendes eingewendet werden: Zum einen dient der Typus der jeweiligen Sachmaterie nach zumindest bisheriger Ansicht im Schrifttum ausschließlich zur Auslegung der in Art. 87 GG genannten materiell-rechtlichen Gehalte, d. h. zur Beantwortung der Frage, ob die jeweilige in Rede stehende Sachmaterie nach Art. 87 GG so ausgelegt werden kann, dass sie als Verwaltungskompetenztitel für andere, damit nicht unmittelbar zusammenhängenden Aufgaben herangezogen werden kann.[373] In Bezug auf den BGS wurde diese Frage hinsichtlich grenzschutzunabhängiger Aufgaben bereits oben verneint, weil Art. 87 Abs. 1 S. 2 GG nur zur Ausführung grenzbezogener Aufgaben ermächtigt. Vorliegend geht es jedoch darum, ob es Art. 87 Abs. 1 S. 2 GG verbietet, den „Bundesgrenzschutzbehörden" Aufgaben zu übertragen, die sich nur auf andere Verwaltungskompetenztitel stützen lassen. Über die Zulässigkeit eines derartigen Rückgriffs sagt allein der Typus des Verwaltungskompetenztitels „Grenzschutz" gerade nichts aus. Eine „analoge Anwendung" ist wegen diesen unterschiedlichen dogmatischen Ausgangssituationen kaum haltbar.

Zum anderen ist zu beachten, dass die im Schrifttum herkömmlicherweise genannten Voraussetzungen für die Zulassung von Aufgaben, die vom jeweiligen

---

[371] Burgi a. a. O. Soweit ersichtlich wird ansonsten die „Typentheorie" auf die vorliegende Problematik nicht angewendet. Ähnliche Erwägungen werden aber in anderen Zusammenhängen angestellt, z. B. hinsichtlich der Frage, bis zu welchen Umfang die obligatorische bundeseigene Verwaltung wahrzunehmen ist, vgl. z. B. Sachs, in: Sachs, Art. 87 Rn. 22 („spezifischer Kernbereich"); Traumann, Die Organisationsgewalt im Bereich der bundeseigenen Verwaltung, S. 85 ff.. („Organisatorische Typenbestimmung"); Lerche, in: Maunz/Dürig, Art. 87 Rn. 15 Fn. 14 m. w. N.

[372] So Burgi a. a. O., m. w. N.

[373] Vgl. Lerche in: Maunz/Dürig, Art. 87 Rn. 15 Fn. 5.

„Typus" abweichen, nicht gegeben sind. Nach allgemeiner Ansicht sind die Festlegungen in Art. 87 GG als „Grundsatzaussagen" zu verstehen, die „Auflockerungen" erlauben, wenn dafür triftige Gründe vorhanden sind.[374] Eine zwingende Gebotenheit wie bei ungeschriebenen Bundeszuständigkeiten ist zwar nicht erforderlich, weil nur die richtige Auslegung in Rede steht und nicht die zusätzliche Begründung einer ungeschriebenen Kompetenz.[375] Wegen des kompetenziellen Regel-Ausnahmeverhältnisses ist es aber zumindest erforderlich, dass für sonstige Aufgaben „zusätzliche, aus den Gegebenheiten der jeweiligen Aufgabe folgende Gründe" vorliegen.[376]

In Bezug auf die meisten Tätigkeitsbereiche sowie das heutige Aufgabenspektrum des BGS insgesamt kann von „Auflockerungen" der Hauptaufgabe „Grenzschutzaufgabe" kaum die Rede sein. Die meisten Tätigkeitsbereiche des BGS stehen im Hinblick auf den Grenzschutz in keinem irgendwie gearteten Verwandtschaftsverhältnis. Ein Blick in den ersten Abschnitt des BGSG („Aufgaben und Verwendungen") macht den extrem heterogenen Aufgabenbereich des BGS deutlich.[377] Zudem tritt die eigentliche Hauptaufgabe „Grenzschutz" seit einigen Jahren immer mehr in den Hintergrund. Angesichts dessen erscheint auch die Haltung von Burgi widersprüchlich, wenn er einerseits durch die „Typentheorie" nur mit dem Grenzschutz „verwandte" Sachmaterien zulassen will, gleichzeitig jedoch das heutige Aufgabenspektrum des BGS kritiklos hinnimmt.[378]

---

[374] Burgi a. a. O. („verwandte Sachmaterien"); Lerche in: Maunz/Dürig, Art. 87 Rn. 15, 16 („essentielle Bereiche") m. w. N.; vgl. auch Traumann, Die Organisationsgewalt im Bereich der bundeseigenen Verwaltung, S. 65 f.; 186 f. Darauf hinzuweisen ist, dass die in den aufgeführten Fundstellen angesprochene „Typisierung" in unterschiedlichen Zusammenhängen und Begrifflichkeiten behandelt wird, worin nicht zuletzt die bis heute nicht hinreichende dogmatische Durchdringung der Art. 86 ff. GG zum Ausdruck kommt.

[375] Lerche a. a. O.

[376] Lerche in: Maunz/Dürig, Art. 87 Rn. 15; vgl. auch Burgi, in: v. Mangoldt/Klein/Starck, Art. 87 Rn. 25, in Bezug auf verselbstständigte Organisationsformen im Bereich des Auswärtigen Dienstes.

[377] Teilweise realitätsfern sind regierungsamtliche Stellungnahmen wie z. B. die Pressemitteilung des Bundesinnenministeriums anlässlich des Aufgabenübertragungsgesetzes, wo von einem „abgerundeten Aufgabenbereich" die Rede ist (NVwZ 1992, 1073, 1074; ebenso der damalige Bundesinnenminister R. Seiters, Neue Aufgaben und neue Organisation für den Bundesgrenzschutz, Die Polizei 1992, 237, 239).

[378] Burgi a. a. O.

Außerdem ist - wie auch noch in Bezug auf die Geprägeformel des Bundesverfassungsgerichts zu zeigen sein wird - der Gedanke einer behördlichen Typisierung als Kriterium zur Bestimmung des zulässigen Aufgabenbereichs der jeweiligen Verwaltungseinrichtung auch nicht geeignet, weil es an aussagekräftigen, handhabbaren Kriterien mangelt. Dieser Schwachpunkt wird besonders deutlich, wenn man sich vor Augen führt, dass es sich hier wegen der grundsätzlichen Polizeihoheit der Länder um einen zentralen Aspekt des Bundesstaatsprinzips handelt, der mit nebulösen behördlichen „Charakterfragen“ nicht angemessen zu beantworten ist.

4. Die „Prägeformel“ des Bundesverfassungsgerichts

a. Herleitung der Prägeformel

Das Bundesverfassungsgericht vertritt eine differenzierte Ansicht, indem es einerseits einen unbeschränkten Zuständigkeitsbereich ablehnt, gleichzeitig jedoch Aufgaben ohne Grenzbezug unter den Voraussetzungen der „Prägeformel“ für zulässig hält. Entgegen der bis zur Entscheidung h. M. misst das Bundesverfassungsgericht Art. 87 Abs. 1 S. 2 GG also eine aufgabenbeschränkende Wirkung zu. Aus Gründen der „Rechtsstaatlichkeit, der Bundesstaatlichkeit und des Grundrechtsschutzes“ sei der Ausnahmefall einer Bundespolizei zu begrenzen, weswegen das „Gepräge“ des BGS erhalten bleiben müsse.[379] Hier drängt sich die Frage auf, wieso das Bundesverfassungsgericht Anlass für eine einschränkende Zulassung von grenzschutzabhängigen Aufgabenübertragungen gesehen hat, wenn nach dessen Ansicht der BGS grundsätzlich zuständig sein soll, solange nur der Bund die Gesetzgebungs- und Verwaltungskompetenz für sich beanspruchen kann.[380] Der Erhaltung der Sonderpolizeieigenschaft des BGS gegenüber den allgemeinen Landespolizeien – wie offenbar das Bundesverfassungsgericht meint – konnte diese Einschränkung nicht dienen. Da der Bund nach Art. 30, 70, 83 GG für allgemeine Polizeiaufgaben nicht zuständig sein kann, ist er (abgesehen von den Sonderregelungen in Art. 35 Abs. 2, 3, 91, 115 f GG) in jedem Fall auf die Wahrnehmung sonderpolizeilicher Aufgaben beschränkt. Deshalb muss eine wie auch immer geartete „Bundespolizeibehörde“ zwangsläufig sonderpolizeiliche Aufgaben wahrnehmen. Geht man mit dem Bundesverfassungsgericht davon aus, dass der BGS nicht auf Grenzschutzaufgaben beschränkt sei, kann

---

[379] BVerfGE 97, 198, 218.

[380] BVerfG a. a. O., S. 217.

es folglich verfassungsrechtlich keine Rolle spielen, ob das tatsächliche Gepräge des BGS in Folge der Übernahme weiterer Aufgaben verändert wird. Durch derartige Veränderungen kann die Sonderpolizeieigenschaft des BGS nicht in Gefahr geraten. Solange dem Bund die notwendigen Kompetenzen zustehen, wird die Ausnahme einer „Polizei des Bundes“ also nicht in Frage gestellt, wenn man den BGS Aufgaben zuweist, die in keinem Zusammenhang mit der Sicherheit der Grenzen stehen.
Diese Überlegung macht deutlich, dass der eigentliche Problempunkt darin liegt, wie die Konzentration von polizeilichen Aufgaben und Befugnissen auf eine einzige Bundesbehörde verfassungsrechtlich zu beurteilen ist. Das Bundesverfassungsgericht hat genau diese entscheidende Frage anhand eines etwaigen „Trennungsgebots“[381] auch aufgeworfen, jedoch unverständlicherweise ausdrücklich offengelassen.[382] Es ist nicht recht nachvollziehbar, wieso „jedenfalls“[383] unter den Voraussetzungen der Geprägeformel ein unbeschränkter Aufgabenbereich zulässig sein soll.

b. Kriterien der Geprägeformel

Während die begrenzte Zulassung der Übernahme von grenzschutzfremden Aufgaben für sich genommen noch als vertretbar erscheinen mag, wird die Schwäche der Geprägeformel bei Untersuchung der Kriterien überdeutlich. Das Bundesverfassungsgericht bezieht sich auf zwei Kriterien, die das sonderpolizeiliche Gepräge des BGS garantieren sollen.

---

[381] Das „Trennungsgebot“ im hier diskutierten Sinne ist abzugrenzen vom Trennungsgebot „im klassischen Sinne“, das die unzulässige Zusammenlegung von (Kriminal-)Polizei und Verfassungsschutz wegen der Eigenart der Materien betrifft. So dürfen Zentralstellen von Verfassungsschutz oder Nachrichtendienste wegen ihrer andersartigen Aufgaben und Befugnissen nicht mit polizeilichen Vollzugsbehörden zusammengelegt werden (BVerfGE 97, 198, 217; im Schrifttum str., siehe dazu z. B. Hermes, in: Dreier, Art. 87 Rn. 36 m. w. N.). Das Bundesstaatsprinzip und die Hoheitsrechte der Länder auf dem Gebiet der inneren Sicherheit werden davon nicht unmittelbar berührt. Wegen den unterschiedlichen Sachverhalten ist die Begriffswahl „Trennungsgebot“ für die hier in Rede stehende Problematik nicht empfehlenswert.

[382] BVerfG a. a. O. Anders Werthebach/Droste, in: Bonner Kommentar, § 73 Nr. 243, die kritisieren, dass das Bundesverfassungsgericht diese Frage „ohne Not“ aufgeworfen habe. Diese Stellungnahme liegt darin begründet, dass dort das „Trennungsgebot“ ausschließlich auf das Verhältnis zwischen Polizei und Nachrichtendiensten bezogen wird und die Problematik eines „multifunktionalen“ BGS offenbar nicht erkannt wird; ähnlich Ronellenfitsch, VerwArch 1999, 139, 160.

[383] So BVerfG a. a. O.

Anlässlich der Übertragung von bahnpolizeilichen Aufgaben wird zum einen darauf verwiesen, dass die Befugnisse nach dem BGSG an der bahnpolizeilichen Aufgabe orientiert seien.[384] Ausdrücklich angesprochen wird der Bereich der Strafverfolgung, wo der BGS gemäß § 12 Abs. 1 Nr. 5 BGSG auf die Verfolgung von bahnspezifischen Vergehen und Verbrechen beschränkt ist, was das Gepräge der in der Verfassung vorgesehenen Aufgaben wahre. In diesem Ausflug ins Befugnisrecht liegt allerdings kaum ein Kriterium zur Bewahrung des „BGS-Gepräges". Es ist inzwischen selbstverständliches Allgemeingut, dass sich die Ausstattung von Befugnissen nach der Aufgabe richten müssen und nicht unabhängig davon erfolgen dürfen. Umgekehrt jedoch lassen sich aus einer Begrenzung auf der Befugnisebene keine Schlüsse für die Zulässigkeit der Aufgabe ziehen. Maßgeblicher Gesichtspunkt ist allein die Zulässigkeit der Aufgabenübertragung, nicht die Ausstattung mit den zur Aufgabenerfüllung notwendigen Befugnissen.

Aus mehrfachen Gründen abzulehnen ist das zweite, entscheidende Kriterium, nämlich die Personalstärke der für die bahnpolizeilichen Aufgaben eingesetzten Kräfte im Verhältnis zu den sonstigen Bediensteten. Mit Verweis auf den Entwurf des Bundeshaushaltsplans 1998 geht das Bundesverfassungsgericht davon aus, das „derzeit" nicht mehr als 1/6 des Personals des BGS in Anspruch genommen wird.[385]

Dabei scheint das Bundesverfassungsgericht übersehen zu haben, dass die Stärke des Personals, das für einen *einzelnen*, jeweils im Rede stehenden grenzschutzfremden Aufgabenbereich eingesetzt wird, keine entscheidende Bedeutung dafür haben kann, ob das Gepräge des BGS *insgesamt* unberührt bleibt. Wenn man schon die Personalstärke als geeignetes Kriterium ansieht, hätte untersucht werden müssen, in welchem Verhältnis die Summe *aller* für grenzschutzfremde Aufgaben eingesetzte Bediensteten zur Zahl der eigentlichen „Grenzschützern" steht. Aus welchem Grund das Bundesverfassungsgericht davon abgesehen hat, ist nicht nachvollziehbar.

Die eigentliche Schwäche der Geprägeformel liegt aber darin, dass die Prüfungsmaßstäbe zur Beantwortung einer reinen Rechtsfrage auf faktische, tatsächliche Erwägungen ohne rechtlich konkretisierbare, praktisch handhabbare Kriterien verlagert wurden. Faktische Kriterien sagen nur wenig darüber aus, welches Gewicht der jeweiligen Aufgabenübertragung im föderalen Machtverteilungsgefüge zukommt. So lassen sich die genannten Zahlen durchaus auch

---

[384] BVerfG a. a. O., S. 225.

[385] BVerfG a. a. O.

anders bewerten. Der Einsatz eines jeden sechsten Bediensteten einer Verwaltungseinrichtung für Tätigkeitsbereiche, die mit ihrer Hauptaufgabe nichts zu tun haben, bietet durchaus Anlass für Zweifel, ob nicht doch ein Wandel des behördlichen Charakters einzutreten droht.[386]
Außerdem stellen sie wegen ihrer Unbestimmtheit keine geeignete Begrenzung der unübersehbaren Tendenz des BGS in Richtung einer allzuständigen Bundespolizei dar. Treffend formuliert Hermes: „Das Gepräge einer Polizei mit begrenzten Aufgaben vermag angesichts einer kontinuierlichen Entwicklung, in deren Verlauf sich dieses „Gepräge" ändern kann und tatsächlich ändert, keinerlei begrenzende Wirkung entfalten."[387] Es wird immer die Frage im Raum stehen, wie viele weitere Aufgabenübertragungen an den BGS noch möglich sind, bis die unzähligen sonderpolizeilichen Kompetenzen den BGS zu einer mit den allgemeinen Landespolizeien konkurrierende Polizeibehörde machen. Angesichts dessen wird deutlich, dass die Prägeformel nicht nur ungeeignet ist, einer drohenden Kompetenzverschiebung zwischen Bund und Ländern auf dem Gebiet des Polizeirechts effektiv zu begegnen – durch die Formulierung untauglicher Begrenzungskriterien wurde diese Entwicklung weiter erleichtert.[388]
Es ist jedoch heute müßig, die Schwächen des Kriteriums „Personalstärke" zu beklagen. Die begrenzende Wirkung der Prägeformel hat sich durch eine auf den ersten Blick unscheinbare Änderung der Aufgabenwahrnehmung des BGS auf Organisationsebene in der Zwischenzeit von selbst erledigt: Im Zuge der Änderung der Organisationsstruktur zum 1. Januar 1998 werden die grenzpolizeilichen, bahnpolizeilichen und luftpolizeilichen Aufgaben „integrativ" wahrgenommen, d. h. die Aufgabenbereiche des BGS werden nicht mehr bestimmten organisatorisch getrennten Verwaltungseinheiten zugeordnet, sondern von ein und denselben Dienststellen (Bundesgrenzschutzinspektionen)

---

[386] Kritisch ebenfalls: Jestaedt, in MAK, Art. 87 Rn. 76 Fn. 174 („... mehr als nur eine quantité negligeable..."); Hecker, NVwZ 1998, 707, 708.

[387] Hermes, in Dreier, Art. 87 Rn. 44.

[388] Hermes a. a. O.; kritisch ebenfalls Waechter, DÖV 1999, 138, 141. Die bisher überwiegende Ansicht stimmt dagegen der „Prägeformel" zu, siehe Burgi, in v. Mangoldt/Klein/Starck, Art. 87 Rn. 49; Bull, in: Alternativkommentar, Art. 87 Rn. 72 („Diese Aussagen sind überzeugend begründet und werden die Tendenz zu einer weiteren Ausdehnung bundespolizeilicher Zuständigkeiten einschränken"); siehe auch Ronellenfitsch, VerwArch 1999, 139, 161 (der nicht in den Kriterien des Bundesverfassungsgerichts, sondern in der Beschränkung des BGS auf grenzschutzbezogene Aufgaben eine Gefahr für das Gepräge des BGS zu erkennen glaubt).

wahrgenommen.[389] Aus Sicht der Praxis ist dies nachvollziehbar, da die räumlichen Überschneidungen und sachlichen Nahtstellen der Aufgabenbereiche eine organisatorisch einheitliche Aufgabenwahrnehmung anbieten. Auch verfassungsrechtlich ist diese Neuorganisation unbedenklich, solange die von den verschiedenen Aufgabenbereichen abhängigen unterschiedlichen Kompetenzen auf der Befugnisebene nicht verwischt werden.[390] Für die Geprägeformel des Bundesverfassungsgerichts bedeutet jedoch die Neuorganisation das faktische „Aus": Seitdem kann (auch nach eigener Aussage) nicht einmal der BGS bestimmen, wie viele Personen für grenzschutzfremde (insbesondere bahn- und luftpolizeiliche) Aufgaben im Einsatz sind, und wie viele ausschließlich zum Schutz der Grenzen tätig sind. Das Kriterium der Personalstärke hat damit seine begrenzende Wirkung praktisch vollständig verloren. Das „Gepräge" des BGS ist anhand dieses Maßstabes schlichtweg nicht mehr bestimmbar. Die Haltbarkeitsdauer der einzigen Entscheidung des Bundesverfassungsgerichts zum verfassungsrechtlichen Potential des BGS wurde damit schon nach kürzester Zeit überschritten.

IV. Fazit

Die Schwäche der Geprägeformel bestätigt die hier vertretene Auffassung eines exklusiven Aufgabenbereichs des BGS. Aus der Ungeeignetheit von Faktizitäten zur Bestimmung des verfassungsrechtlich zulässigen Aufgabenspektrums des BGS kann nur der Schluss gezogen werden, dass eine präzise Aufgabenbegrenzung ausschließlich anhand von rechtlichen Beurteilungskriterien gelingen kann. Die verfassungsrechtlich zwingende Begrenzung auf sonderpolizeiliche Kompetenzen, die das Bundesverfassungsgericht selbst anerkennt, hat direkten Einfluss auf die jeweilige in Frage stehende Kompetenzerweiterung und entfaltet seine beschränkende Wirkung nicht erst im Rahmen einer rechtsmethodologisch fragwürdigen Gesamtschau des Aufgabenspektrums des BGS. Nicht das Gepräge des BGS bestimmt seinen verfassungsrechtlich zulässigen Aufgabenbereich, sondern ausschließlich Art. 87 Abs. 1 S. 2 GG i. V. m. Art. 30, 70, 83 GG. Der begrüßenswerte Versuch des Bundesverfassungsgerichts, die Entwicklung des BGS zu einer allgemeinen Bundespolizei für die Exekutivbereiche des

---

[389] Siehe BGS-Jahresbericht 2000/2001, S. 49 f.

[390] Ein wichtiges Beispiel ist die ereignis- und verdachtsunabhängige Personenkontrolle nach § 22 Abs. 1 a BGSG, die zwar auf dem Gebiet der Bahnanlagen, jedoch ausschließlich zur Bekämpfung der unerlaubten Einreise vorgenommen werden darf.

Bundes zu verhindern, kann nur zum Erfolg führen, wenn man für grenzschutzunabhängige Aufgaben eine ausdrückliche Normierung im Grundgesetz verlangt. Aus der grundgesetzlichen Ausnahme einer „Polizei des Bundes" folgt nicht nur eine (ohnehin selbstverständliche) Beschränkung des Aufgabenbereichs durch die Verteilung der Gesetzgebungs- und Verwaltungszuständigkeiten zwischen Bund und Ländern; darüber hinaus verlangt die Verfassung eine sachliche und organisatorische Trennung der materiell-rechtlichen Zuständigkeit nach Art. 87 Abs. 1 S. 2 GG von anderen Bundeskompetenzen auf dem Gebiet des Polizeirechts. Nur wenn diese Zuständigkeit als abschließend verstanden wird, ist eine mit den Landespolizeien konkurrierende Bundespolizeibehörde ausgeschlossen. Darin kommt die Dimension des Art. 87 Abs. 1 S. 2 GG als *„Dekonzentrationsnorm"* zum Ausdruck. Dieser Normgehalt ist grundsätzlich bereichsspezifisch auf den BGS zu verstehen. Für die sonstigen in Art. 87 GG genannten Sicherheitsbehörden auf Bundesebene (in erster Linie das BKA) können diese Grundsätze nicht aktuell werden, weil aus einer Reihe von Gründen eine vergleichbare Aufgabenkonzentration mit der Folge einer mit den Ländern konkurrierende Bundespolizei nicht droht.

B. Aufgaben im Bereich der Bahnpolizei (§§ 3, 12 Abs. 1 S. 1 Nr. 5 BGSG)

Das neben dem Grenzschutz wohl wichtigste Aufgabengebiet des BGS ist die „Bahnpolizei" gemäß § 3 BGSG, eingeführt durch das Aufgabenübertragungsgesetz vom 23.01.1992.[391] Dieser Aufgabenbereich ist der erste und bisher einzige, auf den das Bundesverfassungsgericht[392] detailliert eingegangen ist. Während die Frage der grundsätzlichen Zulässigkeit von Aufgabenübertragungen an den BGS bereits oben untersucht wurde,[393] ist hier zu prüfen, auf welche Gesetzgebungs- und Verwaltungskompetenzen sich der Bund für die bahnpolizeilichen Aufgaben und Befugnisse des BGS stützen kann.

I. Verfassungsrechtliche Kompetenztitel

1. Art. 73 Nr. 5 i. V. m. Art. 87 Abs. 1 S. 2 GG

Art. 87 Abs. 1 S. 2 GG legitimiert nach fast einhelliger Ansicht nur die Wahrnehmung von Aufgaben, die in unmittelbarem Zusammenhang mit dem Schutz

---

[391] BGBl. I, S. 178.

[392] Beschluss vom 28.01.1998 (BVerfGE 97, 198).

[393] Siehe 3. Kapitel A.

der Außengrenzen stehen.[394] Aufgaben auf dem Bahngelände können also nur insofern auf Art. 87 Abs. 1 S. 2 GG gestützt werden, wenn ein funktionaler Bezug zur Grenzsicherheit besteht. Hier ist vor allem auf § 22 Abs. 1 a BGSG hinzuweisen, wonach in Zügen und auf dem Gebiet der Bahnanlagen ereignis- und verdachtsunabhängige Kontrollmaßnahmen zur Verhinderung oder Unterbindung der unerlaubten Einreise getroffen werden können. Dagegen hat die Aufgabenzuweisung in § 3 BGSG nicht den Grenzschutz zum Gegenstand, sondern die Abwehr von eisenbahnspezifischen Gefahren (Abs. 1). Infolgedessen ist festzustellen, das die „Bahnpolizei" eine grundsätzlich grenzschutzfremde Aufgabe ist, die mit Art. 87 Abs. 1 S. 2 GG in keinem inneren verfassungsrechtlichen Zusammenhang steht.[395]
Wenn also der BGS auf Bahnanlagen und Zügen grenzschutzbezogene Grundrechtseingriffe vornimmt, handelt er nicht zur Erfüllung seiner aus § 3 BGSG folgenden bahnpolizeilichen Aufgaben. Umgekehrt kann er sich nicht auf grenzschutzbezogene Befugnisse (wie die Personenkontrolle nach § 22 Abs. 1 a BGSG) stützen, wenn er Gefahren im Sinne des § 3 BGSG abwehren will.

2. Art. 73 Nr. 6 a i. V. m. Art. 87 e Abs. 1 S. 1 GG

Die bahnpolizeilichen Aufgaben des BGS nach § 3 BGSG könnten auf die Sachmaterie „Bundeseisenbahnen" gestützt werden.[396] Gemäß Art. 73 Nr. 6 a GG[397] hat der Bund die ausschließliche Gesetzgebung über den Verkehr von Eisenbahnen, die ganz oder mehrheitlich im Eigentum des Bundes stehen (Eisenbahnen des Bundes). Nach Art. 87 e Abs. 1 S. 1[398] ist die Eisenbahnver-

---

[394] Papier, DVBl. 1992, 1, 3 f.; Jutzi, DÖV 1992, 650 f.; a. A. nur Ronellenfitsch, VerwArch 1999, 139, 161.

[395] Unzutreffend daher Ronellenfitsch, VerwArch 1999, 139, 161, der die bahnpolizeilichen Aufgaben auf Art. 87 Abs. 1 S. 2 GG stützen will, weil auch hierfür ein funktioneller Grenzbezug begründbar sei (ohne Begründung). Grund für diese Ansicht ist möglicherweise die räumlich sich überschneidenden Zuständigkeitsbereiche, die auch sachlich in gewissem Zusammenhang stehen (vgl. § 22 Abs. 1 a BGSG; aus Sicht der Praxis siehe Hellenthal, Die Polizei 1995, 1, 10). Dies darf jedoch nicht darüber hinwegtäuschen, dass die beiden Materien verfassungsrechtlich scharf auseinander zu halten sind.

[396] So die ganz überwiegende Meinung, z. B. Pieroth, in: Jarass/Pieroth, Art. 73 Nr. 15; Heintzen, in v. Mangoldt/Klein/Starck, Art. 73 Nr. 6 a Rn. 50, 59; Stettner, in: Dreier, Art. 73 Rn. 27; Rengeling, in: HdbStR IV, § 100 Rn. 90 (allerdings fast alle ohne nähere Stellungnahme).

[397] Art. 73 Nr. 6 a GG eingef. durch Gesetz v. 20.12.1993 (BGBl. I, S. 2089).

[398] Art. 87 e GG eingef. durch Gesetz v. 20.12.1993 (BGBl. I, S. 2089).

kehrsverwaltung für Eisenbahnen des Bundes ein Fall der bundeseigenen Verwaltung (Art. 86 GG).

a. Zuständigkeit „kraft Sachzusammenhangs“ bzw. Annexkompetenz

Da eine ausdrückliche Regelung der Bahnpolizei in der Verfassung nicht enthalten ist, ist zu prüfen, ob eine ungeschriebene Kompetenz des Bundes zur Wahrnehmung bahnpolizeilicher Aufgaben zu bejahen ist. Im vorliegenden Fall kommt eine Bundeskompetenz „kraft Sachzusammenhangs“ oder eine Annexkompetenz in Betracht.

aa. Rechtsnatur und Voraussetzungen

Von einer Bundeskompetenz kraft Sachzusammenhangs ist nach dem Bundesverfassungsgericht auszugehen, „wenn eine dem Bund ausdrücklich zugewiesene Materie verständigerweise nicht geregelt werden kann, ohne daß zugleich eine nicht ausdrücklich zugewiesene Materie mitgeregelt wird, wenn also ein Übergreifen in nicht ausdrücklich zugewiesenen Materien unerlässliche Voraussetzung für die Regelung einer der Bundesgesetzgebung zugewiesene Materie“ ist.[399]

Eine Annexkompetenz ist gegeben, wenn ein Sachgebiet in einem notwendigen, unlösbaren Zusammenhang und einem engen funktionalen Verhältnis („gesteigerte Sachnähe“) mit einem der Zuständigkeit des Bundes unterliegenden Sachgebiet steht und deshalb als Annex jenes Gebietes angesehen werden kann.[400] Der Hauptanwendungsfall dieser Rechtsfigur ist die Berechtigung zum Erlass von Regelungen zur Vorbereitung und Durchführung des jeweiligen Sachgegenstandes und der Aufrechterhaltung der öffentlichen Sicherheit und

---

[399] Z. B. BVerfGE 3, 407, 421 ff. (Baurechtsgutachten); 7, 29, 38 f. (Presserecht und Deliktsverjährung); 8, 143, 149 f. (Recht der Wirtschaft); 11, 192, 199 (Gebührenfestsetzung in der freiwilligen Gerichtsbarkeit); 12, 205, 237 ff. (Rundfunkrecht und Parteienrecht); das Unerlässlichkeitskriterium wurde vom Bundesverfassungsgericht nicht in jeder Entscheidung explizit genannt, vgl. etwa BVerfGE 4, 74, 84; 7, 29, 38 f.; 22, 180, 212 ff.; aus der sonstigen Rechtsprechung BGH NVwZ 1999, 801, 803 (zur Unterbringung von Asylbewerbern durch den BGS); OVG Münster DÖV 1983, 603 (Lichtbild- und Fingerabdrucknahme nach dem Strafprozessrecht). Auch im Schrifttum wird fast durchweg auf die eng gefassten Grenzen der Kompetenz „kraft Sachzusammenhangs“ verwiesen, vgl. z. B. Bullinger, AöR 96 (1971), 237, 241 ff.; Kunig, in: v. Münch, Art. 70 Rn. 24; Stern, Staatsrecht II, § 37 II 5 a.

[400] BVerfGE 8, 143, 149 f.; 65, 283, 289; 77, 288, 299; 88, 203, 331.

Ordnung.[401] Dieser Sachbereich bildet im Rahmen der Kompetenzverteilung zwischen Bund und Länder keinen selbstständigen Gegenstand im Sinne der grundgesetzlichen Verteilung der Zuständigkeiten zwischen Bund und Ländern. Nur Regelungen, bei denen die Aufrechterhaltung der öffentlichen Sicherheit und Ordnung alleiniger und unmittelbarer Gesetzeszweck ist (Polizeirecht „im engeren Sinne"), sind Sache der Landesgesetzgebung, nicht dagegen Normen, die der spezialpolizeilichen Tätigkeit in einem bestimmten Sachbereich dienen. Soweit der Bund ein Recht zur Gesetzgebung auf einem bestimmten Lebensgebiet in Anspruch nehmen kann, hat er demnach grundsätzlich auch das Recht, die dieses Gebiet betreffenden spezialpolizeilichen Vorschriften zu erlassen.[402] Bis heute umstritten ist die dogmatische Stellung der beiden Rechtsinstitute zueinander: Nach wohl überwiegender Ansicht[403] ist sie als Unterfall der Zuständigkeit kraft Sachzusammenhangs anzusehen, während die überzeugendere Gegenansicht[404] von einem eigenständigen Rechtsinstitut ausgeht. Anders als bei der Zuständigkeit kraft Sachzusammenhangs geht es bei der Annexkompetenz nicht um das Übergreifen von einer dem Bund zugewiesenen Sachmaterie in eine andere (horizontale Kompetenzbestimmung), sondern um eine effektivierende Kompetenzauslegung zur *funktionalen* Erweiterung bestehender Kompetenzen (vertikale Kompetenzbestimmung). Mit anderen Worten: die

---

[401] Grundlegend BVerfGE 3, 407, 433 („Da die Ordnungsgewalt ein Annex des Sachgebiets ist, auf dem sie tätig wird, umfaßt die Zuständigkeit zur Gesetzgebung in einem Sachbereich auch die Regelung der Ordnungsgewalt (Polizeigewalt) in diesem Sachgebiet"); 7, 29, 38 ff. (Verjährungsregelungen); 8, 104, 118 f. (Volksbefragung); 8, 143, 149 f. (Beschußgesetzurteil); 22, 180, 210 (Verfahrensregelungen); 33, 206, 217 (Waffenrecht); 55, 274, 298 (Sonderabgabe); aus der sonstigen Rechtsprechung lesenswert BVerwGE 28, 310 f. (Gefahrenabwehr als Annex zum Straßenverkehr); 84, 247, 250 (Regelung militärischer Sicherheitsbereiche als Annex zum Gebiet der Verteidigung); NVwZ-RR 1997, 351 (Brandschutz für Bundeseinrichtungen); aus dem Schrifttum vgl. v. Trute, in Mangoldt/Klein/Starck, Art. 83 Rn. 82; Stettner, in: Dreier, Art. 70 Rn. 66 ff.; Degenhart, in: Sachs, Art. 70 Rn. 30; ders., Staatsrecht I, Rn. 135; kritisch gegenüber der Annexkompetenz Bullinger, AöR 96 (1971), 237, 243 ff. und 263 ff.

[402] BVerfGE 3, 407, 433; 8, 143, 148 ff.; 78, 374, 386 f.; vgl. Bullinger, AöR 96 (1971), 137, 263 ff. (teilweise kritisch).

[403] Pieroth, in: Jarass/Pieroth, Art. 70 Rn. 7; Rengeling, in HbStR IV, S. 746; Stein, Staatsrecht, § 14 II 5; Schmidt-Bleibtreu/Klein, Vorb. v. Art. 70 Rn. 6; unklar Trute, in v. Mangoldt/Klein/Starck, a. a. O.; vgl. auch BVerfGE NJW 1999, 841 f.

[404] Maurer, Staatsrecht I, § 10 Rn. 29; Degenhart, in: Sachs, Art. 70 Rn. 32; Maunz, in: Maunz/Dürig, Art. 70 Rn. 49 und Art. 83 Rn. 12; Kunig, in: v. Münch/Kunig, Art. 70 Rn. 26; Degenhart, Staatsrecht I, Rn. 135.

Kompetenz kraft Sachzusammenhangs weist eine „Breitenwirkung“ auf, die Annexkompetenz eine „Tiefenwirkung“.[405]

bb. Subsumtion

Die Frage, ob die Voraussetzungen einer ungeschriebenen Kompetenz des Bundes im Falle des Sachgebiets „Bahnpolizei“ erfüllt sind, hat das Bundesverfassungsgericht in seiner Entscheidung (wohl bewusst) offengelassen. Es bezeichnete die Übertragung der bahnpolizeilichen Aufgaben an den BGS lediglich als „sachgerecht“, ohne auf die verfassungsrechtlichen Voraussetzungen von ungeschriebenen Kompetenzen einzugehen.[406]
Unabhängig von der umstrittenen dogmatischen Einordnung und der daraus folgenden Voraussetzungen lässt sich im vorliegenden Zusammenhang als Mindestvoraussetzung für die Annahme einer ungeschriebenen Kompetenz des Bundes folgendes postulieren: Könnten die Länder in vergleichbar effektiver Weise die Aufgabe der Bahnpolizei erfüllen, wäre eine Bundeskompetenz für die Bahnpolizei als Ausnahme der allgemeinen Polizeihoheit der Länder obsolet. In diesem Fall würde die Eigenart der bahnpolizeiliche Materie eine Bundeskompetenz von vorneherein nicht erfordern, so dass ein „unerlässlicher Zusammenhang“ oder eine „gesteigerte Sachnähe“ zwischen Eisenbahnverwaltung und Bahnpolizei nicht vorläge.
Zu erwägen sind hier zwei Gesichtspunkte: Im Schrifttum wird teilweise eine zwingende Bundeskompetenz damit begründet, dass die Abwehr von bahnspezifischen Gefahren eine bahnspezifische Sachkunde und Vertrautheit mit den Eigenschaften des Bahnbetriebes und der Betriebsabläufe erfordere.[407] Auch wenn dies zutreffen mag, kann daraus jedoch nicht gefolgert werden, die Polizeien der Länder wären dazu nicht in vergleichbarer Weise imstande. Soweit spezielle Kenntnisse und Fertigkeiten für eine effektive Gefahrenabwehr erforderlich sind, können auch die Landespolizeien sich diese aneignen. Entscheidend ist nicht, wo sie erworben werden, sondern dass sie erworben werden.[408]
Zum anderen könnte die räumlich länderübergreifende Eigenart des Eisenbahnwesens einer Wahrnehmung durch die Polizeien der Länder entgegenste-

---

[405] So z. B. Maunz, in: Maunz/Dürig, Art. 70 Rn. 49; Degenhart, a. a. O.; Stettner, in: Dreier, Art. 70 Rn. 55, 60.

[406] BVerfGE 97, 198, 224.

[407] Z. B. Kessow, Bahnpolizei, S. 27 f.; ebenso wohl auch Fischer/Hitz/Laskowski/Walter, BGSG-Kommentar, § 3 Rn. 4.

[408] So Ronellenfitsch, VerwArch 1999, 139, 155 Fn. 80.

hen.[409] Bereits ein Blick auf andere länderübergreifende Sachverhalte macht aber deutlich, dass eine bundeseinheitliche Aufgabenwahrnehmung nicht unerlässlich ist. Auch im Bereich des Straßenverkehrs sind die Polizeien der Länder unbestreitbar in der Lage, die dort entstehenden Gefahren effektiv abzuwehren, obwohl auch dort ständig länderübergreifende Sachverhalte gegeben sind. Ebenso wie im allgemeinpolizeilichen Bereich üblich und bewährt können auch für den Bahnbereich zwischen den Bundesländern Verwaltungsabkommen geschlossen werden, um notfalls Handlungen landesfremder Polizeivollzugsbeamter (Stichwort: Nacheile) zu erlauben. Aus der bundesweiten Erstreckung des Eisenbahnverkehrs lässt sich folglich nicht ableiten, nur eine bundesweit zuständige Behörde sei zur polizeilichen Gefahrenabwehr im Stande.[410]
Auch die sonstigen in den Gesetzesmaterialien[411] genannten Gesichtspunkte zugunsten einer „Bundesbahnpolizei" machen deutlich, dass die Eigenart der Materie eine ungeschriebene Bundeskompetenz nicht erfordert. Die dort angeführten Argumente zugunsten der Aufgabenübertragung können eine Annexkompetenz von vorneherein nicht begründen. Zu nennen sind etwa die finanzielle Entlastung der Deutschen Bundesbahn[412] und die Schaffung eines zusätzlichen „einzeldienstlichen Dienstzweigs", was für das Berufsbild eines Polizeivollzugsbeamten im BGS und damit für die Nachwuchswerbung als förderlich angesehen wurde.[413] Vor allem wegen des Bedeutungsrückgangs des Grenzschutzes in einem zusammenwachsenden Europa verfolgte das Aufgabenübertragungsgesetz das Ziel, dem BGS eine gesicherte Zukunftsperspektive

---

[409] So Kessow, Bahnpolizei, S. 32; Ronellenfitsch, VerwArch 1999, 139, 154; ähnlich Heesen, Die Polizei 1992, 194, 198 (wonach bezweifelt werden müsse, dass derartige „raumgreifende" Aufgaben von den Bundesländern effektiver und kostengünstiger wahrgenommen werden können. Auch wenn dem möglicherweise zuzustimmen ist, reicht eine mit den Ländern vergleichbar effektive Aufgabenwahrnehmung durch den BGS für die Annahme einer Bundeszuständigkeit kraft Natur der Sache bzw. kraft Sachzusammenhangs gerade nicht aus). A. A. Jutzi, DÖV 1992, 650, 652; Hecker, NVwZ 1998, 707, 708; Blau, Diss., S. 74 (et passim).

[410] Ähnlich Jutzi a. a. O.; Blau, Diss., S. 63 ff., 73; Ungerbieler, Diss., S. 210 ff.

[411] Siehe BT-Drucks. 12/1091, S. 6 f.

[412] Wenig später wurde diese Entlastung durch das Haushaltssanierungsgesetz v. 22.12.1999 (BGBl. I, S. 2534) größtenteils wieder zurückgenommen, indem die begünstigten Verkehrsunternehmen durch den eingefügten § 3 Abs. 2 BGSG zur Mitfinanzierung herangezogen werden.

[413] BT-Drucks. 12/1091, S. 7.

zu geben.[414] Außerdem nahm der BGS nach dem Einigungsvertrag aufgrund einer Regierungsanordnung seit 03.10.1990 die bahnpolizeilichen Aufgaben (und Luftsicherheitsaufgaben) im Gebiet der ehemaligen DDR wahr.[415] Diese Begründungen mögen rechtspolitisch diskussionswürdig sein - in Bezug auf die Frage einer verfassungsrechtlichen Rechtfertigung für die Abweichung von der Regelzuständigkeit der Länder auf dem Gebiet des Polizeirechts sind sie ohne jede Bedeutung.

Wie „speziell" eine Spezialmaterie sein muss, so dass sie aufgrund ihrer Eigenart ausnahmsweise eine bundesweit zuständige Bundespolizeibehörde erfordert, macht auch folgende Überlegung deutlich: Sogar die namensgebende Hauptaufgabe des BGS ist nach der Wertung der Verfassung keine Kompetenz kraft Natur der Sache bzw. kraft Sachzusammenhangs. Das Grundgesetz geht selbst bei der Hauptmaterie „Grenzschutz" nicht von einer selbstverständlichen Zuständigkeit des Bundes aus, sondern hält, wenn es den Grenzschutz nur als fakultative Verwaltungsaufgabe ansieht, auch die Länder zur Gefahrenabwehr für vergleichbar geeignet.[416] Auch wenn gegenüber der Bahnpolizei daraus kein „argumentum a majore ad minus" gemacht werden kann, d. h. aus der Materie „Grenzschutz" nicht generell gefolgert werden darf, grenzschutzunabhängige Aufgaben des BGS wie die Bahnpolizei würden erst recht nicht der Bundeshoheit unterfallen, wird mit diesem Vergleich deutlich, wie hoch die verfassungsrechtlichen Hürden für eine ungeschriebene Bundeszuständigkeit im Bereich polizeilicher Exekutivkompetenzen sind.

b. Historische Interpretation

aa. Bahnpolizei als Aufgabe des Bundes

Die historische Interpretation des Bundeseisenbahnrechts nimmt in der Entscheidung des Bundesverfassungsgerichts eine zentrale Stellung ein. Es wird ausführlich dargelegt, dass seit den Ursprüngen des Eisenbahnwesens in Deutschland eine von der allgemeinen Polizei abgekoppelte Bahnpolizei be-

---

[414] So auch der damalige Bundesinnenminister R. Seiters, Neue Aufgaben und neue Organisation für den Bundesgrenzschutz, Die Polizei 1992, 237. Ablehnend auch Hecker, NVwZ 1998, 707, 708.

[415] BT-Drucks. 12/1091, S. 6. Vgl. auch B. Walter, Neuorganisation des Bundesgrenzschutzes, Kriminalistik 1992, 497, 498 („Gebot der Rechtsangleichung").

[416] Darauf macht auch das OLG Frankfurt a. M., DVBl. 1999, 612, 613 aufmerksam (bezogen auf die Unterbringung von auf dem Luftweg einreisenden Asylbewerbern auf dem Flughafengelände).

stand. Auch wenn im Rahmen der vorliegenden Arbeit nicht detailliert auf die rechtshistorische Entwicklung der Bahnpolizei eingegangen werden kann, so sollen doch einige wichtige Gesichtspunkte angesprochen werden.
Nicht erst seit der Weimarer Reichsverfassung, die eine konkurrierende Gesetzgebungskompetenz für das Eisenbahnverkehrswesen (Art. 7 Nr. 19 WRV) des Reichs vorsah, wurden die bahnpolizeilichen Aufgaben als Teil dieser Kompetenz angesehen. Nach dem bundesweit geltenden „Bahnpolizei-Reglement für die Eisenbahnen des Bundes“[417] wurden im Rahmen der Reichsverfassung von 1871 die bahnpolizeilichen Aufgaben der Gefahrenabwehr auf den Bahnanlagen (einschließlich des Fahndungsdienstes) nebenamtlich von Bahnbediensteten wahrgenommen.[418] Im wesentlichen galt gleiches nach der Eisenbahn- Bau- und Betriebsordnung (EBO) von 1904[419] und 1928.[420] Durch Staatsvertrag vom 30.04.1920 wurden die Eisenbahnbediensteten der Länder Reichsbedienstete, so dass die Aufgabe der Bahnpolizei seitdem ausschließlich beim Reich lag.[421] Dieser Zustand blieb im Kern bis zum Inkrafttreten des Grundgesetzes unverändert.[422] Danach nahmen die Bahnbediensteten die bahnpolizeilichen Aufgaben als Bundesbeamte (§ 19 BBahnG)[423] wahr. Mit der Änderung der EBO im Jahre 1957[424] kamen zu den bisher nur nebenamtlichen Bahnpolizeibediensteten hauptamtlich tätige hinzu. Wie das Bundesverfassungsgericht rechtsfehlerfrei ausführt, wurde die Verteilung der Gesetzgebungs- und Verwaltungskompetenzen im Hinblick auf die Bahnpolizei auch durch die Eisenbahnstrukturreform von 1993/1994[425] nicht verändert. Art. 73 Nr. 6 a GG sollte nach dem subjektiven Willen des Gesetzgebers nicht anders verstanden werden als Art. 73 Nr. 6 GG a. F.[426] Vergleichbares gilt für die Verwaltungskompetenz des Bundes für die Wahrnehmung der bahnpolizeili-

---

[417] RGBl. 1871, S. 34; siehe auch Pioch, DVBl. 1950, 390, 391; Heesen, Die Polizei 1992, 194, 195 (m. w. N.); Kessow, Bahnpolizei, S. 21 f.

[418] Zu den Vorläuferregelungen siehe Golz, Diss., S. S. 4 ff.; Ungerbieler, Diss., S. 14 ff., 320 ff.; Heesen/Hönle/Peilert, BGSG-Kommentar, § 3 Rn. 1 ff.

[419] RGBl. S. 387.

[420] RGBl. II, S. 541.

[421] BVerfGE 97, 198, 220 f.; Heesen/Hönle/Peilert, BGSG-Kommentar, § 3 Rn. 4 f.

[422] Näheres dazu in Heesen, Die Polizei 1992, 194, 195 – 197; Kessow a. a. O.

[423] BGBl. I, S. 955 (1951).

[424] Verordnung vom 22.08.1957 (BGBl. II, S. 1258).

[425] Verfassungsänderndes Gesetz vom 20.12.1993 (BGBl. I, S. 2089).

[426] BT-Drucks. 12/5015, S. 6 f.

chen Aufgaben nach Art. 87 e Abs. 1 S. 1 GG.[427] Insbesondere die Privatisierung der Bundeseisenbahnen (Art 87 e Abs. 3 GG) hat auf diese Zuständigkeiten keinen Einfluss.[428]
Im Ergebnis bestehen gegen die historische Auslegung des Bundesverfassungsgerichts keine durchgreifenden Bedenken. Die besondere geschichtliche Entwicklung der Bahnpolizei spielt in der Verfassungsinterpretation zu Recht eine maßgebliche Rolle. Allerdings ist doch in einem Punkt Kritik zu üben. Die umfangreichen Verweise des Bundesverfassungsgerichts auf die kodifizierten Regelungen in ihrer historischen Entwicklung lassen schnell den Eindruck entstehen, die verfassungsrechtliche Einordnung der Bahnpolizei sei schon immer unstrittig gewesen. Sowohl vor als auch nach dem Inkrafttreten des Grundgesetzes war aber die Bahnpolizei nahezu ständig ein kontroverses Diskussionsthema.
So war ebenso wie während der Reichsverfassung von 1871 auch unter der Weimarer Verfassung eine Reichszuständigkeit zur Gesetzgebung für die Reichsbahnpolizei nicht zweifelsfrei.[429] Es war auch mehrfach streitig, ob der „Fahndungsdienst" der Bahnpolizei Kompetenzen der Gliedstaaten oder des Gesamtstaates wahrnahm.[430] Dementsprechend ist Vorsicht geboten, wenn im Hinblick auf die Verfassungslage seit Inkrafttreten des Grundgesetzes zur Begründung einer Bundeskompetenz auf die historische Entwicklung in vorkonstitutionellen Zeiten verwiesen wird. Nach dem Inkrafttreten des Grundgesetzes setzten sich die Diskussionen über die Existenz einer „Bundesbahnpolizei" fort. Insbesondere die Bahnkriminalpolizei stieß auf verfassungsrechtliche Bedenken von Seiten der Länder und Teilen des Schrifttums.[431] Auch wenn sich diese Stimmen nie wirklich durchsetzen konnten, machen sie deutlich, wie problembehaftet die historische Entwicklung der Bahnpolizei war. In der Entscheidung des Bundesverfassungsgerichts findet sich darüber jedoch kein Wort. Dies erscheint auch deshalb kritikwürdig, weil die Quellen, auf die das Bundesverfassungsgericht zur Untermauerung seiner Argumentation selbst verwiesen hat, die verfassungsrechtliche Problematik der historischen Bahnpolizei deutlich zum Ausdruck gebracht haben.

---

[427] Siehe BVerfGE 97, 198, 222 ff.
[428] BVerfG a. a. O., S. 223.
[429] Siehe Blau, Diss., S. 59 ff. m. w. N.; Ungerbieler, Diss., S. 24 ff., 29 ff.
[430] Siehe dazu Ronellenfitsch, VerwArch 1999, 139, 157 f. m. w. N.; Blau, Diss., S. 67 f.
[431] Ungerbieler, Diss., S. 83 ff., 181 ff.; Kessow, Bahnpolizei, S. 22 ff.; Heesen, Die Polizei 1992, 194, 197 f.

bb. Bahnpolizei als integraler Bestandteil der Eisenbahnverwaltung?

Während die historische Interpretation des Bundesverfassungsgerichts im Schrifttum allgemein Zustimmung gefunden hat, hält eine Mindermeinung im Schrifttum[432] die Ausgliederung der bahnpolizeilichen Aufgaben aus der Eisenbahnverwaltung - ebenfalls aus historischen Gründen - für unzulässig. Die Bundeskompetenz für die Bahnpolizei galt nach dieser Ansicht nur so lange, wie die Materie integraler Bestandteil der Bahnverwaltung war. Die für die Übertragung an Bahnbedienstete maßgeblichen Gesichtspunkte der spezifischen betrieblichen und technischen Kenntnisse und Vertrautheit sowie der raschen Anwesenheit an potentiellen Störungsplätzen seien die Gründe für die organisatorische Verknüpfung von Bahnverwaltung und Bahnpolizei. Mit der Ausgliederung und Übertragung derselben auf eine andere Bundesbehörde sei die Kompetenz des Bundes entfallen und seitdem die Polizeien der Länder zur Aufgabenwahrnehmung zuständig. Dafür spreche auch der „Polizeibrief" der Alliierten, der die Bahnpolizei als eine Kompetenz des Bundes nicht erwähnte und deshalb nur eine in die Bahnverwaltung implizierte und integrierte Aufgabenwahrnehmung anerkannte.[433]

Mit dieser Argumentation wird jedoch die Tragweite der historischen Interpretation überspannt. Es ist zwar richtig, dass bahnpolizeiliche Aufgaben immer nur von Bediensteten der Bahnverwaltung übernommen wurden. Jedoch wäre eine zwingende organisatorische Zuordnung aus historischen Gründen nur dann denkbar, wenn auch nach bisherigem Recht eine organisatorische Einheit von Bahnverwaltung und Bahnpolizei geboten gewesen wäre. Als einziger Grund kommt dafür die Besonderheit der Gefahrenabwehr im Zusammenhang mit der Eisenbahn in Betracht. Jedoch war auch schon damals der Einsatz von Eisenbahnbediensteten nicht unerlässlich, um die eisenbahnspezifischen Gefahren angemessen bekämpfen zu können. Die obigen Ausführungen im Rahmen der teleologischen Interpretation lassen sich dafür entsprechend heranziehen. Eine Trennung von Eisenbahnverwaltung und polizeilicher Gefahrenbekämpfung durch Personen außerhalb der Bahnverwaltung war damals wie heute möglich, ohne die Effektivität der Gefahrenabwehr in Frage zu stellen. Dabei spielt es keine entscheidende Rolle, ob die Bahnbediensteten dem Bund oder den Ländern zuzuordnen waren. Vor diesem Hintergrund wird deutlich, dass sich die

---

432 Papier, DVBl. 1992, 1, 4 f.; im Anschluss daran Hecker, NVwZ 1998, 707, 708; vgl. auch Pioch, DVBl. 1950, 390, 391, wo die Bahnpolizei „als organischer Bestandteil der Bundesbahn" bezeichnet wird.; a. A. BVerfGE 97, 198, 224.

433 Papier a. a. O., S. 5.

Bestandsgarantie, die durch die historische Entwicklung entstanden ist, auf die Wahrnehmung durch eine Bundesbehörde beschränkt ist und nicht die Einheit von Bahnverwaltung und Bahnpolizei umfasst.
Auch der „Polizeibrief“ steht dem nicht entgegen. Die dort gesetzten Grenzen des Bundes auf dem Gebiet der Polizei sind allenfalls geeignet, dem Bund die Kompetenz zur Wahrnehmung von bahnpolizeilichen Aufgaben überhaupt abzusprechen; es kann aber daraus nicht gefolgert werden, der Bund dürfe die Bahnpolizei nur durch Bahnbedienstete wahrnehmen.[434] Eine zwingende organisatorische Zuordnung der Bahnpolizei innerhalb der Zuständigkeit des Bundes lässt sich aus historischen Überlegungen nicht herleiten.

c. Komparative Interpretation

Neben der historischen Auslegung ist eine komparative Interpretation (Unterfall der systematischen Auslegung) im Hinblick auf andere im Grundgesetz geregelten Verkehrspolizeien erwägenswert.
Das Grundgesetz erlaubt es dem Bund zumeist nicht, Sicherheitsaufgaben im Zusammenhang mit sonstigen Verkehrsträgern mit einer eigenen, der Bahnpolizei vergleichbaren Sonderpolizei wahrzunehmen. Beispielsweise besitzt der Bund bei den Bundesautobahnen und Bundesstraßen keine Zuständigkeit zur Schaffung einer mit umfangreichen Vollzugskompetenzen ausgestatteten Verkehrspolizei, obwohl ihm mit dem Straßenverkehrsrecht (Art. 74 Nr. 22 GG) ein „sachlich begrenztes Ordnungsrecht“, abweichend vom sonstigen Polizei- und Ordnungsrecht, zugewiesen ist.[435] Angesichts dessen stellt sich die Frage, wieso heute der Eisenbahnverkehr - zumal geführt durch die Bundesbahn als ein privates Verkehrsunternehmen - eine polizeiliche Sonderbehandlung gegenüber anderen Verkehrssektoren erfahren soll.[436]

---

[434] Richtig Jutzi, DÖV 1992, 650, 653; a. A. Papier, DVBl. 1992, 1, 5. Unberührt davon bleibt freilich die Frage, ob der Bund die Bahnpolizei an den BGS übertragen darf. Wie ausführlich dargelegt, ist dies nach der hier vertretenen Ansicht unzulässig, weil der BGS (unter anderem wegen des „Polizeibriefs“) auf die Wahrnehmung grundgesetzlich normierter Kompetenzen beschränkt ist (siehe ausführlich 3. Kapitel A.).

[435] Vgl. BVerfGE 40, 371, 380; BVerwGE 28, 310; 311; Rengeling, in: HdbStR IV, § 100 Rn. 231. Zur Strom- und Schifffahrtspolizei auf den Wasserstraßen siehe BVerfGE 15, 1, 10, 18 ff.

[436] Kritisch Hermes, in: Dreier, Art. 87 Rn. 41 Fn. 162; Pernice, in: Dreier, Art. 30 Rn. 35; vgl. auch die Antragsstellerin in BVerfGE 97, 198, 207.

Als ausreichender verfassungsrechtlicher Rechtfertigungsgrund ist aber die besondere historische Entwicklung der Bahnpolizei anzusehen.[437] Sie stellt eine geschichtlich begründete Ausnahme zugunsten des Bundes dar, weil sie sich anders als andere verkehrspolizeilich relevante Bereiche frühzeitig von der allgemeinen Polizeihoheit der Länder gelöst und verselbstständigt hat. Aus der ansonsten fehlenden Kompetenz des Bundes im Bereich der Verkehrspolizei kann deshalb nicht geschlossen werden, der Bund sei deshalb auch für die Wahrnehmung bahnpolizeilicher Aufgaben unzuständig.
Auf der anderen Seite bedeutet dies jedoch, dass es dem Bund aus demselben Grund verwehrt ist, den BGS über § 3 BGSG hinaus für verkehrspolizeiliche Aufgaben heranzuziehen. Die mancherorts erwogene Option, den BGS zur „Bundesautobahnpolizei“ zu machen,[438] ist daher ohne jede verfassungsrechtliche Grundlage.

d. Fazit zur Ermächtigungsgrundlage von § 3 BGSG

Die Gesetzgebungs- und Verwaltungskompetenz des Bundes für § 3 BGSG folgt aus Art. 73 Nr. 6 a i. V. m. Art. 87 e Abs. 1 S. 1 GG, weil diese Kompetenztitel die polizeiliche Abwehr von bahnspezifischen Gefahren mitumfasst. Die besondere historische Entwicklung der Bahnpolizei, die sich frühzeitig von der allgemeinen Polizeihoheit der Länder abgespalten hat, rechtfertigt die Annahme einer Bundeskompetenz, obwohl aus Sicht einer effektiven Gefahrenabwehr eine derartige Bundeszuweisung in der Sache nicht zwingend erforderlich ist.

II. Sachlicher und räumlicher Zuständigkeitsbereich (§ 3 Abs. 1 BGSG)

Die Qualifikation der Bahnpolizei als sonderpolizeilicher Aufgabenbereich, die die Landespolizeihoheit ausschließt und die Zuständigkeit des Bundes eröffnet, führt zu der Frage, wie der sachliche und räumliche Zuständigkeitsbereich zu begrenzen ist, um die Hoheit der Bundesländer auf dem Gebiet des Polizeirechts nicht zu verletzen.

---

[437] Ebenso BVerfGE 97, 198, 222.
[438] Siehe die Quellennachweise in Schnupp, DÖD 1972, 8, 9 m. w. N.

1. Präventiver Aufgabenbereich (§ 3 BGSG)

a. Räumlicher Zuständigkeitsbereich

Nach § 3 Abs. 1 BGSG ist der räumliche Zuständigkeitsbereich auf das „Gebiet der Bahnanlagen der Eisenbahnen" beschränkt. Entsprechend §§ 4, 55 EBO[439] fallen unter Bahnanlagen alle zum Betrieb einer Eisenbahn erforderlichen Anlagen, also alle Grundstücke, Bauwerke und andere ortsfeste technische Einrichtungen, die unmittelbar der Abwicklung des äußeren Bahnbetriebes zu dienen bestimmt sind, in erster Linie also Bahnhofshallen und Bahnkörper.[440] Ein fast klassischer Streitpunkt sind die Bahnhofsvorplätze, die mehrfach Gegenstand der Rechtsprechung waren. Nach überwiegender Ansicht sind sie keine Bahnanlagen, weil und soweit sie dem Bahnbetrieb nur dienlich, nicht aber notwendig sind.[441]

Ähnlich wie bei anderen Aufgabengebieten ist der BGS aber nicht in jedem Fall zwingend auf das Bahngebiet beschränkt. Wenn sich ausnahmsweise eine Gefahr, die sich auf den Bahnanlagen realisiert, nur abgewehrt werden kann, indem die Gefahrabwehrmaßnahmen außerhalb der Bahnanlagen getroffen werden, kann der BGS auch dort in eigener Zuständigkeit tätig werden. Allerdings ist dies nur zulässig, wenn die polizeilichen Maßnahmen in einem engen räumlichen und sachlichen Zusammenhang zu den Bahnanlagen bzw. der Bahnsicherheit stehen und die jeweilige Landespolizei im Einzelfall nicht entsprechend tätig werden kann.

---

[439] Eisenbahn- Bau- und Betriebsordnung vom 08.05.1967 (BGBl. II, S. 1563), die als Rechtsverordnung auf Grundlage des Eisenbahngesetzes vom 29.03.1951 (BGBl. I, S. 225) ergangen ist.

[440] Ausführlich Blau, Diss., S. 119 ff.; Fehn, Die Polizei 2000, 8; Heesen, Die Polizei 1992, 194, 199; Mantel a. a. O.; zu den bahnhistorischen Anfängen bis 1934 siehe Golz, Diss., S. 26 ff.

[441] OLG Oldenburg, NJW 1973, 291; 1975, 679; OLG Hamm, NJW 1973, 2117; Fischer/Hitz/Laskowski/Walter, BGSG-Kommentar, § 3 Rn. 14; Heesen, Die Polizei 1992, 194, 199; anders BGH NJW 1968, 710, 713 f.; BayObLG DÖV 1997, 1053 f. (bzgl. Parkflächen und Zufahrtsstraßen); L. Dernbach, Die örtliche Zuständigkeit der Bahnpolizei auf Bahnhofsvorplätzen, NJW 1975, 679 ff.; vgl. auch Drews/Wacke/Vogel/Martens, Gefahrenabwehr, S. 76; R. Mittmann, Die polizeilichen Zuständigkeiten auf Bahnhofsvorplätzen und Ladestraßen der Deutschen Bahn AG, Die Polizei 1995, 212 ff.

b. Sachlicher Zuständigkeitsbereich

Problemschwerpunkt der sachlichen Zuständigkeit nach § 3 BGSG ist, wie die Abwehr von „eisenbahnspezifischer Gefahren" so konkretisiert werden kann, dass eine Verletzung der polizeilichen Länderhoheit ausgeschlossen ist.

§ 3 Abs. 1 BGSG definiert (ebenso wie die Vorläuferregelung des § 55 EBO) die bahnpolizeilichen Aufgaben anhand von zwei Bereichen, die an verschiedene Gefahrenausgangspunkte anknüpfen. Nach § 3 Abs. 1 Nr. 1 BGSG hat der BGS Gefahren abzuwehren, die den Benutzern, den Anlagen oder dem Betrieb der Bahn drohen. Darunter fallen im weitesten Sinne externe Gefahren, die von außen auf die Schutzobjekte einwirken. Gemäß § 3 Abs. 1 Nr. 2 BGSG hat er Gefahren abzuwehren, die beim Betrieb der Bahn entstehen oder von den Bahnanlagen ausgehen. Damit sind „interne", selbstverursachte Gefahren gemeint. Die Abgrenzung zur allgemeinen Polizei erfolgt also gefahren- bzw. rechtsgutorientiert.

So einleuchtend diese allgemeinen Grundsätze sind, so schwierig sind die Abgrenzungen im Einzelfall. Gefahren im Bereich der Allgemeinkriminalität wie (drohende) Eigentums- oder Körperverletzungsdelikte sind keine „eisenbahnspezifische" Gefahren, nur weil sie im Bahnhofsbereich stattfinden. Derartige Gefahren fallen erst dann unter § 3 BGSG, wenn sie gegen die „Benutzer" der Bahn gerichtet sind (§ 3 Abs. 1 Nr. 1 BGSG). Typische Fälle sind Taschen- und Handgepäckdiebstähle zum Nachteil der Reisenden. „Benutzer" sind Personen, die sich mit Reiseabsicht auf dem Gebiet der Bahnanlage befinden oder Tätigkeiten verrichten, die mit dem Beförderungsvorgang in einem inneren Zusammenhang stehen.[442] Da es in der Praxis oft nicht möglich ist, die sich auf dem Bahngelände aufhältlichen Personen als Benutzer oder Nichtbenutzer zu erkennen, stellt sich die Frage, ob der Anwendungsbereich des § 3 BGSG auch dann eröffnet ist, wenn nur der äußere Schein dafür spricht, während eine entsprechende Absicht tatsächlich nicht vorliegt (z. B. Kunden von Bahnhofsgeschäften ohne Reiseabsicht).[443] Dafür spricht, dass nach allgemeinen Grundsätzen des Gefahrabwehrrechts eine „Gefahr" auch dann vorliegt, wenn es aus objektiver Sicht des handelnden Polizeibeamten den Anschein hat (Anscheinsgefahr). Dies vermeidet eine in der Praxis unzumutbare Motivfor-

---

[442] Kessow, Bahnpolizei, S. 99 f.

[443] Kessow a. a. O.

schung.[444] „Benutzer" im Sinne des § 3 BGSG sind also alle Personen, die sich auf dem Gebiet der Bahnanlagen befinden, es sei denn, ein Bezug zum Betrieb der Bahn ist nach den erkennbaren Umständen ausgeschlossen. Zu ergänzen ist allerdings, dass diese Definition nur im präventiven Aufgabenbereich gelten kann. Vor dem Ergreifen von Strafverfolgungsmaßnahmen (§ 12 Abs. 1 S. 1 Nr. 5 BGSG) ist zu prüfen, ob die Straftat tatsächlich zu Lasten eines Bahnbenutzers erfolgte. Wenn dem nicht so ist, ist der Vorgang an die ausschließlich zuständige Landespolizei zu übergeben.

Da Inhaber von Bahnhofsgeschäften keine Bahnbenutzer sind und die Geschäfte nicht Teil des Betriebes der Bahn oder Anlagen derselben sind (§§ 3, 12 Abs. 1 Nr. 5, 1. Alt. BGSG), ist der BGS bei Ladendiebstählen u. ä. nach weder zur Gefahrenabwehr noch zur Strafverfolgung berechtigt.[445]

Beispiele für Gefahren für die Anlagen und den Betrieb der Bahn (§ 3 Abs. 1 Nr. 1 BGSG) sind Eingriffe in den Bahnverkehr im Zusammenhang mit der Beförderung von radioaktiven Stoffen und sonstigem gefährlichen Transportgütern wie Manipulationen an Gleisen und anderen Bahnanlagen.

In den Fällen des § 3 Nr. 2 BGSG ist Ausgangspunkt der Gefahr der Eisenbahnverkehr selbst. Wichtigstes Beispiel sind Bahnbetriebsunfälle.[446] Derartige Gefahren können regelmäßig ohne weiteres als „eisenbahnspezifisch" qualifiziert werden, da diese vom Bahnbetrieb selbst ausgehen und damit der allgemeinpolizeiliche Aufgabenbereich grundsätzlich nicht eröffnet ist. Der Anwendungsbereich des § 3 Nr. 2 BGSG ist allerdings nicht eröffnet, wenn sich durch Betriebsunfälle hervorgerufene Gefahren außerhalb des Gebiets der Bahnanlagen niederschlagen.

2. Repressiver Aufgabenbereich (§ 12 Abs. 1 S. 1 Nr. 5 BGSG)

Nach § 12 Abs. 1 S. 1 Nr. 5 BGSG ist der BGS zur Verfolgung von Vergehen berechtigt, die auf dem Gebiet der Bahnanlagen begangen wurden und gegen die Sicherheit eines Benutzers, der Anlagen oder des Betriebes der Bahn gerichtet sind oder das Vermögen der Bahn oder ihr anvertrautes Vermögen (vor

---

[444] Ähnlich G. Mantel, Rechtsprobleme im bahnpolizeilichen Aufgabenbereich des Bundesgrenzschutzes, Die Polizei 1999, S. 223; Kessow, Bahnpolizei, S. 99 f.; siehe auch Heesen/Hönle/Peilert, BGSG-Kommentar, § 3 Rn. 21.

[445] Fehn, Die Polizei 2001, 8, 15 f.

[446] Die Abgrenzung der Fallvarianten des § 3 BGSG wird nicht immer einheitlich vorgenommen; so subsumiert z. B. Fehn (Die Polizei 2001, 8, 14) Bahnbetriebsunfälle mit Gefahren für die Benutzer nicht nur unter § 3 Nr. 2 BGSG, sondern auch unter § 3 Nr. 1 BGSG, obwohl es sich nicht um eine externe Gefahr handelt.

allem Beförderungsgüter) betreffen.[447] Darüber hinaus ist er ausnahmsweise zur Verfolgung von Verbrechen zuständig, wenn es sich um besonders schwere Eingriffe in den Bahnverkehr nach § 315 Abs. 3 Nr. 1 StGB handelt (§ 12 Abs. 1 S. 1 2. Hs. BGSG). Ebenso wie bei anderen Aufgabenbereichen ist folglich der repressive Tätigkeitsbereich etwas enger gefasst als der präventive.[448] Bei allen anderen Straftaten trifft der BGS im Rahmen des ersten Zugriffs die erforderlichen Maßnahmen und leitet die Ermittlungsvorgänge an die zuständigen Behörden, in der Regel die jeweilige Landespolizei, weiter.

3. Sicherheitskooperationsabkommen im bahnpolizeilichen Bereich

Bereits im Zusammenhang mit der Grenzschutzaufgabe[449] wurde auf die zwischen Bund und Ländern geschlossenen „Sicherheitskooperationen" eingegangen. Diese beziehen sich neben der Kriminalitätsbekämpfung im grenznahen Raum auch auf Bahnhöfe in Großstädten und Ballungszentren als eine Nahtstelle zwischen BGS und Landespolizeien. Die dort gemachten Ausführungen im Zusammenhang mit der Grenzschutzaufgabe gelten auch für diesen Aufgabenbereich. Der BGS und die Polizeien der Länder müssen sich ihren sachlichen und räumlichen Zuständigkeitsbereichen bewegen. Die Zusammenarbeit darf die verfassungsrechtlich zwingenden Grenzen zwischen BGS und Landespolizei nicht verwischen.

In räumlicher Hinsicht ist der Bahnhofsbereich der wichtigste Schnittpunkt von BGS und Landespolizei. Entgegen mancher Stellungnahmen aus der Rechtspolitik[450] ist der BGS grundsätzlich nicht berechtigt, seinen Tätigkeitsbereich vom Bahngelände auf den Innenstadtbereich auszudehnen.

In sachlicher Hinsicht sind seit einigen Jahren Tendenzen zu erkennen, wonach der Tätigkeitsbereich von der Abwehr bahnpolizeilicher Gefahren auf andere, damit nur mittelbar zusammenhängende Materien erweitert wird. Ein wichtigstes Beispiel ist der Einsatz des BGS zur Bekämpfung des Rechtsextremismus.[451] Diese Aufgabenwahrnehmung durch den BGS ist unproblematisch,

---

[447] Für Beispiele siehe BGS-Jahresbericht 2002, S. 30.

[448] Kritisch dazu Heesen, Die Polizei 1992, 194, 199 f.; für Beispiele siehe Fehn, Die Polizei 2001, 8, 14.

[449] Siehe oben 2. Kapitel A. IV.

[450] Vgl. dazu die Zitate in Hecker, NVwZ 1998, 707, 709.

[451] So wurde am 19.02.2001 in Brandenburg eine BGS-Verstärkungseinheit geschaffen, die die Landespolizei im Kampf gegen Rechtsextremismus und Fremdenfeindlichkeit unterstützen soll. Auch in der Sicherheitskooperation zwischen dem Bundesinnenministerium und

wenn es sich um eine Verwendung zur Unterstützung der Landespolizei in Fällen von besonderer Bedeutung handelt, bei denen Polizei des Landes zur Gefahrenabwehr vorübergehend nicht in der Lage ist (Art. 35 Abs. 2 S. 1 GG i. V. m. § 11 Abs. 1 Nr. 1 BGSG). Eine Einordnung des Rechtsextremismus in den originären Aufgabenbereich des BGS dürfte aber schwer fallen. Die Einschätzung, bei rechtsextremistischen Umtrieben auf dem Bahngelände handle es sich um einen eisenbahnspezifischen Gefahrentypus, so dass grundsätzlich von einer originären Zuständigkeit nach § 3 BGSG auszugehen sei, bedarf eines gewissen Begründungsaufwandes, der bisher nicht in überzeugender Weise geleistet wurde.
Sicherheitskooperationen können jedenfalls die schwierige Abgrenzungsarbeit zwischen Bundes- und Landeskompetenzen höchstens erleichtern, jedoch in keinem Fall ersetzen.

4. Fazit zur bahnpolizeilichen Zuständigkeit

Die Untersuchung des räumlichen und sachlichen Zuständigkeitsbereichs des BGS nach § 3 BGSG sowie seiner Strafverfolgungskompetenzen nach § 12 Abs. 1 Nr. 5 BGSG lässt Zweifel darüber aufkommen, ob die vom Bundesgesetzgeber gewählte Arbeitsteilung zwischen dem BGS als Bahnpolizei und den gleichzeitig zur allgemeinen Gefahrenabwehr berufenen Landespolizeien tatsächlich Sinn macht. Nach der gegenwärtigen Rechtslage stellt sich insbesondere der Bahnhofsbereich als eine äußerst komplizierte Schnittmenge von grenzschutzbezogenen, bahnpolizeilichen und allgemeinpolizeilichen Aufgabenbereichen dar. Dazu kommt noch die Differenzierung zwischen den präventiven und repressiven Aufgabenbereichen von BGS und Landespolizei. Die seit den Anfängen des Eisenbahnverkehrswesens bestehenden Kompetenzkonflikte zwischen Bund und Ländern (sowie privatrechtlich geführter Bahnverwaltung) wurden durch die Übernahme der Bahnpolizei durch den BGS offensichtlich nicht gelöst.[452] Die Position des Bundesverfassungsgerichts,[453] die Übertragung

---

dem Innenministerium des Landes Sachsen-Anhalt ist die Bekämpfung des Rechtsextremismus als Regelungsgegenstand enthalten; für weiteres siehe BGS-Jahresbericht 2002, S. 38 f.

[452] Ein kleines, aber doch erwähnenswertes Indiz für die Schwierigkeiten einer Abgrenzung von BGS und Landespolizeien sind auch einige Jahresberichte des BGS, in denen eine Tätigkeitsbilanz des abgelaufenen Jahres vorgestellt wird. Dort wurden oft Tätigkeiten nicht nach Aufgabenbereiche unterschieden, sondern unterschiedslos nebeneinander gestellt, indem ein besonderer Kunstgriff angewandt wird, nämlich die Figur der „Aufgabenübergreifende Tätigkeiten" (z. B. BGS-Jahresbericht 2000/2001, S. 34 ff.). Eine Reihe der dort

der Bahnpolizei an den BGS sei „sachgerecht“, kann angesichts dessen wohl nur noch als „vertretbar“ angesehen werden. Die vielfach zu beobachtende Verwirrung in Schrifttum und Rechtsprechung über handhabbare Kriterien zur Abgrenzung von bahnspezifischen und allgemein-polizeilichen Gefahren und teilweise fast kurios zu nennende Diskussionen über (in der Praxis durchaus bedeutsame!) Einzelbeispiele sprechen eine andere Sprache: Unter welchen baulichen Umständen können Bahnhofsvorplätze noch als „Bahnanlagen“ bezeichnet werden? Was ist mit Zufahrtswegen? Sind Gebäude auch dann Bahnanlagen, wenn sie überwiegend Verwaltungszwecken dienen?[454] Könnten Diebstähle zu Lasten von Ladeninhabern ausnahmsweise „bahnspezifisch“ sein, wenn sie zur Verkürzung ihres Einkommens führen und dadurch die Miet- und Pachtansprüche der Bundesbahn gefährden?[455] Die Reihe ließe sich fast unendlich fortsetzen.
Die Abgrenzungsprobleme würden mit einem Schlag entfallen, wenn man die Aufrechterhaltung der Sicherheit und Ordnung auf den Bahnanlagen als einen Teil der allgemeinen Gefahrenabwehr verstehen würde und sie – wie teilweise in der Vergangenheit geschehen - den Ländern zurückgeben würde. Auch wenn verfassungsrechtlich keine durchgreifenden Bedenken gegen eine „Bundesbahnpolizei“ vorliegen, bestehen am sachlichen Sinn dieser Entwicklung erhebliche Zweifel. Mehr und mehr tritt ein ganz anderes Motiv des Gesetzgebers für die Aufgabenübertragung in den Vordergrund, nämlich das einer einzigen Arbeitsbeschaffungsmaßnahme zugunsten des BGS, indem verstärkt „Tagesaufgaben im Sicherheitsbereich“ zur Entlastung der Länder wahrgenommen werden sollen.[456]

---

aufgeführten Tätigkeiten berühren derart viele Aufgaben und Verwendungen gleichzeitig, dass eine saubere Differenzierung kaum noch möglich erscheint. Zu nennen sind beispielsweise Großveranstaltungen wie internationale Fußballspiele, die allgemeinpolizeiliche, grenzpolizeiliche und bahnpolizeiliche Dimensionen aufweisen.

[453] BVerfGE 97, 198, 224.

[454] Aus: Heesen, Die Polizei 1992, 194, 199.

[455] Aus: Fehn, Die Polizei 2001, 8, 15 f.

[456] Siehe BT-Drucks.12/1091, S. 6 f.

C. Aufgaben im Bereich der Luftsicherheit (§§ 4, 4 a BGSG)

Ebenso wie die Bahnpolizei wurde auch die Luftsicherheit dem BGS durch das Aufgabenübertragungsgesetz vom 23.01.1992[457] übertragen. Gemäß § 4 BGSG obliegt dem BGS der Schutz vor Angriffen auf die Sicherheit des Flugverkehrs nach §§ 29 c, 29 d Luftverkehrsgesetz (LuftVG). Durch das Terrorbekämpfungsgesetz vom 09.01.2002[458] wurde § 4 a BGSG eingefügt, wonach BGS-Bedienstete als Flugbegleiter an Bord von Flugzeugen deutscher Fluggesellschaften eingesetzt werden können, um die Sicherheit oder Ordnung an Bord deutscher Flugzeuge zu gewährleisten.

I. Verfassungsrechtliche Kompetenztitel

Die Aufgabe des Schutzes vor Angriffen auf die Luftsicherheit nach § 29 c LuftVG besitzt keinen unmittelbarem Bezug zum Grenzschutz. Trotz einer räumlichen Überschneidung von grenzpolizeilichen Aufgaben auf dem Flughafengelände kann § 4 BGSG somit nicht auf Art. 73 Nr. 5 GG i. V. m. Art. 87 Abs. 1 S. 2 GG gestützt werden.

In seiner Entscheidung zum Aufgabenübertragungsgesetz geht das Bundesverfassungsgericht[459] ohne Begründung von einer Bundesverwaltungskompetenz nach Art. 87 d Abs. 1 S. 1 GG (bundeseigene Verwaltung)[460] aus. Es stellt lediglich fest, dass der Schutz vor Angriffen auf die Sicherheit des Flugverkehrs gemäß §§ 29 c, 29 d LuftVG polizeilicher Natur sei.[461]

In Betracht kommt auch hier wieder nur eine ungeschriebene Bundeskompetenz in Form der Zuständigkeit kraft Sachzusammenhangs bzw. - je nach dogmatischer Einordnung - eine Annexkompetenz.[462] Der Luftverkehr ist ein Gegenstand der ausschließlichen Gesetzgebungszuständigkeit des Bundes (Art. 73 Nr. 6 GG).[463] Da der Luftverkehr wegen seiner Eigenart sinnvoll nur bundeseinheitlich geregelt werden kann, könnte daran gedacht werden, die damit

---

[457] BGBl. I, S. 178. Der BGS nahm im Gebiet der ehemaligen DDR (ebenso wie im Bereich der Bahnpolizei) die Luftsicherheitsaufgaben bereits schon vorher wahr (siehe BT-Drucks. 12/1091, S. 7 f. m. w. N).

[458] BGBl. I, S. 361)

[459] BVerfGE 97, 198, 225; ebenso das Schrifttum, z. B. Schreiber, DVBl. 1992, 589, 594; Jutzi, DÖV 1992, 650, 653; Fehn, Die Polizei 2001, 83 (Annexkompetenz).

[460] Art. 87 d GG eingefügt durch Gesetz v. 06.02.1961 (BGBl. I, S. 65). Abs. 1 neugef. durch Gesetz vom 14.07.1992 (BGBl. I, S. 1254).

[461] BVerfGE 97, 198, 226.

[462] Siehe zu den dogmatischen Hintergründen 3. Kapitel B. I. 2. a. aa.

[463] Art. 73 Nr. 6 GG geändert durch Gesetz vom 20.12.1993 (BGBl. I, S. 2089).

zusammenhängenden Aufgaben der Gefahrenabwehr als unerlässlichen Annex anzusehen. Dagegen könnte aber die Wertung des Verfassungsgebers in Art. 87 d Abs. 2 GG sprechen, wonach die Luftverkehrsverwaltung mit Zustimmung des Bundesrates den Ländern übertragen werden kann. Auf den ersten Blick scheint es so, als ob der Verfassungsgeber die Länder als ebenso geeignet ansieht, die Luftsicherheit zu gewährleisten. Insofern würde der für eine ungeschriebene Bundeskompetenz erforderliche unerlässliche Zusammenhang zwischen Luftverkehrsverwaltung und bundeseinheitlicher Gefahrenabwehr im Sinne des §§ 29 c, 29 d LuftVG in Frage gestellt. Darin läge eine interessante Parallele zum Grenzschutz, der nach Art. 87 Abs. 1 S. 2 GG nur „fakultativ" ist, d. h. nach der Wertung des Verfassungsgebers ebenso gut auch von den Ländern wahrgenommen werden kann.[464] Dieser Überlegung steht jedoch entgegen, dass im Unterschied zum Grenzschutz die Luftverkehrsverwaltung nur im Rahmen der „Auftragsverwaltung" (Art. 87 d Abs. 2, Art. 85 GG) übertragen werden darf. Da bei der Bundesauftragsverwaltung die Länder an eine ihrer Art nach einzigartige, umfassende Bundesaufsicht gebunden sind (vgl. Art. 85 Abs. 3, 4 GG), kann daraus geschlossen werden, dass die Verfassung ein Mindestmaß an bundeseinheitlichem Verwaltungsvollzug im Auge hatte. Die Übertragungsmöglichkeit des Art. 87 d Abs. 2 GG spricht damit wegen ihrer Beschränkung auf die Auftragsverwaltung nicht gegen, sondern in Wahrheit für einen unerlässlichen Zusammenhang zwischen Verwaltungskompetenz und Gefahrenabwehr.

Entscheidendes Argument zugunsten einer ungeschriebenen Bundesverwaltungskompetenz zur polizeilichen Gefahrenabwehr im Bereich der Luftsicherheit ist damit der Regelungsgehalt des Art. 87 d Abs. 2 GG.

II. Übertragung an die Länder

Nur kursorisch wird auf die sonstigen Streitpunkte im Zusammenhang mit den Luftsicherheitsaufgaben eingegangen, da diese Fragen mit dem Untersuchungsgegenstand der vorliegenden Arbeit in keinem direkten Zusammenhang stehen.

Im Verfahren vor dem Bundesverfassungsgericht war streitig, ob die Rückübertragung der Luftsicherheitsaufgaben an den Bund (§§ 29 c, 31 Abs. 2 Nr. 19 S. 1 LuftVG), die in einigen Ländern im Rahmen der Bundesauftragsverwaltung wahrgenommen wird bzw. wurden (Art. 87 d Abs. 2 GG), als „actus contrarius" wiederum eines Gesetzes bedürfe. Wie das Bundesverfassungsgericht rich-

---

[464] Siehe dazu oben 2. Kapitel A. I. 2. b.

tig ausführt, schließt die Kompetenz zur Übertragung der Luftsicherheitsaufgaben auch die Befugnis mit ein, jene (völlig oder teilweise) zurückzunehmen. Die Wiederherstellung der verfassungsrechtlichen Ausgangslage (bundeseigene Verwaltung) wird durch die vorherige Übertragung nicht unzulässig. Ein Gesetz war für die Rückübertragung als „actus contrarius" nicht notwendig, weil bereits im Luftverkehrsgesetz (§§ 31 Abs. 2 Nr. 19 S. 2 und 3) der Bundesinnenminister auf Antrag eines Landes zum Handeln ermächtigt wird.[465]
In Anschluss an seine bisherige Rechtsprechung zur „Mischverwaltung" stellt das Bundesverfassungsgericht außerdem fest, dass kein grundgesetzliches Gebot existiert, wonach der Vollzug von Bundesgesetzen im Bereich der Verkehrsverwaltung stets einheitlich entweder nur vom Bund oder nur von den Ländern ausgeübt werden müsse. Dies zeigt sich schon anhand von Art. 89 Abs. 2 S. 3, S. 4 GG und Art. 90 Abs. 3 GG, die für den Bereich der Bundeswasserstraßen obligatorische Durchbrechungen der bundeseinheitlichen Verwaltung erlauben, während nach Art. 87 d Abs. 2 GG allein der Gesetzgeber die Entscheidung über eine Übertragung trifft.[466] Der Grundsatz der bundesstaatlichen Gleichheit der Länder wird durch unterschiedliche Verwaltungsvollzugsformen nicht verletzt, da die Rückübertragungsmöglichkeit für alle Länder gleichermaßen gegeben ist.[467]

III. Sachlicher und räumlicher Zuständigkeitsbereich

Luftsicherheitsaufgaben nach § 4 BGSG i. V. m. § 29 c Abs. 1 Luftverkehrsgesetz (LuftVG) werden auf derzeit 14 deutschen Großflughäfen wahrgenommen.[468]
Bei den abzuwehrenden Gefahren muss es sich um externe Eingriffe in den Luftverkehr handeln, wie z. B. Flugzeugentführungen und Sabotageakte. Wichtige Gefahrenabwehrmaßnahmen sind z. B. Fluggast- und Reisegepäckkontrollen sowie der Objektschutz auf dem Flughafengelände. Davon zu trennen sind Gefahren, die im Zusammenhang mit internen betriebstechnischen Abläufen des Luftverkehrs stehen (vgl. § 29 LuftVG)[469] Diese Gefahren fallen, ebenso wie allgemeinpolizeiliche Gefahren, die keinen Bezug zur Luftsicherheit auf-

---

[465] BVerfGE 97, 198, 226 f.; siehe auch Schreiber, DVBl. 1992, 589, 595; Jutzi, DÖV 1992, 650, 653 f.; Ronellenfitsch, VerwArch 1999, 139, 158 f.; a. A. Papier, DVBl. 1992, 1, 6.
[466] Siehe auch Jutzi a. a. O., S. 655.
[467] BVerfG a. a. O., S. 227 f.; Schreiber a. a. O.; Jutzi, a. a. O.
[468] Näheres siehe Jahresbericht 2002, 37.
[469] Siehe Fehn, Die Polizei 2001, 83.

weisen, in den Hoheitsbereich der Bundesländer bzw. deren Polizeien (§ 1 Abs. 7 BGSG, § 29 c Abs. 6 LuftVG). Anders als im Fall der Bahnpolizei nach § 3 BGSG sind beispielsweise drohende Straftaten gegen Reisende wie Handtaschen- und Reisegepäckdiebstahl für sich genommen regelmäßig noch keine Gefahren für die Luftsicherheit, die der BGS abzuwehren hat. Nicht zuletzt anhand dieses Beispiels lässt sich ersehen, dass der Zuständigkeitsbereich der Länder (§ 1 Abs. 7 BGSG) im Flughafenbereich insofern größer ist als im Bahnhofsbereich. Der Charakter der Luftsicherheit als sonderpolizeiliches Aufgabengebiet kommt insoweit deutlicher zum Ausdruck als bei anderen BGS-Aufgabenbereichen. Allerdings sind auch hier Einzelfälle denkbar, in denen die Abgrenzung der Zuständigkeitsbereiche schwer fällt. Im Interesse einer effektiven Gefahrenabwehr ist entsprechend der Grundsätze der Anscheinsgefahr eine Gefahr für die Luftsicherheit anzunehmen, wenn es aus objektiver Sicht des handelnden Polizeibeamten den Anschein hat.[470]
Räumlich ist der Zuständigkeitsbereich des BGS nach § 4 S. 2 BGSG auf das Flugplatzgelände beschränkt (ebenso §§ 31 Abs. 2 Nr. 19, Art. 29 c Abs. 1 S. 2 LuftVG). Die einzige Ausnahme ist der Schutz der Luftsicherheit an Bord von Flugzeugen nach § 4 a BGSG, wonach speziell ausgebildete BGS-Beamte (u. a. der GSG 9) Flugzeugentführungen, Sprengstoffattentate usw. verhindern sollen.

D. Aufgaben zum Schutz von Bundesorganen (§ 5 BGSG)

Nach § 5 Abs. 1 S. 1 BGSG kann der Bundesgrenzschutz Verfassungsorgane des Bundes und Bundesministerien gegen Gefahren, die die Durchführung ihrer Aufgaben beeinträchtigen, schützen, wenn diese darum ersuchen und Einvernehmen zwischen dem Bundesministerium des Innern und dem beteiligten Land besteht, dass deren angemessener Schutz anderweitig nicht gewährleistet werden kann.

I. Ermächtigungsgrundlage für § 5 BGSG

Der Schutz der Einrichtungen des Staates durch Polizeikräfte, seien es Bundes- oder Landesorgane, ist als Teilbereich des „klassischen“ Gefahrenabwehrrechts grundsätzlich Sache der Landespolizeien (Art. 30, 70, 83 GG). Zu prüfen ist folglich, ob der in § 5 BGSG liegende Eingriff in die Länderhoheit verfassungsrechtlich gerechtfertigt werden kann.

---

[470] Vgl. zu der Problematik im bahnpolizeilichen Bereich 3. Kapitel B. II. 1. b.

1. Geschriebenes Verfassungsrecht

a. Einsatz von Streitkräften (Art. 87 a Abs. 4 S. 1 GG)

Lerche sieht „teilweise" in Art. 87 a Abs. 4 S. 1 GG eine Rechtsgrundlage für die Wahrnehmung von Objektschutzaufgaben durch den BGS.[471] Nach dieser Vorschrift kann die Bundesregierung zur Abwehr einer drohenden Gefahr für den Bestand oder die freiheitliche demokratische Grundordnung des Bundes oder eines Landes durch den Einsatz von Streitkräften die Polizei und den BGS beim Objektschutz unterstützen, wenn die Voraussetzungen des Art. 91 Abs. 2 GG vorliegen und die Polizeikräfte sowie die des BGS dafür nicht ausreichen. Aus dieser Regelung lässt sich höchstens ableiten, dass der Verfassungsgeber möglicherweise selbst davon ausgeht, dass der BGS in bestimmten Situationen für Objektschutzaufgaben herangezogen werden könnte. Daraus kann aber nicht gefolgert werden, dass der BGS deshalb unter den in § 5 BGSG normierten Voraussetzungen tätig werden darf. Sinn und Zweck des Art. 87 a Abs. 4 S. 1 GG ist die Bestimmung von Rahmenbedingungen für Einsätze der Streitkräfte im Fall des inneren Staatsnotstandes.[472] Der Verfassungsgeber hat dementsprechend in der Erwähnung des BGS ersichtlich keine Ermächtigungsgrundlage für Einsätze des BGS gesehen, sondern nur eine Tatbestandsvoraussetzung für den Einsatz der Streitkräfte im Innern. Mithin hat er auch die erforderlichen Voraussetzungen für eine Zuständigkeit des BGS systematisch nicht in dieser Vorschrift geregelt, sondern an anderer Stelle (vgl. Art. 35 Abs. 2 und 3, Art. 91 GG, Art. 115 f GG). Außerdem konnte der Verfassungsgeber bei Schaffung des Art. 87 a Abs. 4 S. 1 GG hinsichtlich etwaigen Objektschutzaufgaben durch den BGS nur die in der Verfassung selbst normierten Zuständigkeiten des BGS im Blick gehabt haben (was vor allem im Verweis auf Art. 91 Abs. 2 GG zum Ausdruck kommt) und nicht die zeitlich erheblich später übertragenen einfachgesetzlichen Tätigkeitsbereiche, zu denen § 5 BGSG gehört.[473]

---

[471] Lerche, in: Maunz/Dürig, Art. 87 Rn. 125: „Die Übertragung von Objektschutzaufgaben [...] dürfte wohl noch eine ausreichende Grundlage teils in Art. 87 a Abs. 4 S. 1 [...], teils in ungeschriebener Bundeskompetenz finden" (ohne nähere Begründung).

[472] Z. B. v. Baldus, in: Mangoldt/Klein/Starck, Art. 87 a Rn. 26 – 28.

[473] Zur Entstehungsgeschichte siehe Baldus a. a. O., Art. 87 a vor Rn. 1; Stern, Staatsrecht II, § 56 I 3 c; vgl. auch § 56 III 5 a, wo im Zusammenhang mit Art. 87 a GG hinsichtlich der Voraussetzungen für einen Einsatz des BGS nicht auf § 4 BGS 1972 (§ 5 BGSG), sondern auf § 3 BGSG 1972 (§ 7 BGSG, Aufgaben im Notstands- und Verteidigungsfall) verwiesen wird.

Art. 87 a Abs. 4 S. 1 GG kann folglich wegen seines nicht auf den BGS bezogenen Regelungsgegenstandes weder als eigenständige Ermächtigungsgrundlage, noch in Verbindung mit einer ungeschriebenen Bundeskompetenz für § 5 BGSG herangezogen werden.

b. Unterstützungsmaßnahmen nach Art. 35 Abs. 1 GG

Es ist zu erwägen, ob Art. 35 Abs. 1 GG als Rechtsgrundlage für § 5 BGSG nutzbar gemacht werden kann. Immerhin wird der BGS in beiden Fällen mit Zustimmung des Landes zur Unterstützung einer hilfebedürftigen Landespolizei eingesetzt. Es könnte daran gedacht werden, § 5 BGSG rechtssystematisch als gesetzlich geregelten Fall der Amtshilfe anzusehen, um die Regelung dadurch verfassungsrechtlich legitimieren zu können.

Dem steht jedoch schon die unterschiedliche dogmatische Stellung der betreffenden Normen entgegen. § 5 BGSG proklamiert die Wahrnehmung einer eigenen, originären Aufgabe des BGS, die ausschließlich anhand des eigenen Befugnisrechts (§ 14 BGSG) wahrzunehmen sei. Die darin liegende Inanspruchnahme eines angeblichen grundgesetzlichen Kompetenztitels schließt jedoch die Annahme eines Falls der Amtshilfe denknotwendig aus. Art. 35 Abs. 1 GG hat zum Ziel, dass die im gewaltenteiligen Bundesstaat notwendige Zusammenarbeit nicht im Einzelfall an einer fehlenden gesetzlichen oder vertraglichen Verpflichtung der um Hilfe ersuchten Behörde scheitert.[474] Die damit verbundene Einschränkung der strikten Kompetenz- und Zuständigkeitsverteilung beinhaltet aber gerade nicht die dauerhafte Übertragung von verfassungsrechtlich festgelegten Kompetenzen von der ersuchenden zur ersuchten Behörde.[475] Im Rechtsinstitut der Amtshilfe kann infolgedessen wegen seiner andersartigen Rechtsnatur keine Ermächtigungsgrundlage für Maßnahmen nach § 5 BGSG liegen.

Vergleichbares gilt für Unterstützungsmaßnahmen des BGS zugunsten der Landespolizeien nach Art. 35 Abs. 2 GG. Es ist zwar denkbar, dass der BGS in diesem Rahmen Objektschutzmaßnahmen durchführt; jedoch nimmt er in diesen Fällen keine eigenen Kompetenzen wahr, sondern kann nur auf Grundlage des jeweiligen Landesrechts tätig werden.[476] Eine originäre Aufgabenzuweisung, wie sie in § 5 BGSG enthalten ist, kann darauf in keinem Fall gestützt werden.

---

[474] Z. B. Magen, in: MAK, Art. 35 Rn. 8.

[475] Unstr., vgl. Schmidt-Bleibtreu/Klein, Art. 35 Rn. 3; Erbguth, in: Sachs, Art. 35 Rn. 19.

[476] Siehe dazu oben 2. Kapitel B. I. 2.

2. Ungeschriebenes (stillschweigendes) Verfassungsrecht

Mangels ausdrücklicher verfassungsrechtlicher Ermächtigungsgrundlage kann sich eine Gesetzgebungs- und Verwaltungskompetenz für Objektschutzaufgaben im Sinne des § 5 BGSG nur aus einer ungeschriebenen (stillschweigenden) Bundeskompetenz ergeben. In Betracht kommt eine Bundeskompetenz „kraft Natur der Sache“, „kraft Sachzusammenhangs“ oder eine Annexkompetenz.

a. Bundeskompetenz „kraft Natur der Sache“

Nach der Formulierung von Anschütz,[477] der sich das Bundesverfassungsgericht angeschlossen hat,[478] ist eine Kompetenz „kraft Natur der Sache“ begründet „nach dem ungeschriebenen, mithin einer ausdrücklichen Anerkennung durch die Reichsverfassung nicht bedürftigen Rechtssatz, wonach gewisse Sachgebiete, weil sie ihrer Natur nach eigenste, der partikularen Gesetzgebungszuständigkeit a priori entrückte Angelegenheiten des Reichs darstellen, vom Reich und nur von ihm geregelt werden können.“ Das Bundesverfassungsgericht ergänzt diese Formulierung damit, dass Schlussfolgerungen aus der Natur der Sache „begriffsnotwendig“ sein müssen und eine bestimmte Lösung unter Ausschluss anderer Möglichkeiten sachgerechter Lösung zwingend erfordern muss.[479] Im Gegensatz zu den sonstigen ungeschriebenen Kompetenzen geht es also nicht um die Anknüpfung an eine dem Bund ausdrücklich zugewiesene Materie, sondern um die Schließung von im Verfassungstext belassener Lücken, deren Ausfüllung durch die Länder denkgesetzlich unmöglich ist.[480] Eine Kompetenz kraft Natur der Sache ist ihrer Art nach stets eine ausschließliche Zuständigkeit.[481]

Eine Reihe von Stimmen wollen in der Tat Objektschutzmaßnahmen nach § 5 BGSG mit einer Bundeskompetenz kraft Natur der Sache legitimieren.[482] So-

---

[477] Anschütz, Die Reichsaufsicht, in: Handbuch des Deutschen Staatsrechts, S. 367.

[478] BVerfGE 11, 89, 98 f.; neuerdings wurde die Kompetenz kraft Natur der Sache wieder relevant hinsichtlich unaufschiebbaren gesetzlichen Regelungen im Zusammenhang mit dem Beitritt der ehemaligen DDR, vgl. BVerfGE 84, 133, 148; 85, 360, 374.

[479] BVerfGE 11, 89, 99; 12, 205, 251; Maurer, Staatsrecht I, § 10 Rn. 30; kritisch dazu Stettner, in: Dreier, Art. 70 Rn. 57; Bullinger, AöR 91 (1971), 237, 269 ff.

[480] Ähnlich schon Achterberg, AöR 86 (1961), Kunig, in: v. Münch/Kunig, Art. 70 Rn. 27.

[481] Pieroth, in: Jarass/Pieroth, Art. 70 Rn. 8; Maunz, in: Maunz/Dürig, Art. 71 Rn. 6; Kunig, in: v. Münch/Kunig, Art. 70 Rn. 27.

[482] Einwag/Schoen, BGSG-Kommentar, § 4 Rn. 4; Heesen/Hönle/Peilert, BGSG-Kommentar, § 5 Rn. 2; Ohrband, Diss., S. 156 f.; Schoen, DVBl. 1988, 16, 17 f.; Willich, Diss., S. 244; Ronellenfitsch, VerwArch 1999, 139, 145; Semerak, Die Polizei 1991, 10;

weit überhaupt eine nähere Begründung zu finden ist, wird darauf hingewiesen, dass der Bund in der Lage sein müsse, mit eigenen Kräften für den Schutz seiner wichtigsten Organwalter zu sorgen.[483]

Mit den in Rechtsprechung und Literatur allgemein anerkannten Grundsätzen einer Bundeszuständigkeit kraft Natur der Sache ist diese Ansicht allerdings nicht zu vereinbaren. Schon der rechtsmethodologische Ansatz der Befürworter einer Kompetenz kraft Natur der Sache ist bedenklich. Die Befürworter gehen größtenteils selbst davon aus, dass der Objektschutz grundsätzlich in den Aufgabenbereich der Landespolizeien fällt und der Bund nur unter den in § 5 BGSG genannten Voraussetzungen tätig werden darf.[484] Wer aber eine grundsätzliche Länderkompetenz annimmt, kann kaum gleichzeitig eine der partikularen Zuständigkeit a priori entrückten Angelegenheit des Bundes befürworten. Der Versuch, eine Bundeskompetenz kraft Natur der Sache herzuleiten, geht fehl, wenn die betreffende Angelegenheit „normalerweise" in die Länderhoheit fällt. Auch ist rechtlich nicht begründbar, wieso die Zuständigkeit zum Objektschutz bei besonderen Sicherheitslagen plötzlich allein dem Bund zustehen soll. Es wäre dann auch wenig nachvollziehbar, wozu das „beteiligte" Land (so ausdrücklich § 5 Abs. 1 S. 1 BGSG) überhaupt noch sein Einvernehmen erklären müsste, da es sich überhaupt nicht mehr auf eigene Kompetenzen berufen könnte. Die entgegenstehende Ansicht verkennt die Rechtsnatur einer Kompetenz aus der Natur der Sache und führt infolgedessen zu unauflösbaren dogmatischen Widersprüchen.

Zudem kann sich diese Ansicht auch nicht auf Gründe in der Sache stützen, die für die Einordnung des Objektschutzes von Bundesorganen als eine der Länderzuständigkeit a priori entrückte, ureigenste Angelegenheit des Bundes spre-

---

Riegel, Bundespolizeirecht, § 9 BKAG Anm. I. 2.; von einer „ungeschriebenen Verwaltungszuständigkeit des Bundes" geht auch Blümel, in HdbStR IV, § 101 Rn. 118 aus (ebenfalls ohne Begründung).

[483] Einwag/Schoen, BGSG-Kommentar, a. a. O.; vgl. auch v. Mangoldt/Klein, 2. Auflg., a. a. O. Ebenso die Begründung des Regierungsentwurfs, allerdings mit dem Unterschied, dass diese eine entsprechende Bundeskompetenz nur in Notfällen bejaht und auf eine nähere Bestimmung dieser ungeschriebenen Kompetenz verzichtet (BT-Drucks. VI/2286, S. 23 „Die Gesetzgebungs- und Verwaltungskompetenz des Bundes für die Regelung des Entwurfs ergibt sich aus dem in der Verfassungsrechtsliteratur anerkannten Grundsatz, dass der Bund in der Lage sein muß, die Funktionsfähigkeit seiner zentralen Organe notfalls durch eigene Kräfte sicherzustellen.").

[484] Z. B. Heesen/Hönle/Peilert, BGSG-Kommentar, § 5 Rn. 1; Einwag/Schoen, BGSG-Kommentar, § 4 Rn. 15 (et passim).

chen könnten. Zwar ist nicht von vorneherein auszuschließen, dass Kräfte des Bundes Aufgaben des Objektschutzes zweckmäßiger erfüllen könnten. Zweckmäßigkeitserwägungen dieser Art sind jedoch grundsätzlich nicht geeignet, eine Zuständigkeit des Bundes kraft Natur der Sache zu begründen. Nach gefestigter, allgemein anerkannter Rechtsprechung müssen Schlussfolgerungen aus der Natur der Sache begriffsnotwendig sein und eine bestimmte Regelung unter Ausschluss anderer sachgerechter Lösungen zwingend erfordern.[485] Die Annahme einer solchen Zuständigkeit ließe sich nur dann vertreten, wenn die Erreichung des angestrebten Ziels bei grundsätzlichem Vollzug durch die Länder von vorneherein ausgeschlossen wäre.[486] Argumente zur Begründung einer Bundeskompetenz kraft Natur der Sache gehen an der Sache vorbei, wenn sich auch andere sachgerechte Lösungen im Einklang mit der verfassungsrechtlichen Kompetenzverteilung rechtfertigen lassen. Das Vorhandensein einer anderen sachgerechten Lösung – nämlich die Wahrnehmung der Objektschutzaufgaben durch die Landespolizeien – kann aber nicht ernsthaft bestritten werden.

Die Funktionsfähigkeit der Bundesorgane ist nicht deshalb gefährdet, bloß weil die Landespolizeien entsprechend ihrem Auftrag zur Gefahrenabwehr den Objektschutz wahrnehmen. Eine Bundeszuständigkeit ist nicht unabdingbare Voraussetzung für eine effektive Abwehr von Gefahren für Bundesorgane.[487] Einer eventuell notwendigen Koordination zwischen den Ländern und dem Bund (z. B. die gemeinsame Erstellung von objektbezogenen Gefährdungsanalysen oder die Abstimmung mit dem Personenschutz des BKA) steht nichts entgegen. Eine Bundeskompetenz kraft Natur der Sache könnte höchstens dann angenommen werden, wenn entsprechende Koordinierungsmaßnahmen zur sachgerechten Bewältigung der Objektschutzaufgabe nicht mehr ausreicht. Überzeugende Argumente sind dafür jedoch nicht erkennbar.

---

[485] Ein Blick auf die in Frage kommenden Sachgebiete macht deutlich, wie streng die Voraussetzungen sind: nationale oder gesamtstaatliche Repräsentation (Sitz der Bundesregierung und Bundessymbole, in BVerfGE 3, 407, 421 f. beispielhaft genannt), unaufschiebbare Regelungen wiedervereinigungsbedingter Fragen (z. B. BVerfGE 84, 133, 148; 95, 243, 248 f.), sowie die Raumordnung im Gesamtstaat (vgl. BVerfGE 3, 407, 427 f.).

[486] Vgl. BVerfGE 11, 5, 17 f.; 26, 246, 256 f.

[487] Wie hier Merten, Die Polizei 1986, 1, 202 f.

Die vereinzelt geäußerte Auffassung,[488] eine Bundeskompetenz kraft Natur der Sache sei deshalb zu bejahen, weil die Sicherung der Organe des Bundes nicht einem Land und damit den „Zufälligkeiten der Landesorganisation und des Landesrechts überlassen“ sein dürfe, kann demgegenüber nicht überzeugen. Der Schutz von Bundesorganen ist genauso wie der Schutz anderer staatlicher Einrichtungen selbstverständliche Aufgabe nach allen Polizeigesetzen, unabhängig von den „Zufälligkeiten des Landesrechts“ oder von organisatorischen Fragen. Der in dieser Argumentation liegende Vorwurf, die Landespolizeien wären zum Objektschutz wegen ihrer auf das jeweilige Bundesland beschränkten Zuständigkeit generell überfordert, entbehrt jeder sachlichen Grundlage.
Die Wahrnehmung von Objektschutzaufgaben durch die Landespolizeien hat sogar eine Reihe von Vorteilen. Zum einen würden die durch § 5 BGSG entstandene Gemengelage von Bundes- und Landesrecht entfallen. Außerdem ist zu beachten, dass sich allein die Landespolizeien auf eine umfassende Aufgabenzuweisung zur Gefahrenabwehr und dementsprechende umfassende Befugnisse berufen können. Es spricht einiges dafür, dass eine Einbettung der Abwehr von Gefahren für Bundeseinrichtungen in die allgemeine Gefahrenabwehr sogar eine Verbesserung der Sicherheitslage mit sich bringen könnte. Soweit es für den Objektschutz spezifischer operativer oder taktischer Kenntnisse und Fertigkeiten bedarf, ist es den Ländern freigestellt, ebenso wie in anderen polizeilichen Bereichen, besonders eingewiesene Polizeikräfte mit dieser Aufgabe zu betrauen.
Vereinzelt wird zur Begründung einer verfassungsrechtlichen Ermächtigungsgrundlage auf die vom Bundeskriminalamt (BKA) wahrgenommenen personenbezogenen Begleitschutz- und Sicherungsaufgaben verwiesen.[489] Diese Thematik ist jedoch von § 5 BGSG strikt zu trennen. Der Personenschutz durch das BKA ist seiner Natur nach abhängig vom Aufenthaltsort der zu schützenden Person und folglich im gesamten Bundesgebiet wahrzunehmen. Die Landespolizeien können den Schutz einer Person, etwa eines hochrangigen Bundespolitikers, dementsprechend aus einer Reihe von Gründen nicht vergleichbar effektiv gewährleisten wie eine zentral agierende Bundesbehörde.

---

[488] Erbel, Schutz von Bundesorganen, S. 26; Willich, Diss., S. 243. Vgl. auch die Wortwahl von Einwag/Schoen, BGSG-Kommentar, § 4 Rn. 8a, die im Objektschutz der Landespolizeien ein „Abfallprodukt“ sehen.

[489] Vgl. Heintzen, in v. Mangoldt/Klein/Starck, Art. 73 Rn. 50, 100; Heesen/Nitsche, Die Polizei 1986, 206, 207. Siehe auch v. Mangoldt/Klein, 2. Auflage, 1964, Art. 73 Anm. XVII 2 b), worauf vielfach verwiesen wird (dort aber nur in Bezug auf das BKA).

Deshalb ist es vertretbar, den Personenschutz durch das BKA auf eine ungeschriebene Kompetenz des Bundes zu stützen. Für § 5 BGSG, der ausschließlich Immobilien betrifft, gelten diese Aspekte offensichtlich nicht.
Zusammenfassend ist festzustellen, dass die Heranziehung des Rechtsinstituts „kraft Natur der Sache“ zur Begründung einer Gesetzgebungs- und Verwaltungszuständigkeit des Bundes zum Objektschutz keine Erfolgsaussichten haben kann. Die aus seiner rechtsdogmatischen Natur folgenden strengen Voraussetzungen sind nicht erfüllt. Es darf unterstellt werden, dass darin auch der Grund liegt, wieso sich die h. M. mit den Voraussetzungen einer derartigen Kompetenz fast durchweg nicht befasst.

b. Bundeskompetenz „kraft Sachzusammenhangs“

Des Weiteren wäre eine Bundeszuständigkeit „kraft Sachzusammenhangs“ zu erwägen. Nach dem Bundesverfassungsgericht ist von einer Bundeskompetenz kraft Sachzusammenhangs auszugehen, „wenn eine dem Bund ausdrücklich zugewiesene Materie verständigerweise nicht geregelt werden kann, ohne daß zugleich eine nicht ausdrücklich zugewiesene Materie mitgeregelt wird, wenn also ein Übergreifen in nicht ausdrücklich zugewiesenen Materien unerläßliche Voraussetzung für die Regelung einer der Bundesgesetzgebung zugewiesene Materie“ ist.[490]
Ausgehend von dieser Definition drängt sich die Frage auf, worin der erforderliche materiell-rechtliche Anknüpfungspunkt liegen könnte, also welche Materie nicht geregelt werden kann, ohne dass zugleich der Bund den polizeilichen Schutz seiner obersten Organwalter selbst durchführt. Hier wird schnell offenbar, dass ein derartiger Gesetzgebungs- oder Verwaltungstitel nicht existiert. Sucht man eine in engem Zusammenhang mit Objektschutzaufgaben stehende, der Zuständigkeit des Bundes unterfallende Materie außerhalb des „klassischen“ Polizeirechts, sucht man vergebens. Als Anknüpfungspunkt für den erforderlichen Sachzusammenhang bleibt letztendlich nur das Gefahrenabwehr-

[490] BVerfGE 3, 407, 421 ff. (Baurechtsgutachten); 7, 29, 38 f. (Presserecht und Deliktsverjährung); 8, 143, 149 f. (Recht der Wirtschaft); 11, 192, 199 (Gebührenfestsetzung in der freiwilligen Gerichtsbarkeit); 12, 205, 237 ff. (Rundfunkrecht und Parteienrecht); das Unerlässlichkeitskriterium wurde vom Bundesverfassungsgericht nicht in jeder Entscheidung explizit genannt, vgl. etwa BVerfGE 4, 74, 84; 7, 29, 38 f.; 22, 180, 212 ff.; aus der sonstigen Rechtsprechung BGH NVwZ 1999, 801, 803 (zur Unterbringung von Asylbewerbern durch den BGS); OVG Münster DÖV 1983, 603 (Lichtbild- und Fingerabdrucknahme nach dem Strafprozessrecht); aus der umfangreichen Literatur vgl. z. B. Bullinger, AöR 96 (1971), 237, 241 ff.; Kunig, in: v. Münch, Art. 70 Rn. 24; Stern, Staatsrecht II, § 37 II 5 a.

recht als Oberbegriff des Objektschutzes. Dieses obliegt aber gerade den Bundesländern. Mangels einer der Zuständigkeit des Bundes unterfallenden Materie, die in unerlässlichem Zusammenhang mit Objektschutzaufgaben steht, ist die Rechtsfigur des Sachzusammenhangs nicht erfolgreich heranziehbar.[491]

c. Annexkompetenz

Einige Stimmen im Schrifttum gehen im Hinblick auf § 5 BGSG von einer Annexkompetenz[492] des Bundes aus: Wer die Aufgaben von Verfassungsorganen und Ministerien des Bundes regelt, müsse auch mitregeln dürfen, wie sie für ihre Aufgaben funktionsfähig bleiben.[493] Die Abwehr von Gefahren für die Funktionsfähigkeit der Verwaltungseinrichtungen als Schutzgut der öffentlichen Sicherheit gehöre als Annex zu der jeweiligen Sachkompetenz der Behörde oder sonstigen öffentlichen Stelle.[494] Offenbar stützt sich auch der Gesetzgeber auf eine derartige Annexkompetenz. Die Begründung des Regierungsentwurfs befürwortet eine Bundeszuständigkeit, weil die Verwaltungskompetenz des Bundes zur Sicherung seiner eigenen zentralen Einrichtungen durch eigene Kräfte aus dem „in der Verfassungsrechtsliteratur anerkannten Grundsatz“ folge, dass der Bund notfalls in der Lage sein müsse, für den Schutz der eigenen Organwalter selbst zu sorgen.[495]

Unabhängig von den im Einzelnen strittigen Fragen herrscht Einigkeit darüber, dass für die Annahme einer Annexkompetenz ein Kompetenztitel nach dem GG bestehen muss, der den fraglichen Sachgegenstand zwar nicht ausdrücklich umfasst, aber zu diesem in einer engen funktionalen Beziehung steht. Ebenso wie

---

[491] Ähnlich Merten, Die Polizei 1986, 201, 203.

[492] Zur Rechtsnatur der Annexkompetenz und deren Voraussetzungen siehe oben 3. Kapitel B. I. 2. a. aa.

[493] V. Mangoldt/Klein, 2. Auflg., 1974, Art. 83 Anm. 4 c) aa), diese Aussage findet sich nicht mehr in den nachfolgenden Auflagen; Model, 3. Auflage, 1960, Art. 83, Erl. 3, ebenfalls in den nachfolgenden Auflagen nicht mehr enthalten; Schoen, DVBl. 1988, 16, 18; vgl. auch Werthebach/Droste, in: Bonner Kommentar, Art. 73 Rn. 10 Rn. 135 ff. (wegen der Vermischung mit Personenschutzaufgaben des BKA leider nicht vollauf nachvollziehbar); a. A. Merten, Die Polizei 1986, 201, 203.

[494] Schoen a. a. O.

[495] BT-Drucks. VI/2286/71, S. 23 = BR-Drucks. 491/71, S. 23 (ohne Nachweise); ähnlich v. Mangoldt/Klein, 2. Auflg., Art. 73 Anm. XVII 2 b) (allerdings in Bezug auf Sicherungsmaßnahmen durch das BKA) und Heintzen, in v. Mangoldt/Klein/Starck, Art. 73 Rn. 100; Ernst, Diss., S. 213 f.; Einwag/Schoen, BGSG-Kommentar, § 4 Rn. 4; Schoen a. a. O.

bei der Kompetenz kraft Sachzusammenhangs erfolgt also eine Anknüpfung an eine geschriebene Zuständigkeit. Dementsprechend ist schon aus diesem Grund auch die Annahme einer Annexkompetenz mehr als zweifelhaft. Wie bereits gezeigt, liegt eine materiellrechtlich „in die Breite“ zu erweiternde Kompetenzmaterie nicht vor. Dies muss denknotwendig auch für eine Auslegung „in die Tiefe“ gelten. Es lässt sich weder aus den Kompetenztiteln der Art. 70 GG ff. noch aus den Art. 83 GG ff. eine Zuständigkeit des Bundes herleiten, die in einem engen funktionalen Zusammenhang („gesteigerte Sachnähe“) mit dem polizeilichen Schutz seiner Organe steht. Nur diese Ansicht lässt sich mit der Rechtsprechung des Bundesverfassungsgerichts zur allgemeinen Kompetenzverteilung zwischen Bund und Ländern auf dem Gebiet des Polizeirechts uneingeschränkt vereinbaren. Wie bereits im Zusammenhang mit einer Bundeskompetenz aus der Natur der Sache dargestellt,[496] ist es nicht überzeugend, den Objektschutz von bestimmten staatlichen Einrichtungen als sonderpolizeiliche Materie zu qualifizieren, die durch einen Verwaltungsträger auf Bundesebene wahrzunehmen wäre. Es ist auch nicht ersichtlich, wieso die Beschränkung auf oberste Bundesorgane daran etwas ändern soll. Auch der Schutz dieser Objekte ist Teil des allgemeinpolizeilichen Aufgabenbereichs. Dementsprechend kann § 5 BGSG auch nicht als funktionaler Annex zu einem der Zuständigkeit des Bundes unterliegenden Sachgebiet angesehen werden.
Eine Annexkompetenz für § 5 BGSG lässt sich auch nicht durch Rückgriff auf die den Schutzobjekten zustehenden Selbstschutzrechte in Verbindung mit Grundsätzen der Amtshilfe oder Organleihe stützen.[497] Dem steht bereits entgegen, dass die (zumindest hinsichtlich ihrer Existenz allgemein anerkannte) Annexkompetenz jeder Behörde zur Abwehr von Gefahren für deren Funktionsfähigkeit, vor allem im Rahmen des öffentlich-rechtlichen Hausrechts und der Ordnungsgewalt, die Befugnis zur Gefahrenabwehr mit polizeilich-hoheitlichen Mittel gerade nicht mit einschließt.[498] Unabhängig von den im

---

[496] Siehe oben 3. Kapitel D. I. 2. a.

[497] In diese Richtung argumentiert aber Schoen, DVBl. 1988, 16, 18.

[498] Knemeyer, DÖV 1970, 596, 598 f.; Lisken/Denninger, HdbPolR, Abschnitt. E Rn. 13 (hinsichtlich der „Ordnungsgewalt“ allerdings offengelassen); Drews/Wacke/Vogel/Martens, Gefahrenabwehr, S. 34; Götz, Allgemeines Polizei- und Ordnungsrecht, Rn. 121; Gusy, Polizeirecht, Rn. 36 ff. (allerdings ohne Kritik gegenüber § 5 BGSG, vgl. Rn. 41); vgl. auch Arndt, DVBl. 1968, 729, 731 (Schutz des Bundeskanzleramtes durch den BGS im Zusammenhang mit Objektschutzmaßnahmen durch die Bundeswehr nach Art. 87 a Abs. 3 GG).

Einzelnen nicht vollständig geklärten Fragen dieser Rechtsinstitute[499] berechtigen diese „Kompetenzen“ die jeweilige Behörde nicht automatisch zu Grundrechtseingriffen mit Mitteln des Polizeirechts. So kann beispielsweise jede durch eine Störung betroffene Behörde zwar ein Hausverbot aussprechen; jedoch ist die Behörde im Fall einer Weigerung des Adressaten grundsätzlich nicht berechtigt, das Hausverbot zu vollstrecken, sondern ist hierfür auf den Polizeivollzugsdienst angewiesen.[500] Anders liegen die Dinge bezüglicher einer hier in Rede stehenden „polizeilichen“ Annexkompetenz. Da es sich hierbei um einen Fall der klassischen Eingriffsverwaltung im Rahmen des allgemeinen Polizeirechts handelt, ist sie nur zulässig, wenn sie sich aus einem geschriebenen Zuständigkeitstitel ableiten lässt oder wenn eine ausdrücklich geregelte Exekutivkompetenz der Behörde besteht. Genau dies ist aber regelmäßig nicht gegeben.[501]

Wenn nun aber den nach § 5 BGSG zu schützenden Objekten (ebenso wie den Landesbehörden) keine originäre Annexkompetenz zum Selbstschutz mit Mitteln des Polizeirechts zusteht und gleichzeitig für die Durchsetzung des Hausrechts als allgemein-polizeiliche Aufgabe ausschließlich die Landespolizeien zuständig sind, ist nicht ersichtlich, wieso dem BGS nach den Grundsätzen der Amtshilfe oder Organleihe eine Zuständigkeit im Sinne des § 5 BGSG zuwachsen soll. Allein anhand dieser Rechtsfiguren lassen sich Einschränkungen der Landeskompetenzen in keinem Fall rechtfertigen.

d. Verhältnis von Verwaltungskompetenz und Gesetzgebungskompetenz

Soweit unter den Befürwortern einer Bundeskompetenz für § 5 BGSG zwischen Gesetzgebungs- und Verwaltungszuständigkeit differenziert wird, wird aus der angeblichen Verwaltungszuständigkeit zur Wahrnehmung vom Objektschutzaufgaben i. S. d. § 5 BGSG die erforderliche Gesetzgebungszuständigkeit zum Erlass von § 5 BGSG hergeleitet. Bestehe eine zweifelsfreie Verwaltungs-

---

[499] Siehe Knemeyer a. a. O.; Semerak, Die Polizei 1991, 10, 12, beide m. w. N.

[500] Z. B. Knemeyer a. a. O., S. 599; Folz, JuS 1965, 41, 44; Lisken/Denninger, a. a. O.; Reichert/Ruder/Fröhler, Polizeirecht, a. a. O.; unklar Ehlers, JURA 2000, 323, 327.

[501] Eine nicht analogiefähige Ausnahme ist die Polizeigewalt des Bundespräsidenten (Art. 40 Abs. 2 GG i. V. m. § 7 Abs. 2 GOBT). Für diese besondere Form des „Objektschutzes“ ist gerade eine (einzigartige) verfassungsrechtliche Grundlage vorhanden, siehe dazu Stern, Staatsrecht II, § 26 III 7; Götz, Allgemeines Polizei- und Ordnungsrecht, Rn. 120; Knemeyer, a. a. O., S. 601.; Lisken/Denninger, HdbPolR, Abschnitt E Rn. 14; Reichert/Ruder/Fröhler, Polizeirecht, Rn. 232.

kompetenz, so müsse auch eine entsprechende Gesetzgebungskompetenz angenommen werden.[502]

Diese Argumentation ist mit der allgemein anerkannten Rechtsprechung des Bundesverfassungsgerichts zum Verhältnis von Gesetzgebungs- und Zuständigkeitsvorschriften nicht vereinbar. Im Verhältnis zwischen Gesetzgebungs- und Verwaltungszuständigkeit gilt der Grundsatz, dass die Gesetzgebungskompetenz des Bundes die äußere Grenze seiner Verwaltungszuständigkeit markiert, d. h. die Verwaltungskompetenz folgt (wenn überhaupt) der Gesetzgebungskompetenz (und nicht umgekehrt).[503] Genauso wenig wie eine Gesetzgebungskompetenz nicht automatisch zur exekutivischen Durchführung berechtigt, ist es nicht zulässig, aus angeblichen Befugnissen zur Vollziehung von Gesetzen Schlüsse auf Bestand und Umfang von Gesetzgebungskompetenzen des Bundes zu ziehen.[504] Insbesondere können sich etwaige ungeschriebene Gesetzgebungskompetenzen grundsätzlich nicht akzessorisch zu ungeschriebenen Verwaltungskompetenzen entwickeln.

e. Verfassungsrechtliche Bedeutung des Einvernehmens zwischen Bund und Land

Sieht man in § 5 BGSG einen nicht zu rechtfertigenden Eingriff in die Polizeihoheit der Länder, stellt sich schließlich die Frage, ob dieser Eingriff dadurch „geheilt“ werden könnte, dass nach dem ausdrücklichen Wortlaut ein Einvernehmen zwischen dem Bundesinnenminister und dem beteiligtem Land darüber herrschen muss, dass ein angemessener Schutz des Schutzobjekts anderweitig nicht gewährleistet werden kann.[505] Immerhin wird durch dieses Erfordernis

---

[502] Einwag/Schoen, BGSG-Kommentar, § 4 Rn. 4, mit (unzutreffendem) Verweis auf BVerfGE 12, 205, 229 (dazu im Folgenden).

[503] St. Rspr., BVerfGE 12, 205, 229 m. w. N.; 15, 1, 16; siehe auch BVerwGE 87, 181, 184; Stern, Staatsrecht I, § 19 III 3 c; zu möglichen (hier nicht relevanten) Ausnahmen dieses Grundsatzes vgl. Lerche, in: Maunz/Dürig, Art. 83 Rn. 31 ff und 46.

[504] Denkbar ist allenfalls der Rückschluss von einer Befugnisnorm auf eine entsprechende Aufgabe, vgl. etwa Pieroth, VerwArch 88 (1997), 568, 573 (zum Verhältnis von Aufgaben- und Befugnisnormen des BGSG).

[505] So Bull, in: Alternativkommentar, Art. 87 Rn. 81: „Die zuletztgenannte Aufgabe des Objektschutzes ist mit der Kompetenzverteilung des GG kaum vereinbar und allenfalls deswegen hinnehmbar, weil ein Einvernehmen mit dem beteiligten Land hergestellt werden muss.“ Die Regierungsvorlage sah ursprünglich nur ein „Benehmen“ über die Entscheidung des Bundesinnenministers vor, also die bloße Anhörung des beteiligten Landes (BT-Drucks. VI/2886/71, S. 4).

garantiert, dass eine Aufgabenübernahme durch den BGS nicht einseitig, sondern nur mit vorheriger Zustimmung des beteiligten Landes erfolgen kann.
Nach ständiger Rechtsprechung und fast einhelliger Ansicht im Schrifttum sind jedoch Vereinbarungen zwischen Bund und Ländern unwirksam, wenn sie Kompetenzverschiebungen beinhalten. Die Zuständigkeiten von Bund und Ländern als maßgeblicher Ausdruck der bundesstaatlichen Ordnung sind erschöpfend geregelt und grundsätzlich nicht abdingbares Recht.[506] Die Kompetenzabgrenzungen sind zwingend und stehen nicht zur Disposition der Beteiligten.[507] Wenn aber das erforderliche Einvernehmen als Begründung herangezogen wird, um den in § 5 BGSG liegenden Eingriff in die grundgesetzliche Kompetenzverteilung rechtfertigen zu können, wird gerade dadurch unzulässigerweise eine kompetenzverschiebende Wirkung in das Einvernehmen hineininterpretiert.
Anderer Auffassung sind freilich die Stimmen, die von einer ungeschriebenen Bundeskompetenz ausgehen. Insoweit konsequent wird dem Einvernehmen keine kompetenzielle Wirkung beigemessen, da der Bund ohnehin zuständig sei. Allerdings stellt sich dann die Frage, wozu ein Einvernehmen überhaupt in den Gesetzeswortlaut aufgenommen wurde. Läge darin nur die „übereinstimmende Feststellung", dass ein Tatbestand gegeben sei, der eine Bundeskompetenz begründe,[508] dann besäße das Einvernehmen letztendlich nur fakultative Bedeutung, was – vom entscheidenden Aspekt der Kompetenzverteilung des Grundgesetzes einmal abgesehen – schon mit dem eindeutigen Wortlaut des § 5 BGSG als verobjektivierter Wille des Gesetzgebers und äußerste Grenze jeder Auslegung nicht vereinbar wäre.[509]

---

[506] BVerfGE 4, 115, 139 f.; 32, 145, 156; 39, 96, 109; 41, 291, 311; 55, 274, 301; 63, 1, 38 f.; Stern, Staatsrecht I, § 19 III 3 a m. w. N.

[507] BVerfGE 4, 115, 139; 63, 1, 38 f.; vgl. auch BVerwGE 102, 119, 124; Pietzcker, in: HdbStR IV, § 99 Rn. 18 f.; Lisken/Denninger, HdbPolR, Abschnitt. C Rn. 143; Gusy, Polizeirecht, Rn. 40 ff.; a. A. nur Heesen/Nitsche, Die Polizei 1986, 1, 14 f., die eine Preisgabe der Hoheitsgewalt der Länder für zulässig halten und nur einen „Kernbereich" davon ausnehmen, der bei völliger Übertragung der Polizeigewalt betroffen sei.

[508] So Schoen, DVBl. 1988, 16, 18 (zu § 4 Abs. 1 S. 1 BGSG 1972); anders Ohrband, Diss., S. 162 f., der eine verfassungskonforme Auslegung für unzulässig hält.

[509] Auch daran scheitert die Position der BGSG-Kommentierungen, wonach ein Einsatz auch ohne ein Einvernehmen mit dem Land zulässig sei, wenn der Bund von einer entsprechenden Gefährdung ausgehen darf (Einwag/Schoen, BGSG-Kommentar, § 4 Rn. 8a; Fischer/Hitz/Laskowski/Walter, BGSG-Kommentar, § 5 Rn. 17; vgl. auch Heesen/Hönle/Peilert, BGSG-Kommentar, § 5 Rn. 9). Noch weitergehender Willich, Diss., S.

f. Notfallzuständigkeit des BGS

Im Gesetzgebungsverfahren sind alle Beteiligten davon ausgegangen, dass die Länder grundsätzlich in der Lage sind, die Sicherheit der Bundesorgane zu gewährleisten.[510] Dementsprechend bezweckte der Gesetzgeber ursprünglich nur die Schaffung einer Notfallzuständigkeit des BGS, wenn die Länder den Schutz seiner Organwalter ausnahmsweise nicht garantieren können.[511] Im Erfordernis des „anderweitig nicht zu gewährleistenden Schutzes" liegt der im Gesetzeswortlaut verobjektivierte Wille des Gesetzgebers, der parallel zur grundgesetzlich eingeschränkten Zuständigkeit des BGS im Bereich der Polizeihoheit der Länder das Ziel verfolgte, Einsätze des BGS auf außergewöhnliche Situationen zu beschränken. Selbst wenn ein Bundesland seiner ureigensten Pflicht, die Sicherheit des Staates und seiner Einrichtungen aufgrund von personellen Fehlbeständen dauerhaft nicht gerecht werden würde, könnte und dürfte dies keinesfalls zu einer verfassungsrechtlichen Verschiebung in der Kompetenzverteilung von Bund und Ländern führen.[512]

Vor diesem Hintergrund ist ein „anderweitig nicht gewährleisteter Schutz" nur in Ausnahmefällen vorstellbar. In Betracht kommen hier unvorhersehbare Sonderbelastungen, in denen Kräfte der Landespolizei (einschließlich der Bereitschaftspolizei) vorübergehend anderweitig gebunden und deren Kapazitäten dadurch ausnahmsweise überfordert sind (z. B. bei unfriedlichen Massendemonstrationen, Katastrophenfällen, notstandsähnlichen Situationen). Es muss sich also um besondere, zeitlich vorübergehende Gefahren handeln, die über die immer latent vorhandene, abstrakte Gefährdung von Verfassungsorganen und Bundesministerien hinausgehen. In diesen Fällen - und nur in diesen Fällen - ist es angebracht, dass bundespolizeiliche Kräfte vorübergehend landespoli-

---

243 ff: Nach dessen Ansicht muss das Erfordernis des Einvernehmens als verfassungswidrig angesehen werden, weil dadurch „die ausschließlichen Rechte des Bundes zugunsten der Länder blockiert werden könnten". Wie Willich selbst erkennt (S. 247), würde diese Auffassung sogar dazu führen, dass andere, in § 5 BGSG nicht genannte Bundeseinrichtungen weder durch Kräfte des Bundes noch der (generell unzuständigen!) Länder geschützt werden könnten - ein rechtlich wie praktisch unhaltbares Ergebnis.

510 BT-Drucks. a. a. O., S. 51 (Stellungnahme des Bundesrates).

511 BT-Drucks. VI/2886/71, S. 23.

512 Exemplarisch für die oftmals unkritische, überwiegend rechtspolitisch argumentierende Gegenansicht siehe Schreiber, DVBl. 1992, 589, 596, der im Hinblick auf die Finanzlage der Länder bemerkt: „Ob die „verfassungsrechtliche" Bedenken äußernden Länder [...] erwogen haben, daß in Konsequenz ihrer Rechtsmeinung die - starke Polizeikräfte bindenden - Objektschutzaufgaben künftig von den Bundesländern wahrzunehmen wären?"

zeiliche Aufgaben übernehmen, bis die Landespolizei dazu wieder in der Lage ist.
In der Diskussion über Objektschutzaufgaben durch den BGS wird weitgehend übersehen, dass die geschriebenen Aufgabenzuweisungen des Grundgesetzes an den BGS bzw. an die Länder eine Beherrschung derartiger Ausnahmesituationen ohne weiteres erlauben. Zu nennen sind hier vor allem die speziellen Verwendungsmöglichkeiten nach Art. 35 Abs. 2 und 3 GG i. V. m. Art. 11 Abs. 1 Nr. 1 und 2 BGSG. Die Verfassung selbst trägt also bereits der Besonderheit solcher Situationen Rechnung. Die vielfach betonte Notwendigkeit des § 5 BGSG im Schrifttum erscheint dementsprechend weniger sachlich begründet sondern eher als Ersatz für eine seriöse verfassungsrechtliche Untersuchung. Unternehmen die Länder angemessene Anstrengungen personeller und materieller Art zur Erfüllung ihrer Polizeiaufgaben, besteht für eine derartige besondere Bundespolizeigewalt kein sachliches Bedürfnis.

3. Fazit zur Ermächtigungsgrundlage von § 5 BGSG

Dem Bund stehen weder Gesetzgebungs- noch Verwaltungskompetenzen zur polizeilichen Wahrnehmung von Objektschutzaufgaben zu. Der in § 5 BGSG liegende Eingriff in die Polizeihoheit der Bundesländer kann sich auf keine verfassungsrechtliche Grundlage stützen und verstößt damit gegen die Kompetenzverteilung des Grundgesetzes. Der BGS kann Objektschutzmaßnahmen nur im Rahmen der im Grundgesetz ausdrücklich geregelten Ausnahmefälle und unter Beachtung der daraus folgenden Grundsätze wahrnehmen.

II. Staatspraxis

Die wichtigsten Verfassungsorgane des Bundes bzw. Bundesministerien werden seit Jahrzehnten durch den BGS polizeilich geschützt.[513] Zu nennen ist die Übernahme der Sicherung des Bundesverfassungsgerichts,[514] des Bundespräsidialamtes,[515] des Bundeskanzleramtes, des Auswärtigen Amtes, des Bundesministerium des Innern und des Bundesministeriums der Justiz.[516]
In der Praxis hat sich die Beurteilung über die Sicherheitslage dahingehend entwickelt, dass von einem nicht anderweitigen Schutz i. S. d. § 5 BGSG ausgegangen wird, wenn das jeweilige Land für eine *ständige Präsenz* polizeili-

---

[513] Siehe BGS Jahresbericht 2002, S. 40.
[514] Bekanntmachung vom 2. Oktober 1972 (BAnz. Nr. 191).
[515] Bekanntmachung vom 24. Januar 1991 (BAnz. Nr. 21).
[516] Bekanntmachung vom 29. September 1975 (BAnz. Nr. 182).

cher Sicherheitskräfte sorgen müsste.[517] Diese Art und Weise der Wahrnehmung der Objektschutzes ist mit § 5 BGSG - seine Verfassungsmäßigkeit einmal unterstellt - offensichtlich nicht vereinbar. Ein effektiver Schutz von Bundesorganen erfordert überwiegend eine ständige Präsenz vor Ort. Durch andere Sicherungsmaßnahmen wie technische Überwachungsmaßnahmen oder Streifenfahrten allein kann eine angemessene Gefahrenabwehr in vielen Fällen nicht bewerkstelligt werden. Eine ständigen Präsenz ist demnach der Regelfall und kann für sich genommen denknotwendig keine Situation begründen, in der eine Übernahme nach § 5 BGSG wegen einer „anderweitig nicht abwendbaren Gefahr" in Betracht kommen kann. Dementsprechend ist eine Gefährdungslage, die über eine abstrakte, latent vorhandene Gefahr für wichtige Verfassungsorgane hinausgeht, in den genannten Fällen offensichtlich nicht gegeben. Die Übernahmen von Objektschutzaufgaben durch den BGS erfolgten durchweg unabhängig von der jeweiligen Sicherheitslage sowie zeitlich unbegrenzt, d. h. zumeist schlichtweg für alle Ewigkeit. Selbst wenn man davon ausgeht, dass zum Zeitpunkt der jeweiligen Übernahmeentscheidung tatsächlich eine anderweitig nicht beherrschbare Gefährdungslage bestand, hätten die Länder zwischenzeitlich ohne weiteres ausreichende sächliche und personelle Mittel zur Verfügung stellen können; stattdessen haben sie sich jedoch aus ihrer ureigensten Pflicht stillschweigend verabschiedet.[518] Diese Übernahmen „auf Vorrat" kehren das Regel-Ausnahme-Verhältnis zwischen Bundes- und Länderzuständigkeit um und stehen in unauflösbarem Widerspruch zum verobjektivierten Willen des Gesetzgebers und dem verfassungsrechtlichen Hintergrund von § 5 BGSG.

Unabhängig von der Frage der Verfassungsmäßigkeit des § 5 BGSG muss daher festgestellt werden, dass die jahrzehntelange, bis heute unverändert fortgeführte Praxis des polizeilichen Schutzes von Verfassungsorganen des Bundes durch Kräfte des BGS sich überwiegend auf keine gesetzliche Grundlage berufen konnte und kann. Auch wenn sich der unmittelbare Schaden für die bundesstaatliche Ordnung aufgrund des beschränkten Tätigkeitsbereichs sicherlich in

---

[517] So auch Einwag/Schoen, BGSG-Kommentar, § 4 Rn. 7 (die darin aber nichts kritikwürdiges erkennen).

[518] Neuerdings ist diese Entwicklung auch bedeutsam im Hinblick auf die abstrakt erhöhte Gefährdung von Bundesorganen durch den internationalen islamistischen Terrorismus. Da es sich bei dieser Gefahrenlage nicht um eine „Eintagsfliege" handelt, sondern voraussichtlich viele Jahre unvermindert andauern wird, sind die Länder verpflichtet, ihre Sicherheitsbehörden auf diese Bedrohung einzurichten, statt verstärkt am Tropf des Bundes zu hängen.

Grenzen hält, kann diese Fehlentwicklung nur mit Kritik bedacht werden. Ein Ende der rechtswidrigen Allianz zwischen Bund und Ländern ist indes nicht in Sicht. Es gilt bis auf weiteres der Leitsatz: „Wo kein Kläger, da kein Richter". Falls es doch einmal zu einer gerichtlichen Überprüfung kommt, darf man gespannt sein, ob die Judikative überhaupt noch den Mut findet, diese jahrzehntelange Staatspraxis zu beenden.

III. Die Tatbestandsmerkmale des § 5 BGSG[519]

1. Schutzobjekte

Schutzobjekte sind nach § 5 Abs. 1 S. 1 BGSG Verfassungsorgane des Bundes und Bundesministerien. Nach allgemeiner Ansicht sind Verfassungsorgane zunächst diejenigen Staatsorgane, die organisatorisch und funktionell ihre Grundlage in der Verfassung haben.[520] Dies sind unstreitig Bundespräsident, Bundeskanzler, Bundestag, Bundesrat und das Bundesverfassungsgericht. Allein die Erwähnung in der Verfassung genügt allerdings nicht; entscheidend ist, dass sie im Wesentlichen durch die Verfassung ausgestaltet werden und an der Gesamtwillensbildung des Staates maßgeblich beteiligt sind.[521] „Mittelbare Verfassungsorgane" wie die Bundesbank (Art. 88 GG) oder der Bundesrechnungshof (Art. 114 GG) werden von § 5 BGSG folglich nicht erfasst.[522] Für diese Auslegung spricht unabweisbar auch der Sinn und Zweck der Regelung, nämlich die Sicherung ausschließlich jener Verfassungsorgane, die aufgrund ihrer exponierten Stellung im Staatsgefüge eine abstrakt erhöhte Schutzbedürftigkeit aufweisen.

2. Schutzersuchen des Verfassungsorgans bzw. Ministeriums

Um eine Aufdrängung von Kräften des BGS ohne oder gegen den Willen des Schutzobjekts, das grundsätzlich selbst für seine Sicherheit sorgen muss, auszuschließen, ist ein Schutzersuchen gegenüber dem Bundesinnenministerium

---

[519] Aufgrund Verfassungswidrigkeit des § 5 BGSG kann diese Untersuchung nur hilfsweise erfolgen.

[520] Maurer, Staatsrecht I, § 12 Rn. 23.

[521] Maurer a. a. O.

[522] Im Ergebnis ebenso Fischer/Hitz/Laskowski/Walter, BGSG-Kommentar, § 5 Rn. 6; Willich, Diss., S. 247; a. A. Heesen/Hönle/Peilert, BGSG-Kommentar, § 5 Rn. 4; Einwag/Schoen a. a. O.; Semerak, Die Polizei 1991, 10.

zwingend erforderlich.[523] Das Schutzersuchen steht in keinem inhaltlichen oder zeitlichen Zusammenhang mit dem notwendigen Einvernehmen zwischen dem Bund und dem beteiligten Land über die fehlende anderweitige Sicherung des zu schützenden Objekts. Insbesondere ist es weder rechtlich notwendig noch sachlich angebracht, mit dem Schutzersuchen zu warten, bis das Einvernehmen zustande gekommen ist.[524] Mit dem Ersuchen ist weder für das beteiligte Land noch für den Bund eine Präjudizwirkung hinsichtlich weiterer Entscheidungen verbunden. Von einer Bindung an das nur einseitig ausgesprochene Schutzersuchen kann ebenfalls nicht ausgegangen werden, so dass das geschützte Bundesorgan sein Schutzersuchen jederzeit zurückziehen kann. Entscheidend ist, dass die Übernahme allein im Interesse und auf Wunsch des betreffenden Bundesorgans erfolgte. Wenn das Bundesorgan das erklärte Ersuchen gegenüber dem Bundesinnenministerium zurückzieht, ist nicht mehr der BGS, sondern wieder ausschließlich die Landespolizei für die Sicherheit des jeweiligen Objekts zuständig.[525]

3. Einvernehmen zwischen Bundesinnenministerium und beteiligtem Land

§ 5 BGSG verlangt für einen Einsatz des BGS ein Einvernehmen zwischen dem Bundesinnenministerium und dem beteiligten Land darüber, dass ein angemessener Schutz anderweitig nicht gewährleistet werden kann. Ein Einvernehmen verlangt eine inhaltliche Übereinstimmung als zwingende Voraussetzung, worin im Vergleich zum ursprünglichen Regierungsentwurf eine Stärkung der Position des beteiligten Landes liegt.[526] § 5 BGSG beschränkt den Einsatz des BGS ausdrücklich auf Fälle, in denen die Gefahr nicht anderweitig nicht zu begegnen ist.

Nicht ausdrücklich gesetzlich geregelt ist die Frage einer etwaigen Bindungswirkung des Einvernehmens. Diese Problematik taucht auf, wenn einer der Beteiligten die Rückübertragung der Objektschutzaufgaben an die Landespolizei verlangt, insbesondere wenn das jeweilige Bundesland vom gemeinsam erklärten Einvernehmen Abstand nimmt, weil es den Objektschutz wieder mit eige-

---

[523] Einwag/Schoen, BGSG-Kommentar, § 4 Rn. 7; Ernst, Diss., S. 216 f.

[524] A. A. offenbar Ernst, a. a. O.

[525] Im Ergebnis wohl unstr., Einwag/Schoen, BGSG-Kommentar, § 4 Rn. 7; Ernst, Diss., S. 223 f.

[526] Die Regierungsvorlage sah ursprünglich nur ein „Benehmen“ über die Entscheidung des Bundesinnenministers vor, also die bloße Anhörung des beteiligten Landes (BT-Drucks. VI/2886/71, S. 4).

nen Kräften durchführen kann. Soweit diese Frage im Schrifttum behandelt wird, wird fast einhellig eine beidseitige Bindungswirkung konstatiert.[527] Das bestehende Einvernehmen könne nicht einseitig in Frage gestellt werden. Nur durch ein neues Einvernehmen darüber, dass die angemessene Sicherung des betreffenden Schutzobjekts anderweitig gewährleistet sei, könne das Einvernehmen beseitigt werden.[528] Angeführt wird auch das Argument der Rechtssicherheit.[529]

Dem steht allerdings die verfassungsrechtliche Kompetenzverteilung zwischen Bund und Ländern entgegen, vor deren Hintergrund die Problemstellung zu diskutieren ist. Die genannte Ansicht verkennt, dass mit der Übernahme von Objektschutzaufgaben durch den BGS auf Basis des erklärten Einvernehmens ausschließlich das jeweilige Land in seinen Hoheitsrechten betroffen ist. Mit der Übernahme der hoheitlichen Aufgaben des Landes durch den Bund verfolgt dieser keine eigenen Interessen, sondern handelt ausschließlich im Interesse der Landespolizei, die für den Schutz von Bundesorganen zu Sorgen hat. Wegen dieser grundlegend unterschiedlichen Schutzwürdigkeit ist eine differenzierende Antwort angezeigt: Ist ein Land wieder zur angemessenen Wahrnehmung von Objektschutzaufgaben in der Lage, muss es ihm möglich sein, das Einvernehmen zurückzuziehen, und zwar auch dann, wenn der Bund an seiner Position festhält. Eine Bindungswirkung des einmal erklärten Einvernehmens ist insoweit nicht statthaft. Dem Bund dagegen ist mangels einer vergleichbaren schutzwürdigen Rechtsposition eine einseitige „Kündigung“ des Einvernehmens nicht zuzugestehen. Das betreffende Land muss sich aufgrund der gemeinsam festgestellten Sicherheitslage darauf verlassen können, dass die von Kräften des Bundes übernommenen Objektschutzaufgaben so lange weitergeführt werden, bis dies nicht mehr erforderlich ist. Nur insofern können auch Gründe der Rechtssicherheit überzeugend herangezogen werden. Diese vermeintliche Ungleichbehandlung von Bund und Land findet ihre sachliche Rechtfertigung in der Tatsache, dass Land in seinen Hoheitsrechten maßgeblich betroffen ist, nicht aber der Bund.

In diesem Zusammenhang ist auch darauf hinzuweisen, dass die Beteiligten aufgrund des Grundsatzes der Bundestreue gehalten sind, etwaigen Meinungsverschiedenheiten bundes- bzw.- länderfreundlich zu begegnen. Dies bedeutet insbesondere gegenseitige Rücksichtnahme, Information, Unterstützung und

---

527 Einwag/Schoen, BGSG-Kommentar, § 4 Rn. 8a; Erbel, S. 28; Ernst, Diss., S. 224 f.

528 Z. B. Einwag/Schoen, BGSG-Kommentar, a. a. O.

529 Ernst, a. a. O.

Kooperation.[530] Im Rahmen seiner Rechtsprechung zur „Bundestreue“ befürwortet das Bundesverfassungsgericht außerdem - freilich unter Berücksichtigung der Eigenstaatlichkeit von Bund und Ländern - eine allgemeine Pflicht zur Einigung in Streitfragen.[531] Ein einseitiger, gegen den Willen des Landes erklärter Rückzug des Bundes von seinen einmal übernommen Objektschutzaufgaben wäre folglich auch wegen Verstoßes gegen die Bundestreue unzulässig.

Sollten (was noch nie vorgekommen ist) die Beteiligten über die (Rück-) Übertragung von Objektschutzaufgaben trotzdem einmal keine Einigung herbeiführen können, ist das Bundesverwaltungsgericht gemäß §§ 40 Abs. 1, 50 Abs. 1 Nr. 1 VwGO zuständig.[532] Obwohl die Zuständigkeitsverteilung zwischen Bund und Ländern zentraler Maßstab für die rechtliche Beurteilung einer derartigen Frage ist, handelt es sich nicht um einen Streit über „unmittelbares Verfassungsrecht“, sondern um eine öffentliche Streitigkeit nichtverfassungsrechtlicher Art mit verfassungsrechtlichen Implikationen.

4. Entscheidung des Bundesinnenministers

Nach dem Gesetzeswortlaut steht die Entscheidung des Bundesinnenministers über die Übernahme von Objektschutzaufgaben in dessen Ermessen („Kann-Bestimmung“).[533] Dies bedeutet denknotwendig, dass das Bundesinnenministerium grundsätzlich den Einsatz des BGS auch dann ablehnen können muss, wenn die Voraussetzungen für den Objektschutz gegeben sind, insbesondere wenn die Landespolizei einen angemessenen Objektschutz nicht gewährleisten kann. Wurde allerdings das erforderliche Einvernehmen hergestellt, ist grundsätzlich eine Ermessensreduzierung auf Null anzunehmen, weil sich das Ministerium im Falle einer nachträglichen Weigerung dem Vorwurf des widersprüchlichen Verhaltens ausgesetzt sähe.[534] Unstreitig ist, dass sich nicht der BGSG selbst auf ein Ermessen berufen kann, da dieser dem uneingeschränkten Weisungsrecht des Bundesministeriums als dessen oberste Dienst-

---

[530] Z. B. BVerfGE 1, 299, 315; 12, 205, 254 f.; 34, 9, 44; 40, 96, 125.

[531] BVerfGE 34, 9, 44; 40, 96, 125.

[532] Str., wie hier Heesen/Hönle/Peilert, BGSG-Kommentar, § 5 Rn. 9; a. A. Einwag/Schoen, BGSG-Kommentar, § 4 Rn. 10 (Bund-Länder-Streit nach Art. 93 Abs. 1 Nr. 3 GG).

[533] Die Regierungsvorlage lautete in § 4 Abs. 1 S. 1 BGSG noch „Der Bundesgrenzschutz hat [...] zu sichern“ und wurde auf Betreiben des Bundesrates geändert (BT-Drucks.VI/2886/71, S. 4 und S. 51).

[534] Zutreffend Heesen/Hönle/Peilert, BGSG-Kommentar, § 5 Rn. 9; vgl. auch Ernst, Diss., S. 220.

behörde unterliegt. Ein eigenes Prüfungsrecht hinsichtlich der Voraussetzungen des § 5 BGSG steht dem BGS mithin nicht zu.[535]
Nach § 5 Abs. 1 S. 3 BGSG ist die Übernahme von Objektschutzaufgaben durch den BGS im Bundesanzeiger bekanntzugeben. Aufgrund des Bestimmtheitsgebots muss die Bekanntmachung zumindest das zu schützende Objekt und den Beginn der Überwachungstätigkeit beinhalten. Die amtliche Bekanntmachung hat nicht nur formaljuristische Bedeutung, sondern ist als Folge des Rechtsstaatsprinzips formelle Rechtmäßigkeitsvoraussetzung für die Übernahme (vgl. Art. 82 GG).[536] Daraus folgt insbesondere, dass die Wahrnehmung von Objektschutzaufgaben durch den BGS *vor* oder *ohne* Bekanntgabe unzulässig ist. Die Beendigung der Überwachungstätigkeit muss als „actus contarius" ebenfalls im Bundesanzeiger bekannt gegeben werden.[537]

5. Inhalt und Umfang des Schutzauftrages

Nach dem eindeutigen Wortlaut des § 5 Abs. 2 BGSG beschränkt sich der Schutz des BGS auf das Grundstück, auf dem das betreffende Verfassungsorgan oder Bundesministerium seinen Amtssitz hat. Darin ist eine Zuständigkeitsbegrenzung in zweifacher Hinsicht zu sehen.
Zum einen liegt in der Grundstücksbezogenheit eine räumliche Begrenzung des Zuständigkeitsbereiches auf das jeweilige Grundstück.[538] Dies bedeutet aber nicht, dass Objektschutzmaßnahmen in jedem Fall räumlich auf das Grundstück selbst begrenzt seien. Es ist denkbar, dass sich der Ausgangspunkt der Gefahr in einer gewissen Entfernung vom Grundstück befindet, beispielsweise wenn auf das Bundesorgan Steine oder Brandsätze geworfen werden. Daneben erfordert ein angemessener Schutz auch Überwachungsmaßnahmen außerhalb des Grundstücks (vor allem Streifengänge im Nahbereich). Solange ein unmittelbarer funktioneller Zusammenhang mit dem betreffenden Grundstück gegeben ist, stellt dafür § 5 BGSG eine hinreichende Rechtsgrundlage dar.[539] Maßgebliche

---

[535] Siehe Erbel, Schutz von Bundesorganen, S. 27 f.; Fischer/Hitz/Laskowski/Walter, BGSG-Kommentar, § 5 Rn. 19; Heesen/Hönle/Peilert, BGSG-Kommentar, § 5 Rn. 10.

[536] Vgl. BVerfGE 65, 283, 291 (zum Prinzip der formellen Publizität).

[537] Ernst, Diss., S. 225.

[538] Den Begriff des „räumlichen Zuständigkeitsbereichs" verwendet das BGSG an anderer Stelle selbst, vgl. insbesondere § 1 Abs. 7 BGSG.

[539] Im Ergebnis ebenso Einwag/Schoen, BGSG-Kommentar, § 4 Rn. 15; Fischer/Hitz/Laskowski/Walter, BGSG-Kommentar, § 5 Rn. 13 f.; Heesen/Hönle/Peilert, BGSG-Kommentar, § 5 Rn. 19; Ernst, Diss., S. 222; Semerak, Die Polizei 1991, 10, 12. a. A. Merten, Die Polizei 1986, 201, 203 f. mit Hinweis auf den Gesetzeswortlaut.

Gesichtspunkte hierfür sind die Wahrscheinlichkeit und die Schwere der drohenden Störung sowie der räumliche Zusammenhang zum Schutzobjekt. Eine extensive Interpretation der Zuständigkeit des BGS ist wegen des Ausnahmecharakters der Regelung unzulässig.[540]

Zum anderen liegt in § 5 Abs. 2 BGSG eine inhaltliche Begrenzung des Tätigkeitsbereichs. Entgegen der weit gefassten amtlichen Überschrift der Regelung („Schutz von Bundesorganen“) wird klargestellt, dass der BGS keinesfalls Aufgaben des Personenschutzes (Begleitschutz) übernehmen darf, der seiner Natur nach abhängig vom Aufenthaltsort der zu schützenden Person wahrzunehmen ist. Ein „personenbezogener“ Schutzauftrag kann höchstens insofern angenommen werden, als in der Gefahr für die in dem zu schützenden Objekt befindlichen Personen auch eine Gefahr für die ordnungsgemäße Funktionsfähigkeit des Bundesorgans liegt.[541]

Außerdem ist zur Abgrenzung gegenüber der Landespolizei festzuhalten, dass § 5 BGSG nicht eine umfassende Gefahrenabwehr zum Gegenstand hat, sondern ausschließlich die Abwehr von Gefahren für die Funktionsfähigkeit des betroffenen Bundesorgans.[542] Die Voraussetzungen für polizeiliches Handeln sind nur gegeben, wenn die Gefahr objektiv geeignet ist, den ordnungsgemäßen Dienstbetrieb der zu schützenden Einrichtung zu stören.[543] Nur insoweit kann der BGS Grundrechtseingriffe zur Abwehr von Gefahren auf § 14 BGSG stützen. In der Rechtspraxis mag es in Einzelfällen zu Abgrenzungsschwierigkeiten kommen.[544]

Neben den allgemeinen Befugnissen nach § 14 BGSG stehen dem BGSG besondere Befugnisse zu, wie etwa § 23 Abs. 1 Nr. 4 BGSG (Identitätsfeststellung), § 23 Abs. 5 BGSG (Ausweiskontrollen), § 27 Nr. 2 BGSG (offener Einsatz von Foto- und Videoanlagen) oder § 44 Abs. 1 Nr. 4 BGSG (Durchsuchung von Sachen). Strafverfolgungsaufgaben besitzt der BGS im Rahmen des Objektschutzes zu Recht nicht, weil etwaige Straftaten in diesem Zusammen-

---

540 Ernst, Diss., S. 222 f.

541 Vgl. Fischer/Hitz/Laskowski/Walter, BGSG-Kommentar, § 5 Rn. 11 f.

542 Einwag/Schoen, BGSG-Kommentar, § 4 Rn. 13; Fischer/Hitz/Laskowski/Walter, BGSG-Kommentar, § 5 Rn. 9; Ernst, Diss., S. 221; Semerak, Die Polizei 1991, 10, 11.

543 Fischer/Hitz/Laskowski/Walter, BGSG-Kommentar, § 5 Rn. 9; Semerak a. a. O.

544 Siehe Heesen/Nitsche, Die Polizei 1986, 206, 209; kritisch Ernst, Diss., S. 221, der eine eindeutige Kompetenzverteilung offenbar grundsätzlich vermisst.

hang ohne hinreichenden Bezug zu seinen sonderpolizeilichen Aufgaben stehen (vgl. § 12 BGSG).[545]

E. Die Aufgabe der Eigensicherung (§ 1 Abs. 3 BGSG)

Nach § 1 Abs. 3 S. 1 GG sichert der BGS in eigener Zuständigkeit seine Behörden, Verbände, Einheiten und sonstige Einrichtungen gegen Gefahren, die die Durchführung seiner Aufgaben beeinträchtigen.[546] Da diese Regelung den BGS zu polizeilich-hoheitlicher Tätigkeit berechtigt,[547] liegt auch darin ein rechtfertigungsbedürftiger Eingriff in die Polizeihoheit der Länder.

I. Ermächtigungsgrundlage

Ebenso wie bei § 5 BGSG kommt auch hier eine Zuständigkeit „kraft Annexes" in Betracht. Als materiell-rechtlicher Anknüpfungspunkt einer Annexkompetenz zur Eigensicherung mit polizeilich-hoheitlichen Mitteln bietet sich zunächst Art. 73 Nr. 5 GG an. Es könnte erwogen werden, eine derartige Kompetenz für Aufgaben mit Grenzschutzbezug anzunehmen, weil der Schutz der Außengrenzen als Teil der öffentlichen Sicherheit mittelbar auch dann gefährdet sein könnte, wenn die Funktionsfähigkeit der mit dem Grenzschutz beauftragten Grenzschutzbehörden gestört wird.[548] Da jedoch Art. 73 Nr. 5 GG i. V. m. Art. 87 Abs. 1 S. 2 GG nur zur Wahrnehmung von Aufgaben im Zusammenhang mit dem Grenzschutz berechtigen und § 1 Abs. 3 BGSG ein generelles Recht zur Eigensicherung bestimmt, kommt daher nur eine Annexkompetenz in Bezug auf die Aufgabennorm in Betracht, auf die sich der BGS im Einzelfall jeweils stützt.

Wie bereits im Zusammenhang mit dem Schutz von Bundesorganen gezeigt, können sich Behörden auf eine allgemeine hoheitlich-polizeiliche Annexkom-

---

[545] Ähnlich BT-Drucks. 12/7562, S. 45.

[546] Die Regelung wurde in Form von § 5 BGSG eingefügt mit Gesetz vom 18.08.1972 (BGBl. I, S. 1834) und erhielt mit dem BGS-Neuregelungsgesetz vom 19.04.1994 (BGBl. I, S. 2978) ihre heutige Fassung.

[547] So ausdrücklich auch die Begründung der Regierungsvorlage, BT-Drucks. VI/ 2886 (1971), S. 24.

[548] Von einem Annex-Charakter der Eigensicherung zur „eigentlichen Aufgabenwahrnehmung" spricht BT-Drucks. 12/7562, S. 36. Ähnlich Willich, Diss., S. 248 f.; Heesen/Hönle/Peilert, BGSG-Kommentar, § 1 Rn. 182; Fischer/Hitz/Laskowski/Walter, BGSG-Kommentar, § 2 Rn. 42; vgl. auch Pieroth, VerwArch 88 (1997), 568, 578.

petenz zum Selbstschutz grundsätzlich nicht berufen.[549] Jedoch unterscheidet sich die Eigensicherung des BGS in einem wesentlichen Punkt von Selbstschutzrechten sonstiger Hoheitsträger, nämlich darin, dass der BGS als Polizeibehörde im formellen Sinne tätig ist (vgl. § 1 Abs. 1 S. 2 BGSG).[550] Wenn die Funktionsfähigkeit einer staatlicher Einrichtung, die mit polizeilichen Exekutivkompetenzen ausgestattet ist, durch von außen kommende Störungen gefährdet ist, kann dieser Behörde auch gestattet werden, auf Grundlage ihrer Aufgaben- und Befugnisnormen dieser Gefahr entgegenzutreten. Es wäre auch aus praktischen Gründen widersinnig, dem mit umfangreichen polizeilichen Kompetenzen ausgestatteten BGS eigene polizeiliche Befugnisse zum Selbstschutz zu verwehren und ihn statt dessen von den Landespolizeien schützen zu lassen. Insofern lässt sich der für eine Annexkompetenz erforderliche unerlässliche funktionale Zusammenhang mit dem Kompetenztitel, auf den sich der BGS jeweils stützt, bejahen, da dieser „Alternativlösung" Gründe entgegenstehen, die über bloße Zweckmäßigkeitserwägungen deutlich hinausgehen. Solange der in § 1 Abs. 3 BGSG liegende Eingriff in die Polizeihoheit der Länder strikt auf die Eigensicherung bei der Wahrnehmung sonderpolizeilicher Aufgaben beschränkt bleibt, ist ein ernstzunehmendes Potential zur Gefährdung der Kompetenzabgrenzung zwischen Bund und Ländern nicht vorhanden.

Dies bedeutet aber wohl nicht, dass § 1 Abs. 3 BGSG - entsprechend der Rechtslage im Hinblick auf die Landespolizeien - nur von deklaratorischer Bedeutung sei, der BGS sich also auch ohne die Vorschrift auf entsprechende Kompetenzen berufen könnte.[551] Entsprechend der Lehre vom Gesetzesvorbehalt reicht eine Annexkompetenz ohne ausdrückliche gesetzliche Regelung zur Rechtfertigung von Grundrechtseingriffen grundsätzlich nicht aus. Da sich der BGS - anders als die Landespolizeien - auf keine „Aufgabengeneralklausel" stützen kann, erscheint es überzeugender, § 1 Abs. 3 BGSG konstitutive Bedeutung zuzumessen. Andernfalls wäre der unkritischen Inanspruchnahme von öffentlich-rechtlichen Selbstschutzrechten mit polizeilichen Mitteln durch Behörden, die nur im weitesten Sinne etwas mit Gefahrenabwehr zu tun haben („Verwaltungspolizei"), Tür und Tor geöffnet.

---

[549] Siehe 3. Kapitel D. I. 2. a. - c.

[550] Vgl. Einwag/Schoen, BGSG-Kommentar, a. a. O.; Ernst, Diss., S. 230.

[551] Str., im Ergebnis wie hier Fischer/Hitz/Laskowski/Walter, a. a. O.; Ernst, Diss., S. 231; a. A. Heesen/Hönle/Peilert, BGSG-Kommentar, § 1 Rn. 182; Willich, Diss., S. 248 f.

II. Tatbestandsmerkmale des § 1 Abs. 3 BGSG

Die Eigensicherung nach § 1 Abs. 3 GG umfasst alle personellen und sächlichen Mittel des BGS. Schutzobjekte sind gemäß § 1 Abs. 3 S. 1 BGSG die Behörden des BGS, also die Grenzschutzpräsidien, die Grenzschutzdirektion, die Grenzschutzschule und die Grenzschutz- und Bahnpolizeiämter (§ 57 Abs. 1 BGSG) sowie die sonstigen Verbände (Einsatz- und Ausbildungsabteilungen) und Einheiten.[552]

Die Eigensicherungsaufgaben sind sachlich beschränkt auf die Abwehr von Gefahren für die Durchführung seiner Aufgaben (§ 1 Abs. 3 S. 1 BGSG). Von geringer Bedeutung ist daneben die örtliche Beschränkung von Eigensicherungsmaßnahmen auf den Schutz der in § 1 Abs. 3 S. 1 BGSG „genannten Einrichtungen sowie auf die Grundstücke, auf denen diese Einrichtungen untergebracht sind" (§ 1 Abs. 3 S. 2 BGSG). Ein Vergleich mit anderen Vorschriften (z. B. § 23 Abs. 1 Nr. 4 BGSG) ergibt, dass „Einrichtungen" als Oberbegriff der in § 1 Abs. 3 S. 1 BGSG genannten Schutzobjekte zu verstehen ist.[553] Infolgedessen bezieht sich die Aufgabe der Eigensicherung auch auf Einheiten, sie sich nicht innerhalb der Grundstücke des BGS befinden.[554] Im Gegensatz zum Schutz von Bundesorganen nach § 5 BGSG, der strikt grundstücksbezogen ist, sind Eigensicherungsmaßnahmen nach § 1 Abs. 3 BGSG insoweit nicht ortsgebunden. Insofern muss die Bedeutung der vielfach betonten örtlichen Zuständigkeitsbegrenzung stark relativiert werden. Freilich ist festzustellen, dass diese fehlende Ortsgebundenheit schlechterdings notwendig ist, um dem BGS eine effektive Eigensicherung zu ermöglichen.

Neben den allgemeinen Befugnissen zur Gefahrenabwehr (§ 14 BGSG) kann sich der BGS im Rahmen der Eigensicherung auf besondere Befugnisse stützen, z. B. die verdachtsabhängige Identitätsfeststellung von in einer Einrichtung des BGS befindlichen, ausweispflichtigen Personen (§§ 23 Abs. 1 Nr. 4, Abs. 5 BGSG). Wird der BGS zur Unterstützung von Dritten verwendet (§§ 8 – 11 BGSG), kann er sich zum Eigenschutz nicht auf sein eigenes Befugnisrecht stützen, weil sich der Einsatz dann ausschließlich nach Landesrecht richtet.[555]

---

[552] Siehe BT-Drucks. 12/7562, S. 36.

[553] Vgl. Ernst, Diss., S. 236 („Das ergibt sich aus der im Gesetz vorgenommenen gegenüberstellenden Aufzählung."), im Anschluss an Einwag/Schoen, BGSG-Kommentar, § 5 Rn. 8.

[554] Im Ergebnis wohl unstrittig, vgl. etwa Einwag/Schoen, a. a. O; Ernst, a. a. O.

[555] Ähnlich Einwag/Schoen, BGSG-Kommentar, § 5 Rn. 9 und im Anschluss Ernst, Diss., S. 238, beide allerdings mit der rechtlich wie praktisch wenig einleuchtenden Einschränkung, dass dies nicht gelte, wenn nicht nur die Erfüllung der Landesaufgaben beeinträchtigt wer-

F. Aufgaben auf See (§ 6 BGSG)

Nach § 6 BGSG nimmt der BGS auf See außerhalb des deutschen Küstenmeers Maßnahmen nach dem Völkerrecht wahr. Diese Aufgabennorm betrifft die Gewährleistung der Sicherheit und Leichtigkeit des Verkehrs und den Schutz der Gewässer vor umweltgefährdenden Stoffen einschließlich der Strafverfolgung (§ 12 Abs. 1 S. 1 Nr. 6 BGSG).[556] Der BGS ist Teil der „Küstenwache", einem Koordinierungsverbund von BGS, Zoll, Wasserschutzpolizeien der Länder, Wasser- und Schifffahrtsverwaltung, Fischereischutz und Umweltbundesamt.[557] Die Bezugnahme auf das Völkerrecht stellt sicher, dass die Aufgabenwahrnehmung durch den BGS außerhalb des deutschen Hoheitsgebiets durch das Völkerrecht begrenzt wird. Die meisten auf See anfallenden Aufgaben ergeben sich aus völkerrechtlichen Vereinbarungen oder innerstaatlichen Spezialregelungen, die anderen Verwaltungsträgern zugewiesen sind, so dass dem BGS ein relativ kleines Aufgabenspektrum verbleibt. § 6 BGSG wird deshalb allgemein als Auffangnorm charakterisiert.[558] Da der BGS im Rahmen von § 6 BGSG naturgemäß nicht im Hoheitsgebiet eines Bundeslandes tätig wird und die Polizeihoheit der Länder grundsätzlich nicht außerhalb des Gebietes eines Landes gelten kann, so dass Kompetenzabgrenzungsprobleme grundsätzlich nicht entstehen können, wird auf diese Aufgabe im Rahmen der vorliegenden Untersuchung nicht näher eingegangen.

G. Verwendung im Ausland (§ 8 BGSG)

Eine besondere Art der „Verwendung" ist der Einsatz des BGS im Ausland gemäß § 8 BGSG. Danach kann der BGS zum einen zur Mitwirkung an nichtmilitärischen Aufgaben im Rahmen von internationalen Maßnahmen auf Ersuchen und unter Verantwortung von internationalen Organisationen (Vereinte Nationen, Organisation für Sicherheit und Zusammenarbeit in Europa, Europäische Union) im Ausland verwendet werden (Abs. 1).[559] In diesen Fällen ist der

---

den, sondern auch die Durchführung der den Kräften des BGSG obliegenden eigenen Aufgaben, was z. B. anzunehmen sei, wenn eine Gefahr für die „Substanz einer Einheit" drohe.

[556] Ausführlich Jenisch, NordÖR 1999, 170 ff.; Heesen/Hönle/Peilert, BGSG-Kommentar, § 6 Rn. 2 ff.; vgl. auch BT-Drucks. 12/7562, S. 39 (zum Entwurf des BGSNeuRegG).

[557] Siehe Jenisch a. a. O., S. 171 f.

[558] Fischer/Hitz/Laskowski/Walter, BGSG-Kommentar, § 6 Rn. 3.

[559] Wichtigstes Beispiel sind die zivilen Konfliktpräventions- und Krisenbewältigungseinsätze in den Ländern Ex-Jugoslawiens, z. B. in Form von Überwachung und Unterstützung po-

Bundestag von der Bundesregierung vorher zu unterrichten (Abs. 1 S. 4). Er kann außerdem durch Beschluss verlangen, dass der Auslandseinsatz beendet wird (Abs. 1 S. 5).[560] Zum anderen ist ein Einsatz möglich zur Rettung von Personen aus einer gegenwärtigen Gefahr für Leib und Leben im Ausland, falls dies humanitäre Zwecke oder dringende Interessen der BRD erfordern.[561] Eine vorherige Unterrichtung des Bundestages ist in diesen Fällen nicht notwendig, da derartige Entscheidungen regelmäßig geheimhaltungsbedürftig sind und unverzüglich getroffen werden müssen, um den Erfolg des Einsatzes nicht zu gefährden.[562] Voraussetzung ist aber ein bilaterales Einvernehmen mit dem Staat, in dessen Hoheitsgebiet die Rettungsmaßnahme erfolgen soll (§ 8 Abs. 2 S. 2 BGSG).

Problemschwerpunkt von § 8 BGSG im Rahmen der vorliegenden Untersuchung ist dessen Einordnung in das Verhältnis zwischen Bund und Ländern. Da es sich unstreitig um polizeiliche Aufgabenwahrnehmungen handelt, stellt sich die Frage, ob die Auslandseinsätze als verfassungsrechtlich geregelte Ausnahmefälle der allgemeinen Polizeihoheit angesehen werden können. Als verfassungsrechtliche Ermächtigungsgrundlage kommen Art. 73 Nr. 1 i. V. m. Art. 87 Abs. 1 S. 1 GG in Betracht, die die „Auswärtigen Angelegenheiten" ausschließlich dem Bund vorbehalten. Der Einsatz von Polizeikräften kann als

---

lizeilicher Maßnahmen durch Aus- und Fortbildung oder Beratung der örtlichen Sicherheitsbehörden (siehe BGS-Jahresbericht 2002, S. 45 ff.

[560] Diese Vorschrift stößt auf Bedenken, weil sie den Eigenbereich exekutiver Handlungsbefugnis und Verantwortlichkeit des außenpolitischen Handelns verletzen könnte (vgl. BVerfGE 1, 372, 394; 2, 347, 379; 68, 1, 86). Ein klassischer Parlamentsvorbehalt, also eine konstitutive Zustimmung des Bundestages ebenso wie bei militärischen Auslandseinsätzen, wäre nach ganz h. M. bei rein polizeilichen Einsätzen unzulässig (vgl. Schreiber, NVwZ 1995, 521, 524; Fischer/Hitz/Laskowski/Walter, BGSG-Kommentar, § 8 Rn. 3). Faktisch ist liegt jedoch in § 8 Abs. 5 BGSG in gewisser Weise ein derartiger Vorbehalt, da der Bundestag jederzeit durch Beschluss die Beendigung verlangen kann, was einem konstitutiven Zustimmungserfordernis sehr nahe kommt. Diesem Dilemma könnte entgangen werden, indem man das Beendigungsverlangen des Bundestages nach § 8 Abs. 3 S. 5 BGSG keine rechtliche Bindungswirkung gegenüber der Bundesregierung zuspricht, sondern nur als politische Willenserklärung versteht.

[561] In der amtlichen Begründung genanntes Beispiel ist die Geiselbefreiung aus der Hand terroristischer Entführer in Mogadischu (Somalia) 1977 durch die GSG 9 (BT-Drucks. 12/7562, S. 40 f.).

[562] Gutknecht, in: Kessow, Der Bundesgrenzschutz, S. 166, 171; Riegel, BGSNeuRegG, § 8 Rn. 6.

Annex bzw. - je nach dogmatischer Einordnung - als Kompetenz kraft Sachzusammenhangs davon mitumfasst sein.[563]
Ausgehend von Art. 32 GG i. V. m. mit den entsprechend Verwaltungs- und Gesetzgebungskompetenzen handelt es sich bei § 8 BGSG nicht um polizeiliche Aufgaben im Sinne innerstaatlicher Aufgabenübertragungen und -zuweisungen nach der grundgesetzlichen Kompetenzverteilung, ebenso wenig wie Inhalt, Umfang und Befugnisse dieser Auslandseinsätze mit innerstaatlichen Hoheitsbefugnissen identisch sind.[564] Deshalb ist die Bundesregierung nicht gehindert, zur Wahrnehmung von polizeilichen Aufgaben im Ausland entsprechend § 8 BGSG auf Kräfte des BGS zurückzugreifen.
Allerdings ist damit noch nicht beantwortet, ob die Bundesregierung bei der Auswahl der einzusetzenden Polizeikräfte an die innerstaatliche Kompetenzverteilung gebunden ist, d. h. ob sich die Zusammensetzung der Einsatzkräfte nach der Art der im Ausland zu erfüllenden Aufgabe richten muss.[565] Dem steht die Qualifikation des § 8 BGSG als eine „auswärtige Angelegenheit" entgegen. Sie erlaubt gerade, dass BGS-Kräfte im Rahmen von Auslandseinsätzen allgemein-polizeiliche Aufgaben und Tätigkeiten wahrnehmen dürfen, obwohl dies dem BGS im Hoheitsgebiet der BRD grundsätzlich verwehrt ist. Andernfalls hätte § 8 BGSG auch nur einen äußerst geringen Anwendungsbereich, da allgemein-polizeiliche Verwendungen die Regel sind und der BGS folglich kaum aufgrund von § 8 BGSG in Anspruch genommen werden könnte. Es kann damit verallgemeinernd gesagt werden, dass die Kompetenzverteilung des Grundgesetzes auf dem Gebiet des Polizeirechts keine maßgebliche Bedeutung dafür hat, ob und gegebenenfalls auf welche Weise die Bundesregierung § 8 BGSG anwendet.

H. Verwendungen zur Unterstützung anderer Bundesbehörden (§ 9 BGSG)

Gemäß § 9 BGSG wird der BGS als unterstützendes Organ für den Bundestag (§ 9 Abs. 1 S. 1 Nr. 1 BGSG), das Auswärtige Amt (§ 9 Abs. 1 S. 1 Nr. 2) und

---

563 So die h. M., Gutknecht, in: Kessow, Der Bundesgrenzschutz, S. 165 f.; Fischer/Hitz/Laskowski/Walter, BGSG-Kommentar, § 8 Rn. 1; a. A. Lisken/Denninger, HdbPolR, Abschn. C Rn. 157 f.

564 Zutreffend Fischer/Hitz/Laskowski/Walter, BGSG-Kommentar, § 8 Rn. 1.

565 So offenbar Lisken/Denninger a. a. O., Rn. 158.

das Bundeskriminalamt (§ 9 Abs. 1 S. 1 Nr. 3) in den dort genannten Fällen tätig.[566]
Im Unterschied zu § 11 BGSG (Verwendung zur Unterstützung eines Landes) können diese Tätigkeitsbereiche nicht unmittelbar auf grundgesetzliche Ermächtigungsgrundlagen gestützt werden. Dies führt zur Frage, ob diese einfachgesetzliche Regelungen verfassungsmäßig sind. Auszugehen ist dabei vom „Grundsatz der eigenverantwortlichen Aufgabenwahrnehmung.“ Da die Beteiligten über ihre Kompetenzen nicht verfügen und die Zuständigkeitsverteilung des Grundgesetzes nicht verändern können, müssen sie die ihnen zugewiesenen Aufgaben grundsätzlich durch eigene Verwaltungseinrichtungen wahrnehmen.[567]
Als Ausnahmefall dieses Grundsatzes ist das Institut der Organleihe anerkannt, das in § 9 (ebenso wie bei § 10) BGSG Eingang gefunden hat.[568] Im Rahmen einer Organleihe ist das ausgeliehene Organ funktionell wie organisatorisch dem ausleihenden Verwaltungsträger dauerhaft zugeordnet und nimmt dessen Aufgaben und Befugnisse wahr. Die Folge ist, dass das ausgeliehene Organ den Weisungen des ausleihenden Organs unterworfen ist und dass seine Entscheidungen und Handlungen diesem unmittelbar zugerechnet werden.[569] Diesen Grundsätzen entspricht rechtsfehlerfrei § 9 Abs. 1 S. 2 und Abs. 2 S. 2 BGSG. Allerdings bedarf das Institut der Organleihe nach ständiger Rechtsprechung und ganz überwiegender Ansicht im Schrifttum eines hinreichenden sachlichen Grundes, um die darin liegende Abkehr vom Grundsatz der eigenverantwortlichen Aufgabenwahrnehmung zu rechtfertigen und die Zuständigkeitsverteilung nicht zu konterkarieren.[570] Obwohl dieser Grundsatz regelmäßig im Rahmen der Frage einer Mischverwaltung zwischen Bund und Ländern diskutiert wird, gilt er in vergleichbarer Weise auch für die Zusammenarbeit von gleichrangigen Behörden des Bundes. Entscheidend ist nämlich, dass die jeweiligen Be-

---

[566] Es werden in diesem Rahmen etwa 415 Beamte des BGS eingesetzt (siehe BGS-Jahresbericht 2002, S. 44 f.).

[567] BVerfGE 11, 205, 124 f.; 32, 145, 156; 39, 96, 120; 41, 291, 311; 63, 1, 41; Magen, in: MAK, Art. 35 Rn. 15.

[568] Fischer/Hitz/Laskowski/Walter, BGSG-Kommentar, § 9 Rn. 1; vgl. BT-Drucks. 12/7562, S. 29 f., 41 f. (der Begriff „Organleihe“ wird dort aber nicht verwendet); anders Werthebach/Droste, in: Bonner Kommentar, Art. 73 Rn. 10 Rn. 138.

[569] BVerfGE 63, 1, 32 f.; Maurer, Allgemeines Verwaltungsrecht, § 21 Rn. 54; Vogel, in: HdbVerfR, § 22 Rn. 105.

[570] Siehe BVerfGE 83, 1, 41; Trute, in: v. Mangoldt/Klein/Starck, Art. 83 Rn. 31; Maunz/Zippelius, Deutsches Staatsrecht, § 38 VII.

hörden Träger von Kompetenzen sind, die das Grundgesetz ausschließlich ihnen zugewiesen hat, was beim Bundestagspräsidenten (Art. 40 Abs. 2 GG), dem BKA (Art. 87 Abs. 1 S. 2 GG) und Auswärtigen Amt (Art. 87 Abs. 1 S. 1 GG) unproblematisch der Fall ist. Die Voraussetzungen für eine rechtmäßige Organleihe beanspruchen daher auch dann Geltung, wenn das Bundesstaatsprinzip nicht unmittelbar berührt ist. Die Systematik des GG verbietet auch dann eine grenzenlose Vermischung von Aufgabenwahrnehmungen verschiedenster Kompetenzträger, wenn jene derselben Körperschaft angehören. Es stellt sich somit die Frage, wieso die unterstützten Behörden ihre Aufgaben nicht selbst wahrnehmen können, sondern die dauerhafte Unterstützung des BGS benötigen.[571]

Im Bereich des Schutzes von deutschen Auslandsvertretungen (§ 9 Abs. 1 S. 1 Nr. 2 BGSG) ist die Unterstützung des Auswärtigen Amtes nachvollziehbar, da es im Gegensatz zum Bundespräsidenten (Art. 40 Abs. 2 GG) und dem BKA (§§ 1, 4 BKAG) keine Polizeibehörde ist und dementsprechend für Sicherheitsfragen externe Beratung und Unterstützung benötigt. Wichtigste Aufgabe des BGS ist diesbezüglich der Schutz der Dienstgebäude, beispielsweise durch Kontrolle des Besucherverkehrs.[572]

Vergleichbares gilt für den Bundestagspräsidenten und das BKA offensichtlich nicht. Hinsichtlich beider Behörden ist fraglich, wieso sie zur Erfüllung ihrer Personenschutzaufgaben nach § 5 BKAG auf die dauerhafte Unterstützung durch den BGS angewiesen sein sollen. Soweit ersichtlich ist weder im Schrifttum noch in den Gesetzesmaterialien eine nähere Begründung zu finden. § 9 BGSG soll laut Gesetzesbegründung[573] der Tatsache Rechnung tragen, dass der BGS seit langer Zeit in einer über die einzelfallbezogene Amtshilfe hinausgehenden Weise in den Personenschutz eingebunden sei. Es fällt aber schwer, in dieser Stellungnahme mehr als einen Zirkelschluss zu erkennen (der BGS darf Personenschutzaufgaben wahrnehmen, weil er in den Personenschutz einge-

---

[571] Die überwiegende Ansicht in der Literatur zum BGSG weist auf die Rechtsprechung des Bundesverfassungsgerichts zur Organleihe hin, ohne die darin statuierten Rechtmäßigkeitsvoraussetzungen auch nur mit einem Wort zu erwähnen, siehe z. B. Heesen/Hönle/Peilert, BGSG-Kommentar, § 9 Rn. 1, § 10 Rn. 2 (et passim); Fischer/Hitz/Laskowski/Walter, BGSG-Kommentar, § 10 Rn. 3; unkritisch auch Gröpl, DVBl. 1995, 329, 331.

[572] Zu den Einzelheiten siehe Gutknecht, in: Kessow, Der Bundesgrenzschutz, S. 177 f.

[573] BT-Drucks. 12/7562, S. 41. Zustimmend offenbar Wertebach/Droste, in: Bonner Kommentar, Art. 73 Nr. 10 Rn. 137. Siehe auch zur Vorgängerregelung (§ 4 a BGSG a. F.) BT-Drucks. 12/1537, S. 11, wonach die Unterstützung des BKA auch in Zukunft „unverzichtbar“ sei (ohne Begründung).

bunden ist?). Nachvollziehbar wären derartige Unterstützungsmaßnahmen in Notlagen, bei denen die Polizeibehörden des Bundes sich gegenseitig aushelfen (Art. 35 GG). Da jedoch für die „Dauerorganleihe" des § 9 BGSG keinerlei sachliche oder zeitliche Begrenzungen gelten, begegnen dieser Verwendung schwerwiegende verfassungsrechtliche Bedenken.

i. Verwendung zur Unterstützung auf dem Gebiet der Funktechnik (§ 10 BGSG)

Ein weiterer, von jeher umstrittener Tätigkeitsbereich ist die Unterstützung des Bundesamtes für Verfassungsschutz (BfV) auf dem Gebiet der Funktechnik. Die ehemalige „Gruppe Fernmeldewesen" des BGS hat seit 1955 diese Aufgabe in erster Linie gegenüber der DDR wahrgenommen.[574] Durch § 10 BGSG 1994 sollte diese jahrzehntelange Praxis legitimiert werden.

§ 10 BGSG betrifft die Unterstützung des BfV im Aufgabenbereich des § 3 Abs. 1 BVerfSchG, wonach das BfV Informationen unter anderem über Bestrebungen gegen die freiheitliche demokratische Grundordnung, auswärtige Belange der BRD sowie sicherheitsgefährdende oder geheimdienstliche Tätigkeiten zu sammeln und auszuwerten hat. Die zulässige Unterstützungshandlungen sind in § 10 Abs. 1 Nr. 1 – 3 abschließend normiert. Weitere Einzelheiten sind in einer „Dienstanweisung über die Verwendung des Bundesgrenzschutzes zur Unterstützung des Bundesamtes für Verfassungsschutz auf dem Gebiet der Funktechnik gem. § 10 des BGS-Gesetzes" geregelt.[575] Durch die Funküberwachung sollen fremde Nachrichtendienste und aus- und inländische Extremisten aufgeklärt werden, um Einblicke in deren Strukturen zu erhalten.[576] Nach § 10 Abs. 1 sind nur solche Funkverkehre erfasst, die nicht dem Fernmeldegeheimnis unterliegen.[577]

Ebenso wie in den Fällen des § 9 BGSG ist die Unterstützung des BfV ein Fall der Organleihe.[578] Die Maßnahmen des BGS erfolgen unter Verantwortung des

---

[574] BT-Drucks. 12/7562, S. 42 spricht für die Vergangenheit von „einer Art „Organleihe"". Zur geschichtlichen Entwicklung Dierske, Der Bundesgrenzschutz, S. 296 ff.

[575] Siehe Heesen/Hönle/Peilert, BGSG-Kommentar, § 10 Rn. 5.

[576] Siehe BT-Drucks. 12/7562, S. 42.

[577] Nachrichtendienstliche Eingriffe in Telekommunikationsverkehre, die unter Art. 10 GG fallen, richten sich nach dem Gesetz zu Artikel 10 GG, vgl. BT-Drucks. 12/7562, S. 42.

[578] BT-Drucks. 12/8047, S. 12 f.; Gutknecht, in: Kessow, Der Bundesgrenzschutz, S. 182; Fischer/Hitz/Laskowski/Walter, BGSG-Kommentar, § 10 Rn. 6; Heesen/Hönle/Peilert,

BfV und nach den für diese Behörde geltenden Rechtsgrundlagen (§ 10 Abs. 2 BGSG). Gleichzeitig kommt (u. a.) darin das Trennungsgebot zwischen vollzugspolizeilichen und nachrichtendienstlichen Aufgabenwahrnehmungen zum Ausdruck. Die Unterstützung des BfV darf nicht mit der Erfüllung polizeilicher Aufgaben verbunden werden (§ 10 Abs. 2 S. 1 BGSG). Da dem BfV keine polizeilichen Befugnisse zustehen, darf es auch nicht im Wege der Amtshilfe um Maßnahmen ersuchen, zu denen es selbst nicht befugt ist (§ 8 Abs. 3 BVerfSchG).

Wie bei den Verwendungen nach § 9 BGSG stellt sich die Frage, wieso das BfV seine Aufgaben nicht selbst wahrnimmt, sondern sich dauerhaft und unabhängig von besonderen Anlässen vom BGS unterstützen lässt. Auch hier bedarf es für das Abgehen vom Grundsatz der eigenverantwortlichen Aufgabenwahrnehmung eines besonderen sachlichen Grundes.

Laut amtlicher Begründung des Bundesgrenzschutzneuregelungsgesetzes wurde im Gesetzgebungsverfahren geprüft, ob dem BfV „eine eigene Personal- und Sachmittelausstattung zur Wahrnehmung dieser Aufgabe" zur Verfügung gestellt werden kann.[579] Dies wurde aber wegen „unvermeidlichen Effizienz- und Flexibilitätsverlusten bei einer Aufgabenteilung der Funkdienste des BGS verworfen.[580] Die Unterstützungsleistungen im polizeilichen Aufgabenbereich könnten bei einer Aufteilung der Funkdienste des BGS nicht mehr in dem erforderlichen Umfang erbracht werden, da der bisher mögliche flexible, bedarfsgerechte und effektive Einsatz von Personal und Gerät für verschiedene Aufgabenträger bei einer Reduzierung der Funkdienste wesentlich erschwert werden würde.[581]

Es muss aber bezweifelt werden, ob in „Effizienz- und Flexibilitätsverlusten" ein hinreichender Rechtfertigungsgrund liegen kann. Akzeptiert man derartige letztendlich fiskalische Erwägungen, würde sich die Ausstattung einer Behörde nicht nach ihrem Aufgabenbereich richten, sondern umgekehrt der Aufgabenbereich nach der vorhandenen technischen Ausstattung. Es fällt in den alleinigen Verantwortungsbereich des BfV, seine technischen Kapazitäten so einzurichten, dass es seine Aufgaben erfüllen kann. Auch wenn es so sein soll-

---

BGSG-Kommentar, § 10 Rn. 2; a. A. Gröpl, DVBl. 1995, 329, 334 („Amtshilfe eigener Art").

[579] BT-Drucks. 12/7562, S. 34.

[580] BT-Drucks. a. a. O.

[581] BT-Drucks. a. a. O., S. 42, zustimmend Werthebach/Droste, in: Bonner Kommentar, Art. 73 Nr. 10 Rn. 258.

te, dass die Funkbeobachtung ein erhebliches Maß an Spezialisierung und technischen Aufwand erfordert, ist es dennoch Aufgabe des BfV, diesen Aufwand zu betreiben. Der BGS ist nicht dazu da, das BfV vor Überkapazitäten bei Lageveränderungen zu bewahren.[582] Eine „Vorratshaltung“ von Sachmitteln bei anderen Behörden, die (hier: aus historischen Gründen) entsprechende technische Mittel, jedoch keine dafür ursächlichen Aufgaben haben, ist mit dem Grundsatz der eigenverantwortlichen Aufgabenwahrnehmung grundsätzlich nicht zu vereinbaren.
Für eine saubere Trennung der beiden Behörden spricht auch das Trennungsgebot.[583] Zwar ist durch die Ausgestaltung des § 10 BGSG sichergestellt, dass die Aufgaben und Befugnisse der „Bundessonderpolizei“ BGS und des Bundesverfassungsschutzes nicht vermischt werden. Insbesondere unterliegt der BGS den Beschränkungen des Bundesverfassungsschutzgesetzes, weil er nicht in eigener Zuständigkeit, sondern nur als Teil des BfV handelt.[584] Dennoch muss der Einsatz von Polizeibehörden auf Weisung von Nachrichtendiensten generell ein Ausnahmefall bleiben. Deshalb ist die Hürde für einen „sachlichen Grund“ zur Rechtfertigung einer Ausnahme des Prinzips der eigenverantwortlichen Aufgabenwahrnehmung bei § 10 BGSG besonders hoch anzulegen.
Angesichts dessen ist das zusätzliche Argument von Werthebach/ Droste[585] mit Berufung auf die Gesetzesmaterialien wenig nachvollziehbar, wonach wegen des Opportunitätsprinzips die Verwendung für Strafverfolgungszwecke zumindest erheblich erschwert wäre, wenn das BfV die Funkbeobachtung in eigener Zuständigkeit wahrnehmen würde. Die Verwendung des BGS als „Informationssammler“ nach § 9 BGSG darf in keinem Fall zu einer erleichterten Strafverfolgung dienen. Wegen des (zumindest einfachgesetzlich geregelten) Trennungsprinzips darf es gar keine Rolle spielen, welche Behörde Informationen durch die Überwachung des Funkverkehrs erlangt, weil nicht nur das BfV, sondern auch der BGS als „Informationssammler“ unzweifelhaft den Beschränkungen des Bundesverfassungsschutzgesetzes unterliegen muss. Die dar-

---

[582] So aber WerthebachDroste, in: Bonner Kommentar, Art. 73 Nr. 10 Rn. 258; wie hier kritisch Gutknecht, in: Kessow, Der Bundesgrenzschutz, S. 184.
[583] Kritisch zu § 10 BGSG Riegel, BGSNeuRegG, Einl. Rn. 77. Der Bundesrat befürchtete eine Aufweichung des Trennungsgebots und forderte deshalb die Streichung von § 10 BGSG (BT-Drucks. 12/7562, S. 6).
[584] Siehe §§ 8 Abs. 3, 17 Abs. 2 BVerfSchG i. V. m. §§ 29 Abs. 1 S. 2, 31 Abs. 7, 32 Abs. 2 Nr. 5 BGSG.
[585] Werthebach/Droste, in: Bonner Kommentar, Art. 73 Nr. 10 Rn. 258.

aus folgende strenge Zweckbindung der für das BfV erhobenen Daten (sowie die Begrenzung ihrer Aufbewahrung auf den für die Aufgabenerfüllung für das BfV erforderlichen Zeitraum) verbietet es, dem BGS die Verwendung dieser Daten im Interesse des Legalitätsprinzips zu erlauben. Ansonsten würden die einschlägigen Übermittlungsregeln durch die Organleihekonstruktion auf verfassungswidrige Weise umgangen.[586]
Abschließend ist festzustellen, dass kein überzeugender Grund erkennbar ist, der die Organleihekonstruktion des § 10 BGSG hinreichend rechtfertigt. Die in der Norm enthaltene Aussetzung vom verfassungsrechtlichen Grundsatz der eigenverantwortlichen Aufgabenwahrnehmung ist folglich zu beenden, indem § 10 BGSG ersatzlos gestrichen wird und das Bundesamt für Verfassungsschutz seine Aufgaben selbst wahrnimmt.

J. Aufgaben durch oder aufgrund eines anderen Bundesgesetzes (§ 1 Abs. 2 BGSG)

Neben den Aufgaben nach dem BGSG obliegen dem BGS gemäß § 1 Abs. 2 BGSG die Aufgaben, die ihm bis zum 1. November 1994 durch ein anderes Bundesgesetz oder aufgrund eines anderen Bundesgesetzes zugewiesen worden sind. Das BGSG 1972 enthielt in § 1 Nr. 3 noch eine ausführliche Aufzählung der Gesetze, in denen dem BGS sonstige, außerhalb des BGSG liegende Aufgaben übertragen wurden.
Die neue, generalklauselartige Regelung des § 1 Abs. 2 BGSG sollte nach dem Willen des Bundestages zunächst ohne zeitliche Sperre in das BGSG 1994 eingefügt werden, um die „durch die starre Verweisung" des bisherigen § 1 Nr. 3 BGSG 1972 „hervorgerufene Gefahr der Unvollständigkeit und Fehlerhaftigkeit" zu vermeiden.[587] Der Bundesrat befürchtete, dass eine derartige Generalklausel zum Anlass genommen werden würde, eine unbegrenzte Vielzahl von sonstigen Aufgaben an den BGS zu übertragen und bestand deshalb mit Verweis auf die grundsätzliche Polizeihoheit der Länder darauf, nur die Aufgaben zu erlauben, die bis zum Inkrafttreten des BGSG 1994 bereits bestanden. Aufgrund dieser zeitlichen Sperre kann der Bundesgesetzgeber dem BGS neue Aufgaben außerhalb des BGSG nur zuweisen, wenn § 1 Abs. 2 BGSG selbst

---

[586] Insoweit ähnlich Riegel, BGSNeuRegG, § 10 Rn. 6.

[587] So BT-Drucks. 12/7562, S. 36. Zur bis dahin bestehenden Rechtslage vgl. Einwag/Schoen, BGSG-Kommentar, § 1 Rn. 7 f.; Ernst, Diss., S. 115.

entsprechend geändert werden würde.[588] Insoweit wird die herkömmliche Qualifikation als „deklaratorisch"[589] der Regelung nicht gerecht, da sie ein bedeutsames zusätzliches Übertragungshindernis darstellt.
Die Unterscheidung des Gesetzgebers zwischen förmlichen Bundesgesetzen („durch Bundesgesetz") und materiellem Bundesrecht („aufgrund eines Gesetzes") macht deutlich, dass nicht nur andere Bundesgesetze, sondern vor allem auch Verordnungen als Aufgabenzuweisungen möglich sein sollen.
Das übergeordnete Verfassungsrecht setzt jedoch dem Umfang der zusätzlichen Aufgabenerweiterungen Grenzen. Geht man mit der hier vertretenen Auffassung davon aus, dass der BGS auf die Wahrnehmung von ausdrücklich im Grundgesetz genannten Kompetenzen beschränkt ist,[590] kann sich § 1 Abs. 2 BGSG ausschließlich auf Aufgabenzuweisungsnormen beziehen, die in direktem Zusammenhang mit dem Grenzschutz im Sinne der Art. 73 Nr. 5 GG i. V. m. Art. 87 Abs. 1 S. 2 GG stehen. Für die Frage der Verfassungsmäßigkeit von Aufgaben außerhalb des BGSG gilt insoweit nichts anderes wie für grenzschutzfremde Aufgaben, die bereits unmittelbar im BGSG enthalten sind.
Allerdings führt die verfassungsrechtlich notwendige Begrenzung des Aufgabenspektrums des BGS im Hinblick auf § 1 Abs. 2 BGSG kaum zu anderen Ergebnissen. Betrachtet man die Aufgabenzuweisungen, auf die die „Brückenvorschrift" verweist (z. B. Tätigkeiten nach dem Passgesetz, Außenwirtschaftsgesetz, Waffengesetz),[591] wird deutlich, dass der Gesetzgeber ohnehin Aufgaben im Auge hatte, für die ein Bezug zum „Grenzschutz" im Sinne des Art. 87 Abs. 1 S. 2 GG unschwer herzustellen ist. Die betreffenden Regelungen beziehen sich durchweg auf Sachverhalte, deren rechtliche Relevanz zumindest auch am Grenzübertritt zum Tragen kommt.

---

[588] Siehe auch Fischer/Hitz/Laskowski/Walter, BGSG-Kommentar, § 1 Rn. 19; Pieroth, VerwArch 88 (1997), 568, 571 f.

[589] Z. B. Fischer/Hitz/Laskowski/Walter a. a. O.; Pieroth a. a. O.; Riegel, BGSNeuRegG, Einl., Rn. 45; Riegel, DÖV 1995, 317, 319.

[590] Siehe ausführlich oben 3. Kapitel A.

[591] Siehe dazu die Aufzählung in § 1 Nr. 3 BGSG 1972 und BT-Drucks. 12/7562, S. 36; zum Waffengesetz siehe Borsdorff, Waffenrecht für den BGS, S. 65, 74 ff., zum Passgesetz siehe Beimowski, Passrechtliche Aufgabenwahrnehmung durch den Bundesgrenzschutz, S. 99 ff., beide in: Borsdorff, Bundespolizei im 21. Jahrhundert, Rechts- und polizeiwissenschaftliche Aufgabenfelder des BGS.

4. Kapitel – Zusammenfassende Bewertung

A. Zur rechtshistorischen Entwicklung des BGS

I. Hauptcharakteristikum der historischen Entwicklung des BGS ist die tiefgreifende Unsicherheit in Rechtswissenschaft und Politik über die Einordnung des Polizeirechts in den Verfassungsrahmen des Grundgesetzes während der ersten Jahrzehnte der BRD. In seiner Anfangszeit wurden dem BGS eine Vielzahl von Tätigkeiten ohne jede rechtliche Normierung zugewiesen und erst Jahrzehnte später auf eine gesetzliche Grundlage gestellt, was den Hauptgrund für das heute äußerst heterogene Aufgabenspektrum des BGS darstellt.

II. Nach moderner Verfassungs- und Polizeirechtsdogmatik kann sich der BGS erst durch die Schaffung des BGSG 1972 auf eine tragfähige Rechtsgrundlage - insbesondere für seine Tätigkeit im Rahmen der Eingriffsverwaltung - berufen.

III. Die grundgesetzliche Aufteilung der Staatsgewalt zwischen Bund und Ländern, die bezweckt, dass Systemverschiebungen im föderalistischen Gefüge am Grundgesetz vorbei im Wege der einfachen Gesetzgebung verhindert werden, konnte und kann ihren Zweck in Bezug auf den BGS nicht befriedigend erreichen, weil die Beteiligten sie vielfach nicht zweckentsprechend wahrnehmen. Gesichtspunkte der politischen Opportunität und Finanzfragen waren oftmals Ersatz für eine seriöse verfassungsrechtliche Einordnung von polizeilichen Materien in die bundesstaatliche Kompetenzverteilung. Anhand dieser Fehlentwicklung treten in letzter Konsequenz die Grenzen einer wirksamen funktionalen Gewaltenteilung zu Tage.

IV. Die Übernahme von Aufgaben der Gefahrenabwehr durch den BGS in bestimmten polizeilichen Bereichen zu Lasten der Bundesländer kann nicht damit gerechtfertigt werden, dass die Länder dieser Entwicklung nicht entgegengetreten sind oder ihr vielfach sogar zustimmten. Wegen des zwingenden Charakters der grundgesetzlichen Kompetenzverteilung ist es ihnen verwehrt, über die Wahrnehmung ihrer Kompetenzen zu disponieren.

B. Zum verfassungsrechtlichen Potential des BGS

I. Aus dem Regel-Ausnahme-Verhältnis zwischen Bund und Ländern auf dem Gebiet des Polizeirechts sowie der abschließenden Zuweisung von bestimmten Polizeiaufgaben an bestimmte Polizeibehörden des Bundes folgt, dass der BGS auf die Aufgaben und Verwendungen beschränkt ist, die ihm das Grundgesetz ausdrücklich zuweist. Die Grenzschutzaufgabe gemäß Art. 87 Abs. 1 S. 2 GG, die abgesehen von den „Notstandsregelungen" seine einzige verfassungsrechtliche Kompetenzgrundlage ist, bestimmt die Sonderpolizeieigenschaft des BGS erschöpfend. Aufgaben und Verwendungen, die keinen Grenzschutzbezug aufweisen, können nur nach einer entsprechenden Verfassungsänderung auf den BGS übertragen werden.

II. Soweit in der Sache erforderlich, ist dem BGS auf der Ebene der Verfassung ein in sich schlüssiges und umfassend definiertes Aufgabenspektrum zuzuweisen. Die derzeit verstärkt geführte Debatte über die Reform der Bundesstaatlichkeit sollte als Anlass genommen werden, die jahrzehntelange Ausweitung des Aufgabenspektrums des BGS ausschließlich auf der Ebene des einfachen Gesetzes endlich zu beenden und über die zukünftige grundgesetzliche Gestalt einer „Bundessonderpolizei" nachzudenken.

III. Die zu erwartende Umbenennung des BGS in „Bundespolizei" leistet keinen Beitrag zur Klärung seines verfassungsrechtlichen Status. Im Gegenteil: Solange eine Definition des Aufgabengebietes des BGS auf Verfassungsebene nicht gegeben ist, droht die Bezeichnung „Bundespolizei" zu einer unzulässigen Überwindung der verfassungsrechtlichen Grenzen einer „Bundessonderpolizei" herangezogen zu werden.

IV. Die einzige Entscheidung des Bundesverfassungsgerichts zum BGS vom 28. Januar 1998 (BVerfGE 97, 198) ist zur Bestimmung seines verfassungsrechtlichen Potentials und zur Trennung bzw. Begrenzung der Zuständigkeitsbereiche von Bund und Ländern auf dem Gebiet des Polizeirechts nicht geeignet.

V. Das Bundesverfassungsgericht unterstreicht zwar die Sonderpolizeieigenschaft des BGS und lehnte eine Entwicklung des BGS zu einer allgemeinen, mit den Polizeien der Länder konkurrierenden Bundespolizei ab. Die dafür entwickelte „Geprägeformel“ erreicht jedoch ihr Ziel nicht; statt dessen trägt sie unfreiwillig zur Verschärfung der verfassungsrechtlichen Problematik bei. Die schleichende Entwicklung des BGS in Richtung einer allgemeinen, multifunktionalen Bundespolizei wird dadurch nicht beendet, sondern wegen der Verwendung untauglicher Begrenzungskriterien weiter erleichtert.

VI. Das letztlich einzige bundesverfassungsgerichtliche Kriterium zur Bestimmung des „Gepräges“ des BGS, nämlich die Personalstärke von grenzschutzbezogenen und grenzschutzfremden Aufgabenbereichen, hat seine Bedeutung im wesentlichen verloren, weil eine differenzierte Bemessung der Personalstärke seit der Neuorganisation des BGS 1998 nicht hinreichend bestimmt vorgenommen werden kann.

VII. Mit seiner Rechtsprechung stellt das Bundesverfassungsgericht den BGS auf schwankenden Boden und eröffnet ihm eine ungewisse Zukunft. Im Hinblick auf die immer drängender werdende Frage nach der Zulässigkeit von grenzschutzfremden Aufgabenerweiterungen als Kompensation für den zunehmend Wegfall seiner Hauptaufgabe kann der Beschluss nur sehr begrenzt als Maßstab dienen. Der Gesetzgeber kann sich niemals sicher sein, ob eine weitere Änderung des „Gepräges“ des BGS - insbesondere durch eine weitere einfachgesetzliche Übertragung von grenzschutzfremden Aufgaben und Verwendungen - mit der Judikatur in Übereinstimmung zu bringen ist. In jedem Fall bleibt dem BGS seine jahrzehntelange verfassungsrechtliche Identitätskrise bis auf weiteres erhalten.

C. Zu den einfachgesetzlich geregelten Aufgaben und Verwendungen des BGS

I. § 5 BGSG (Schutz von Bundesorganen) ist wegen fehlender Gesetzgebungs- und Verwaltungskompetenz des Bundes verfassungswidrig. Die Staatspraxis hält sich zudem überwiegend nicht an die in § 5 BGSG einfachgesetzlich normierten Tatbestandvoraussetzungen.

II. § 9 Abs. 1 S. 1 Nr. 1 BGSG (Verwendung des BGS zur Unterstützung des Bundestagspräsidenten) und § 9 Abs. 1 S. 1 Nr. 3, Abs. 2 S. 3 BGSG (Verwendung des BGS zur Unterstützung des Bundeskriminalamts) ist wegen Verstoßes gegen den Grundsatz der eigenverantwortlichen Aufgabenwahrnehmung verfassungswidrig.

III. § 10 BGSG (Verwendung des BGS zur Unterstützung des Bundesamtes für Verfassungsschutz auf dem Gebiet der Funktechnik) ist wegen Verstoßes gegen den Grundsatz der eigenverantwortlichen Aufgabenwahrnehmung verfassungswidrig.

IV. Alle anderen Aufgaben und Verwendungen nach dem BGSG sind, vorbehaltlich des Verstoßes gegen die grundgesetzliche Beschränkung des BGS auf Grenzschutzaufgaben, rechtmäßig.

Literaturverzeichnis

Achterberg, Norbert, Zulässigkeit und Schranken stillschweigender Bundeszuständigkeiten im gegenwärtigen deutschen Verfassungsrecht, AöR 86 (1961), 63

Anschütz, Gerhard (Hrsg.), Handbuch des Deutschen Staatsrechts, Band 1, Tübingen, 1930

Arndt, Claus, Bundeswehr und Polizei im Notstand, DVBl. 1968, 729

Badura, Peter, Staatsrecht, Systematische Erläuterung des Grundgesetzes für die Bundesrepublik Deutschland, 3. Auflg., München, 2003

Beinhofer, Paul, Europäischer Abbau der Grenzkontrollen und polizeiliche Aufgabenerfüllung, BayVBl. 1995, 193

Benda, Ernst/ Maihofer, Werner/ Vogel, Hans Jochen (Hrsg.), Handbuch des Verfassungsrechts der Bundesrepublik Deutschland, 2. Auflg., Berlin, 1994
(zit.: Bearbeiter, in: HdbVerfR)

Bizer, Johann, Die zweite Novelle zum Sächsischen Polizeigesetz: Schutzkonzept bei heimlichen Erhebungsmethoden, verdachtslose Identitätsfeststellung und Aufenthaltsverbot, Leipziger Juristische Vorträge, Heft 39, Leipzig, 1999
(zit.: Bizer, Sächsisches Polizeigesetz)

Blau, Klaus, Verfassungs- und verwaltungsrechtliche Probleme der Bahnpolizei in der Bundesrepublik Deutschland, Diss., Köln, 1987
(zit.: Blau, Diss.)

Borsdorff, Anke (Hrsg.), Bundespolizei im 21. Jahrhundert, Rechts- und polizeiwissenschaftliche Aufgabenfelder des Bundesgrenzschutzes, Festschrift zum 25jährigen Bestehen der Fachhochschule des Bundes, Fachbereich Bundesgrenzschutz, 1979 – 2004, Frankfurt, 2004

Bullinger, Martin, Ungeschriebene Kompetenzen im Bundesstaat, AöR 96 (1971), 237

Degenhart, Christoph, Staatsrecht I - Staatsorganisationsrecht, 19. Auflg., Heidelberg, 2003

Denninger, Erhard, Die Trennung von Verfassungsschutz und Polizei und das Grundrecht auf informationelle Selbstbestimmung, ZRP 1981, 231

Denninger, Erhard/ Hoffmann-Riem, Wolfgang/ Schneider, Hans-Peter/ Stein, Ekkehart (Hrsg.), Kommentar zum Grundgesetz für die Bundesrepublik Deutschland, Reihe Alternativkommentare, 3. Auflg., Neuwied, 2001
(zit.: Bearbeiter, in: Alternativkommentar)

Dierske, Ludwig, Der Bundesgrenzschutz: Geschichtliche Darstellung seiner Aufgaben und Entwicklungen von der Aufstellung bis zum 31. März 1963, Regensburg, München, Wien, 1967

Dittmann, Armin, Die Bundesverwaltung, Verfassungsgeschichtliche Grundlagen, grundgesetzliche Vorgaben und Staatspraxis ihrer Organisation, Tübingen, 1983
(zit.: Dittmann, Bundesverwaltung)

Dolzer, Rudolf/ Vogel, Klaus/ Graßhof, Karin (Hrsg.), Bonner Kommentar zum Grundgesetz, Heidelberg, 2002
(zit.: Bearbeiter, in: Bonner Kommentar)

Dreier, Horst (Hrsg), Grundgesetz-Kommentar, Band II, Artikel 20 – 82 GG, Tübingen 1998, Band III, Art. 83 – 146 GG, Tübingen, 2000
(zit.: Bearbeiter, in: Dreier)

Drews, Bill/ Wacke, Gerhard/ Vogel, Klaus/ Martens, Wolfgang, Gefahrenabwehr: Allgemeines Polizeirecht (Ordnungsrecht) des Bundes und der Länder, 9. Auflg., Köln, Berlin, Bonn, München, 1986

Einwag, Alfred/ Schoen, Gerd-Dieter, Bundesgrenzschutzgesetz – Kommentar, Losebl., 2. Auflg., (Stand 01.06.1988, 6. Ergänzungslieferung), München, 1981
(zit.: Einwag/ Schoen, BGSG-Kommentar)

Ernst, Wolfgang, Aufgaben und Verwendungsmöglichkeiten des Bundesgrenzschutzes nach dem Grundgesetz im Spannungsfeld Bund – Länder unter Be-

rücksichtigung des Bundesgrenzschutzgesetzes vom 18.8.1972, Diss., Göttingen, 1980
(zit.: Ernst, Diss.)

Fehn, Karsten, Zuständigkeitsfragen zwischen Bundesgrenzschutz und Landespolizei - Bereiche Bahn und Luftsicherheit bzw. Durchführung lagebildabhängiger Kontrollen, Die Polizei 2001, 8, 83, 114 (Fortsetzungen).

Fischer, Gerhard/ Hitz, Fredi/ Laskowski, Rainer/ Walter, Bernd, Bundesgrenzschutzgesetz – BGSG, Zwangsanwendung nach Bundesrecht – VwVG, UzwG, 2. Auflg., Stuttgart, München, Hannover, Berlin, Weimar, Dresden, 1996

Folz, Hans-Ernst, Polizeiliche Zuständigkeiten und kollidierende Kompetenzen anderer Hoheitsträger, JuS 1965, 41

Golz, Johannes, Bahnpolizei und allgemeine Polizei: eine Abgrenzung der Zuständigkeiten hinsichtlich der Maßnahmen gegenüber Dritten (dem Publikum), Diss., Bruchsal, 1934
(zit.: Golz, Diss.)

Götz, Volkmar, Allgemeines Polizei- und Ordnungsrecht, 13. Auflg., Göttingen, 2001

Gröpl, Christoph, Das neue Recht des Bundesgrenzschutzes, DVBl. 1995, 329

Gusy, Christoph, Das verfassungsrechtliche Gebot der Trennung von Polizei und Nachrichtendiensten, ZRP 1987, 45

Derselbe, Die Zentralstellenkompetenz des Bundes, DVBl. 1993, 1117

Hecker, Wolfgang, Rechtsfragen der Aufgabenübertragung an den Bundesgrenzschutz, NVwZ 1998, 707

Heesen, Dietrich, „Bahnpolizei“ – eine neue Aufgabe für den Bundesgrenzschutz, Die Polizei 1992, 194

Heesen, Dietrich/ Nitsche, Ulrich, Amtshandlungen des Bundesgrenzschutzes im Kompetenzbereich der Polizei eines Bundeslandes, Die Polizei 1986, 1

Dieselben, Zuständigkeitsprobleme beim Schutz von Verfassungsorganen des Bundes und der Bundesministerien, Die Polizei 1986, 206

Heesen, Dietrich/ Hönle, Jürgen/ Peilert, Andreas, Kommentar zum Bundesgrenzschutzgesetz – Verwaltungs-Vollstreckungsgesetz – Gesetz über den unmittelbaren Zwang, 4. Auflg., Hilden/ Rhld., 2002

Hellenthal, Markus, Aufgaben und Befugnisse des Bundesgrenzschutzes bei Umweltgefahren, NVwZ 1989, 1001

Derselbe, Grenzsicherheit – Ein Baustein der inneren Sicherheit, Kriminalistik 1997, 123

Derselbe, Grenzkontrollen als Teil eines nationalen und europäischen Systems zur Kriminalitäts- und Wanderungskontrolle, Die Polizei 1995, 1

Hesse, Konrad, Grundzüge des Verfassungsrechts der Bundesrepublik Deutschland, 20. Auflg., Heidelberg, 1999

Ipsen, Jörn, Staatsrecht I, Staatsorganisationsrecht, 16. Auflg., Neuwied, Kriftel, 2004

Isensee, Josef/ Kirchhof, Paul (Hrsg.), Handbuch des Staatsrechts der Bundesrepublik Deutschland, Band IV, Finanzverfassung – Bundesstaatliche Ordnung, 2. Auflg., Heidelberg, 1999; Band VII, Normativität und Schutz der Verfassung – Internationale Beziehungen, Heidelberg, 1992
(zit.: Bearbeiter, in: HdbStR)

Jarass, Hans D./ Pieroth, Bodo, Grundgesetz für die Bundesrepublik Deutschland, Kommentar, 7. Auflg., München, 2004

Jenisch, Uwe, Rechtsfragen zur Schiffssicherheit – Das Sicherheitskonzept für die deutschen Küsten, NordÖR 1999, 170

Jeserich, Kurt G. A. (u. a.), Deutsche Verwaltungsgeschichte, Band 5, Die Bundesrepublik Deutschland, Stuttgart, 1987

Jutzi, Siegfried, Organisationskompetenz des Bundes für Bahnpolizei und Luftverkehrssicherung, DÖV 1992, 650

Kastner, Berthold, Verdachtsunabhängige Personenkontrollen im Lichte des Verfassungsrechts, VerwArch 2001, 216

Keidel, Dieter, Polizei und Polizeigewalt im Notstandsfall – Funktion, rechtliche Stellung und Befugnisse der Vollzugskräfte von Polizei, Bundesgrenzschutz und Bundeswehr bei den vom Grundgesetz vorgesehenen Einsätzen im Notstand, Berlin, 1973

Kessow, Peter-Michael, Bahnpolizeiliche Aufgaben des Bundesgrenzschutzes: Organisation, Zuständigkeiten, Einsatz, Zusammenarbeit mit Behörden und anderen Institutionen, Stuttgart, München, Hannover, Berlin, Weimar, Dresden, 1997
(zit.: Kessow, Bahnpolizei)

Derselbe, (Hrsg.), Der Bundesgrenzschutz: besondere Aufgaben und Verwendungen/ Fachhochschule des Bundes für Öffentliche Verwaltung, Lübeck, 1998
(zit.: Bearbeiter, in: Kessow, Der Bundesgrenzschutz)

Kleiner, Niels-Peter, Koordination von Katastrophenschutzeinsätzen durch Kräfte des Bundes (BGS und Streitkräfte), DVBl. 1977, 240

Klückmann, Harald, Bundesgrenzschutz und Land im Anforderungsfall des Art. 35 Abs. 2 Satz 2 GG unter Berücksichtigung allgemeiner Amtshilferegeln, DÖV 1976, 333

Knemeyer, Franz-Ludwig, Polizei- und Ordnungsrecht, 9. Auflg., München, 2002

Derselbe, Öffentlich-rechtliches Hausrecht und Ordnungsgewalt, DÖV 1970, 596

Köttgen, Arnold, Der Einfluß des Bundes auf die deutsche Verwaltung und die Organisation der bundeseigenen Verwaltung, JöR n. F., Band 3 (1954), 67

Lange, Hans-Richard, Zur Bundeszuständigkeit für das Polizeiwesen, JR 1962, 166

Lisken, Hans, „Verdachts- und ereignisunabhängige Personenkontrollen zur Bekämpfung der grenzüberschreitenden Kriminalität"?, NVwZ 1998, 22

Lisken, Hans/ Denninger, Erhard (Hrsg.), Handbuch des Polizeirechts, 3. Auflg., München, 2001
(zit: Lisken/Denninger, HdbPolR)

Magiera, Siegfried, Die Beseitigung der Personenkontrollen an den Binnengrenzen der Europäischen Union, in: J. Burmeister (Hrsg.), FS Stern, 1997, 1317

von Mangoldt, Hermann/ Klein, Friedrich, Das Bonner Grundgesetz, 2. Auflg., Band II, München, 1966, Band III, München, 1974

von Mangoldt, Hermann/ Klein, Friedrich/ Starck, Christian, Das Bonner Grundgesetz, Band 2: Art. 20 – 78 GG, 4. Auflg., München, 2000; Band 3: Art. 79 – 146 GG, 4. Auflg., München, 2001

Maunz, Theodor/ Zippelius, Reinhold, Deutsches Staatsrecht, 30. Auflg., München, 1998

Maunz, Theodor/ Dürig, Günther/ Herzog, Roman/ Scholz, Rupert u. a. (Hrsg.), Grundgesetz. Kommentar, Losebl., 7. Auflg., München, 1991 ff.

Maurer, Hartmut, Staatsrecht I – Grundlagen, Verfassungsorgane, Staatsfunktionen, 3. Auflg., München, 2003

Derselbe, Allgemeines Verwaltungsrecht, 15. Auflg., München, 2004

Merten, Karlheinz, Mißachtungen der Polizeihoheit der Länder durch den Bund, DVBl. 1987, 395

Derselbe, Nochmals: Mißachtungen der Polizeihoheit der Länder durch den Bund?, DVBl. 1988, 19

Mittmann, Rainer, Die polizeilichen Zuständigkeiten auf Bahnhofsvorplätzen und Ladestraßen der Deutschen Bahn AG, Die Polizei 1995, 212:

Müller-Terpitz, Ralf, Grenzpolizeiliche Schleierfahndung im Binnenraum – Zur ersten Änderung des Bundesgrenzschutzgesetzes -, DÖV 1999, 329

von Münch, Ingo/ Kunig, Philip (Hrsg.), Grundgesetz-Kommentar, Band 2, Art. 21 – 69 GG, 5. Auflg., München, 2001; Band 3, Art. 70 – 146 GG, 3. Auflg., München, 1997
(zit: Bearbeiter, in: v. Münch/Kunig)

von Mutius, Albert, „Ungeschriebene" Gesetzgebungskompetenzen des Bundes, JURA 1986, 498

Nanz, Klaus-Peter, Schengener Übereinkommen und Personenfreizügigkeit, ZAR 1994, 99

Ohrband, Werner, Der Grenzschutz in Deutschland seit dem Deutschen Reich von 1871 unter besonderer Berücksichtigung des Bundesgrenzschutzes, Diss., Speyer, 1982
(zit.: Ohrband, Diss.)

Papier, Hans-Jürgen, Polizeiliche Aufgabenverteilung zwischen Bund und Ländern – Unter besonderer Berücksichtigung der Aufgaben des Bundesgrenzschutzes -, DVBl. 1992, 1

Pieroth, Bodo, Die präventiven und repressiven Aufgaben des Bundesgrenzschutzes, besonders an den Binnengrenzen, VerwArch 1997, 568

Pioch, Das Polizeirecht der Bundesrepublik, DVBl. 1950, 390.

Reichert, Bernd/ Ruder, Karl-Heinz/ Fröhler, Oliver, Polizeirecht, 5. Auflg., Baden-Baden, 1997

Riegel, Reinhard, Bundesgrenzschutzneuregelungsgesetz - Kommentar, Köln, Berlin, Bonn, München, 1996
(zit.: Riegel, BGSNeuRegG)

Derselbe, Bundespolizeirecht: Bundeskriminalamtsgesetz, Bundesgrenzschutzgesetz, Gesetz über den unmittelbaren Zwang, München, 1985

Derselbe, Das neue Bundesgrenzschutzgesetz (BGSG): Tradition, Neuerungen und Probleme, DÖV 1995, 317

Ritter, Markus, Polizeipraktische Notwendigkeit und rechtliche Zulässigkeit des Aufbaus einer Bundespolizei im föderativen Deutschland, Diss., Münster, 1999
(zit.: Ritter, Diss.)

Robbers, Gerhard, Die Befugnisse der Bundeswehr im Katastrophenfall, DÖV 1989, 926

Ronellenfitsch, Michael, Der Bundesgrenzschutz als Bahn- und Flugplatzpolizei, VerwArch 1999, 139

Sachs, Michael, Grundgesetz. Kommentar, 3. Auflg., München, 2003
(zit.: Bearbeiter, in: Sachs)

Schnekenburger, Franz, Das Aus für „verdachtsunabhängige" Personenkontrollen?, BayVBl. 2001, 129

Schnupp, Günther, Grenzschutzorgan oder Bundespolizei, DÖD 1972, 8

Derselbe, Polizei – Bundesgrenzschutz – Bundeswehr, Die Polizei 1968, 293

Schoen, Gerd-Dieter, Nochmals: Missachtungen der Polizeihoheit der Länder durch den Bund?, DVBl. 1988, 16

Schreckenberger, Waldemar, Von den Schengener Abkommen zu einer gemeinsamen Innen- und Justizpolitik (Die Dritte Säule), VerwArch 1997, 389

Schreiber, Wolfgang, Der Bundesgrenzschutz mit erweitertem Aufgabenspektrum, DVBl. 1992, 589

Derselbe, Aufgaben und Befugnisse des Bundesgrenzschutzes auf neuer gesetzlicher Grundlage, NVwZ 1995, 521

Schwabe, Jürgen, Das Erste Gesetz zur Änderung des Bundesgrenzschutzgesetzes, NJW 1998, 3698

Seifert, Karl-Heinz/ Hömig, Dieter, Grundgesetz für die Bundesrepublik Deutschland, 7. Auflg., Baden-Baden, 2003

Semerak, Arved F., Der Schutz der Bundesorgane durch den Bundesgrenzschutz, Die Polizei 1991, 10

Soria, José Martinez, Verdachtsunabhängige Kontrollen durch den Bundesgrenzschutz, NVwZ 1999, 270

Stein, Ekkehart, Staatsrecht, 19. Auflage, Tübingen, 2004

Stephan, Ulrich, Zur Verfassungsmäßigkeit anlaßunabhängiger Personenkontrollen, DVBl. 1998, 81

Stern, Klaus, Das Staatsrecht der Bundesrepublik Deutschland, Band I, Grundbegriffe und Grundlagen des Staatsrechts, Strukturprinzipien der Verfassung, 2. Auflg., München, 1984; Band II, 2. Auflg., Das Staatsrecht der Bundesrepublik Deutschland, Staatsorgane, Staatsfunktionen, Finanz- und Haushaltsverfassung, Notstandsverfassung, 1984

Stüer, Christoph, Personenkontrollen an den europäischen Außengrenzen und ihr Abbau, Köln, Berlin, Bonn, München, 1990
(zit. Stüer, Diss.)

Traumann, Dodo, Die Organisationsgewalt im Bereich der bundeseigenen Verwaltung, 1. Auflg., Baden-Baden, 1998

Umbach, Dieter C./ Clemens, Thomas (Hrsg.), Grundgesetz – Mitarbeiterkommentar und Handbuch, Band II, Art. 38 – 146 GG, Heidelberg, 2002
(zit.: Bearbeiter, in: MAK)

Ungerbieler, Günther, Die Wahrnehmung materieller und kriminalpolizeilicher Aufgaben durch Bedienstete der Deutschen Bundesbahn: Entwicklung, Umfang, verfassungsrechtliche Probleme, Diss., Hamburg, 1983
(zit.: Ungerbieler, Diss.)

Wacke, Gerhard, Das Bundesgesetz über den unmittelbaren Zwang, JZ 1962, 137

Waechter, Kay, Die „Schleierfahndung" als Instrument der indirekten Verhaltenssteuerung durch Abschreckung und Verunsicherung, DÖV 1999, 138

Walter, Bernd, BGS – Polizei des Bundes, Polizei aktuell: Bd. 34, Stuttgart, München, Hannover, 1983
(zit.: Walter, BGS)

Weingart, Olaf, Die bayerische Polizeirechtsnorm des Art. 13 Abs. 1 Nr. 5 PAG - Zur sog. Schleierfahndung und deren Verfassungsmäßigkeit -, BayVBl. 2001, 33 und 69 ff. (Fortsetzung)

Werkentin, Falco, Die Restauration der deutschen Polizei: innere Rüstung von 1945 bis zur Notstandsgesetzgebung, Frankfurt/Main, New York, 1984

Willich, Martin, BGS - Historische und aktuelle Probleme der Rechtsstellung des Bundesgrenzschutzes, seiner Aufgaben und Befugnisse, Schwarzenbek, 1980
(zit.: Willich, Diss.)

Würtenberger, Thomas/ Heckmann, Dirk/ Riggert, Rainer, Polizeirecht in Baden-Württemberg, 5. Auflg., Heidelberg, 2002

Vera Korrell

Europol

Polizei ohne rechtsstaatliche Bindungen?

Frankfurt am Main, Berlin, Bern, Bruxelles, New York, Oxford, Wien, 2005.
XV, 338 S.
Schriften zum Europa- und Völkerrecht und zur Rechtsvergleichung.
Herausgegeben von Manfred Zuleeg. Bd. 15
ISBN 3-631-53615-1 · br. € 56.50*

Während die wirtschaftliche Integration Europas vergleichsweise widerstandslos bewirkt werden konnte, ist die Integration bei der Gewährleistung von Sicherheit nach innen und außen ungleich schwerer. Ein Ausdruck des erreichten Integrationsfortschritts ist das Europäische Polizeiamt Europol. Die Arbeit widmet sich der Vereinbarkeit der Rechtsgrundlagen Europols mit rechtsstaatlichen Grundsätzen des deutschen Grundgesetzes. Der Schwerpunkt liegt im Bereich der justiziellen Einbindung Europols. Die Untersuchung zeigt, dass rechtsstaatliche Grundsätze gewahrt werden und die Befürchtung unbegründet ist, es komme vor dem Hintergrund einer effektiven Kriminalitätsbekämpfung zur einer Erosion rechtsstaatlicher Grundsätze.

Aus dem Inhalt: Entwicklung der polizeilichen und justiziellen Zusammenarbeit in Europa · Vorgaben des Grundgesetzes für das europäische Polizeiamt Europol · Einzelne Elemente justizieller Einbindung der Polizei · Perspektiven für die polizeiliche und justizielle Zusammenarbeit in Europa

FSC
www.fsc.org
MIX
Papier | Fördert gute Waldnutzung
FSC® C083411

Kolibri 360 GmbH
Ferdinand-Jühlke-Straße 7
99095 Erfurt, Deutschland
produktsicherheit@kolibri360.de

Druck:
CPI Druckdienstleistungen GmbH
im Auftrag der
Kolibri 360 GmbH
Ferdinand-Jühlke-Str. 7
99095 Erfurt